刘宇新　编著

ZHONGXUE YUWEN KECHENG GAIGE
SHIJIAN YANJIU

中学语文课程改革实践研究

首都师范大学出版社
CAPITAL NORMAL UNIVERSITY PRESS

图书在版编目（CIP）数据

中学语文课程改革实践研究/刘宇新编著. —北京：首都师范大学出版社，2014.4
ISBN 978-7-5656-1851-2

Ⅰ.①中… Ⅱ.①刘… Ⅲ.①中学语文课—课程改革 ②中学语文课—教学研究 Ⅳ.①G633.302

中国版本图书馆 CIP 数据核字（2014）第 061342 号

ZHONGXUE YUWEN KECHENG GAIGE SHIJIAN YANJIU
中学语文课程改革实践研究
刘宇新 编著

责任编辑 欧家作
首都师范大学出版社出版发行
地 址 北京西三环北路 105 号
邮 编 100048
电 话 68418523（总编室） 68982468（发行部）
网 址 www.cnupn.com.cn
北京泽明印刷有限责任公司印刷
全国新华书店发行
版 次 2014 年 5 月第 1 版
印 次 2014 年 5 月第 1 次印刷
开 本 710mm×1000mm 1/16
印 张 17.5
字 数 311 千
定 价 36.00 元

目　录

第三部分　选修课程研究

第四部分　考试评价研究

序

世纪之交，我国开始了新一轮基础教育课程改革，至今已十年有余。宇新编著的《中学语文课程改革实践研究》一书，正是反映了本轮北京市语文新课改实践与研究的具体成果。

20世纪80年代中后期，我国实行九年义务教育，公布了《九年义务教育全日制小学、初中教学计划(试行草案)》，并于1992年、1996年相继颁发了小学、初中《语文教学大纲(试行)》《全日制普通高中语文教学大纲(供实验用)》。随着1997年年底全国范围的关于语文教育大讨论的展开和1999年《中共中央国务院关于深化教育改革全面推进素质教育的决定》的贯彻，又修订了上述大纲，以之为语文新课程改革的过渡与参照。在此基础上，又于2001年4月、2003年7月，陆续制订颁行《全日制义务教育语文课程标准(实验稿)》和《普通高中语文课程标准(实验)》。新课标的研制者之所以在“语文课程标准”上特别标示“实验稿”，点明供“实验”用，意在阐明新课程改革中拟就的“课程标准”务必经过严格认真的教学实践的科学检验，才能得到不断修正，以期逐渐趋于完善。

浏览全书，便可得知，十年来北京市语文新课改是语文新课程理论与实践相结合的过程。在新课程理论指导下的教学实践，在实践中又反过来检验理论。理论在实践过程中的解释力，得以证明，同时也接受挑战。特别是语文的基本教学理念，只有在反复的实践中，才能实现切实的转变。而检验课改的唯一标准，就是语文教学的有效性。书中展示的具体成果突出强调有效的指导，并通过有效的途径和实施，有效地提升了教学的质量。

十年来，北京市语文新课改实验总是与研究相结合，力求抓住教学实验的本质，从不同角度和层次把握课改的重点。诸如，在语文工具的理解、掌握和运用过程中，体悟语言中的人文因素；认识语文能力的培养和语文素养的形成、发展的内在关联；发挥语文基础知识在提升语文能力和语文素养中的基础作用；在开拓语文活动空间的过程中提高语文训练的价值；在语文学习过程中恰当处理接受与探究、自主与合作之间的互动；确立学生在语文学习中的主体地位和教师的引导、组织和示范作用等。上述种种都涉及语文教学的性质、目标、内容、过程、方式方法等各方面的联系。

十年来，北京市语文新课改的指导者与参与者，包括教研员和一线教师，在反复实验和不断研究中，在处理“昨天”、“今天”乃至“明天”的关系上，力求找到“继承”和“发展”的结合点。新课改的实践者越来越体会到，许多新的基本教学理念是从多年来的教学积累形成的经验中发展起来的，新课标的要求与建议，不少是与历来成功的教学经验密不可分的。如果把过去教学中做过的和想到的、看见的和听到的，用新的课程标准重新考量，加以梳理，而后决定取舍，再想想为什么“取”，为什么“舍”，就可能成为新课改的成长点。要懂得“今天”是从“昨天”发展来的，“今天”虽然不同于“昨天”，但仍然有“昨天”的成分在。我们通读全书，在对待“昨天”与“今天”的关系上，不论本市取经，还是外地访求，不论各区视导，还是学校研讨，从教学案例的分析到理论的阐发，都能注意积累，重视总结。只有在教学经验总结的基础上能够逐步形成理论上的提升，才能逐步增强新课改的自觉性和有效性。

此外，高中语文课程选修教学(尤其是专题式教学)，以至语文课程的学业测评和历年的比较分析，相信也会给我们提供许多有益的启示。

饶杰腾

2013 年 9 月

第一部分

课程建设研究

在课程改革的实践中迈出坚实的步伐

——北京市初中语文课程改革回顾与展望

刘宇新　王彤彦

北京市初中语文课程改革已经进行了六年。这六年分为三个阶段：第一阶段，2001 年海淀区作为国家课改试验区，先期进入初中语文课程改革；第二阶段，2003 年原宣武区和延庆县作为北京市课改试验区，开始进行课程改革试验；第三阶段，2004 年北京市余下的 16 个区县全部进入课改试验。海淀区参加全国课改试验，总结了全国课改的成功经验；原宣武区和延庆县作为北京课改试验区，为北京的课改唱响了序曲；全市进入课改，揭开了义务教育初中语文课程改革的新篇章。

回顾六年的改革历程，尤其是全市进入课改这三年来的实践，可以清晰地看到初中语文教学正在新课程理念的指导下，沿着素质教育的轨道向前发展。

学习课程理念、认清课改方向是课改实践的前提，而转变观念却是课改过程中的一个难点。为了让老师们了解并接受新的课程理念，北京教育科学研究院基础教育教学研究中心中学语文教研室采取各种形式组织区县教研员和骨干教师深入学习《全日制义务教育语文课程标准(实验稿)》(以下简称《课标》)：利用教材培训，聘请《课标》研制组成员王云峰教授介绍《课标》；与人民教育出版社中学语文室联合举办专题研究课，聘请《课标》研制组组长巢宗祺先生现场结合课例解读《课标》；聘请海淀区教研员姚守梅老师介绍全国课改试验区语文考试评价改革进程。

通过学习，全市初中语文教师的教学观念发生了变化，认识到在“以提高人的素质为根本宗旨的教育”中，语文教育承担着义不容辞的任务；认识到具备语文能力对于一个现代公民来说，已经成为立足于世的重要条件之一；认识到语文所承载的文化内涵直接影响着人的思维水平，乃至影响着人的心理和处事行为；认识到语文教学一定要把培养学生的语文能力放在突出的位置上。认识上的提高，使广大教师进一步明确了义务教育阶段的语文教学其着眼点应当是为了每一位学生的发展，是要让每一位学生都能够主动地学习语文、运用语文，让他们的语言、思维、情感、人格在语文学习中得到发展、得到提升，为他们日后的学习、工作和生活打下坚实的语文基础。

课堂教学是课改的落脚点，把理念付诸课堂教学实践是推进语文课程改革的关键。为了推进课改，语文教研室开展了一系列工作。

第一，组织专题研究活动，以此为突破口，引领课程改革。从2004年到2007年上半年，全市组织带有专题性研究的大型活动多达10余次。这些专题研究活动大多以课例为先导，目的是帮助教师在课堂教学中落实《课标》提出的理念和要求。例如，在顺义五中举办的研究活动，专门研究阅读教学中综合性学习的问题。两位老师分别以课文《苏州园林》和《大自然的语言》为例，用比较阅读和链接阅读的形式实现阅读教学中的综合性学习。又如，在丰台首师大丽泽中学举办的作文研究课，研究的专题是如何引发学生的写作兴趣。教师引导学生从自己的童年回忆中去寻找写作素材，改变了过去从写作知识入手指导学生作文的状况。

第二，加强教材培训，服务课堂教学。目前，北京市同时使用着四套初中教材。为了解决教材种类多，不便培训的问题，教研室采用突出主题、有分有合的原则，合理有效地组织了几年来的教材培训。突出主题，即根据不同年级教材使用的要求，提出培训重点；有分有合，即根据培训的内容确定培训的形式。通过这些培训，力求使广大教师能进一步明确《课标》的要求，明确自己所使用的教材的特点，明确教学的着眼点和发力点。

第三，通过监控评价，发现课堂教学中的问题，提出解决办法，促进课改发展。北京市从2003年开始对义务教育阶段的课堂教学实施监控评价，语文学科前后一共参加了四次。监控评价的目的，一方面是总结成绩，另一方面是及时发现问题，提出改进建议。例如，2003年的监控评价，根据《课标》的要求和学生的学习状况，提出教师在阅读教学中应当更多地尊重学生的独特体验，培养学生的创新能力，并且根据学生的个性差异因材施教；2004年针对部分教师过于注重语文教学中的情感态度价值观教育而忽略文本学习的现象，提出要加强语文教学的文本意识，深入钻研教材，合理开发语文课程资源，丰富教学内容；2005年面对课程改革实践中暴露出来的问题，提出要深入研究如何在掌握语文工具的过程中去体会语言中的人文因素，如何确立学生的主体地位和教师的引导作用，如何认识和处理好语文能力的培养和语文素养的形成与发展的关系，如何发挥知识在形成语文能力过程中的基础作用，如何处理探究性学习与接受性学习的相互关系，如何在开拓语文实践活动领域的过程中提升语文实践活动的训练价值，等等；2006年的监控评价又提出语文学习要提倡“问题”意识，在探究中学习语文，在语文实践中学习语文，在综合运用中提高语文水平。四年的监控评价，反映出来的正好是一轮课程改革前后的状况。因此，可以说监控评价对课程改革的发展起到了积极的促进作用。

第四，发挥中考的导向作用，让广大教师在中考的引导下进一步明确课程改革的方向。北京市从 2003 年起恢复全市中考统一命题。语文教研室承担了几年来的命题组织工作。这几年，中考试卷的内容和题型也随着课改的推进而逐渐变化。这些变化体现在对学生掌握知识和语文积累的考查、对学生联系实际运用语文能力的考查、对学生阅读中的个人体验和感受的考查，以及在综合性学习、开放性阅读、文化修养等方方面面的考查。一句话，体现在对学生语文素养和语文潜在能力的考查上。可以说中考的变化既记录了北京市初中语文课程改革的发展足迹，也记录了广大教师积极参与课改的实践历程。

一轮课改下来，北京市的初中语文教学已经走出了自己的路子，为下一轮课改奠定了坚实的基础。在取得成绩的同时，也要看到存在的问题。这些问题，有的属于在课改中伴随旧的问题的解决而产生的新的问题；有的属于由于改革的不完善而产生的问题。归结起来主要是五个方面的问题：一是语文教学中的工具性与人文性的统一，还没有找到一条有机的途径；二是在实践中学习语文，还缺少行之有效的运作模式；三是对语文教学如何促进学生思维能力的发展，还缺乏深入的认识，更缺乏有效的办法；四是当作文教学不再以写作知识作为统领之后，作文指导的放开和有序之间产生了矛盾；五是“综合性学习”在课堂教学中还没有得到有效的实施。

三年来的语文课改试验，成功的经验归结起来就是：从课堂教学实际出发，与课堂教学密切结合，在实践中认识课程理念，实践课程理念。实践证明，语文课程改革，在解决实际问题方面已经取得了一些突破，收到了一些成效；语文课程改革，已经受到广大教师的欢迎；语文课程改革，在经过一轮艰辛的试验之后，已经为今后的发展拓开了一条道路。应当有理由相信，北京市义务教育阶段初中语文教学一定会伴随着新一轮课程改革的开始而开出更加璀璨的花朵。

（2007 年 6 月）

准确把握素质教育中语文教育的本质

刘宇新

“这堂语文课也有值得改进的地方。比如，表达、用词、口语、习作的训练还可以加强一点。要告诉学生，一个事物，为什么这么表达，用你自己的话怎么表达。还有些词语的应用，可以讲得更宽一些，就像‘藕断丝连’这个词，是一种形象的比喻，可以用在这里，也可以用在其他地方。陈老师，我说得对不对?”这是国务院总理温家宝在北京西城区黄城根小学听了陈胜昔老师的语文课——《新型玻璃》后的一段谈话。读温总理的这一席话，在感受总理日理万机之中走进一所小学的语文课堂，带给千万教师无限关怀的同时，更感到了总理对语文教学的谙熟，对素质教育中语文教育的本质有颇为深邃的洞察力。这段讲话，由不得从事基础教育的语文教师不去思考一个严肃的问题：在以提高全民族整体素质为目标的基础教育中，语文教育的本质到底是什么?

为什么要把语文教育的本质放在素质教育中来认识呢?因为，素质教育就是“以提高人的素质为根本宗旨的教育”。在这种以提高人的素质为宗旨的教育中，语文教育承担着义不容辞的任务。著名语文学家叶圣陶先生于1942年撰写的《略谈学习国文》中说：“尽量运用语言文字并不是生活上一种奢侈的要求，实在是现代公民所必须具有的一种生活的能力。如果没有这种能力，就是现代公民生活上的一种缺陷；吃亏的不只是个人，同时也影响到社会。”六十多年过去了，这种关乎一个公民存身立世，关乎社会发展的语文是不是更凸显它作为“素质”的不可动摇的基础地位了呢?

在新的形势下认识语文在素质教育中的作用，首先必须清楚地看到具备语文能力对于一个现代公民来说，已经成为立足于世的重要条件之一。现代社会是一个信息社会，获取信息、分辨信息、传播信息、利用信息，或者说只要是与信息有关的一切，都离不开语文。可以说没有语文作为基础，一个人要想在社会中生存几乎是难以想象的。其次，必须清楚地看到语文在一个人的持续发展和终身发展中所起到的作用。语文对于一个人的持续发展和终身发展，绝不仅仅是提供了断文识字的能力，更重要的在于语文所承载的文化内涵直接影响着人的思维的水平，乃至影响着人的处世行为；何况现代社会的快速发展，也要求人的发展必须以思维作为保证，而语言恰恰就是思维的物质外壳。基于这样两点认识，再来看温总理的讲话："表达、用词、口语、习作的训练还可以加强一点。要告诉学生，一个事物，为什么这么表达，用你自己的话怎么表达。"这，正是针对语文在培养一个人具备独立于世与他人交往的语言能力而言的。"还有些词语的应用，可以讲得更宽一些，就像'藕断丝连'这个词，是一种形象的比喻，可以用在这里，也可以用在其他地方"。这，正是针对语言运用中的思维形式而言的。可见，温总理短短的几句话，完全是在素质教育的前提下来认识语文教育的本质。仅就这一点来看，确实让那些专门从事语文教育研究，专门爱就语文教育发表意见的人多少有些汗颜。

曾几何时，语文课程改革的确为语文的发展注入了新鲜活力。然而，在强调语文"人文性"的同时，是不是有过分地注重人文因素，而忽视语言运用的现象存在；在强调语文"综合性"的同时，是不是有一味地联系其他内容，而脱离了语文内容的现象存在；在强调语文"开放性"的同时，是不是有不顾及文本，而任意发散的现象存在。当一种新的理念运用于教学实际时，总是要有一个再认识的过程。"人文性"、"综合性"、"开放性"对于语文教学来说都是重要的，在实际教学中，一定要把它们与培养学生的语文能力结合起来，一定要保证语文教育在促进学生素质提高的过程中应当具备的功能得到最大限度的发挥。这其实就关系到如何正确认识在完成素质教育中起基础作用的语文教育的根本性质问题。

说到语文教育的根本性质，叶圣陶先生1942年在《略谈国文学习》中指出："从国文科，咱们将得到什么知识，养成什么习惯呢？简括地说，只有两项，一项是阅读，一项是写作。要从国文科得到阅读和写作的知识，养成阅读和写作的习惯。……这两项的知识和习惯，他种学科是不负授予和训练的，这是国文科的专责。每一个学习国文的人应该认清楚：得到阅读和写作的知识，从而养成阅读和写作的习惯，就是学习国文的目标。"其实，在《全日制义务教育语文课程标准(实验稿)》(以下简称《课标》)中，对于语文课程也有着明确的定位："语文课程应致力于学生语文素养的形成与发展。语文素养是学生学好其他课程的基础，也是学生全面发展和终身发展的基础。"由此不难看出，语文教育就应当是以培养学生的"吸收"和"表达"作为其最本质的特征。温总理所言，恰恰就是针对语文教育的这个本质。

应当承认，语文教育的这一本质在课程改革中有着再认识的必要性。这恐怕与《课标》提出的"工具性与人文性的统一，是语文课程的基本特点"有些关系。其实，既然是“统一”，就不是并列对举，而应当是和谐一体。具体来说，就是作为语文教育根本目的的“吸收”和“表达”能力的培养，不可能离开具体的内容，要言之必有“物”。那么，在这个“内容”的选择上，就一定要注意其人文性；而人文的积淀又一定会决定学生“吸收”和“表达”的水平，乃至提高其水平的空间。所以，谈“工具性与人文性的统一”，必须要将二者统一在语文基本能力的培养上，否则，语文教育就可能出现“耕了人家的地，荒了自家的田”的情况。

认识语文教育的本质，还有一个问题必须引起注意，就是作为语言的内核——思维的培养问题。在温总理的几句话中，就凸显一个“思”字。“要告诉学生，一个事物，为什么这么表达，用你自己的话怎么表达。”假如没有正确的换位思维，怎么可能去完成表达形式的变换呢？“还有些词语的应用，可以讲得更宽一些，就像‘藕断丝连’这个词，是一种形象的比喻，可以用在这里，也可以用在其他地方。”假如没有积极的联系思维，又怎么可能去尝试词语在不同情况下的使用呢？以思维为基础的语言学习和以语言学习促进思维发展，正是语文教育的本质特征。这也正是素质教育对语文教育提出的最根本的要求。

“推进实施素质教育”，这是重新颁布的《中华人民共和国义务教育法》中明确规定的内容。在实施素质教育的大背景下来认识语文教育的本质，这是温总理听课后的发言带给我们的重要启示。而要理解温总理讲话的内在含义，就不能不联系当前进行的语文课程改革，就不能不联系语文教育的基本任务和自身的规律。也只有当我们始终把握住语文教育的本质，才有可能在推进课程改革中见到语文教育的实效，才有可能为完成对下一代的素质教育提供一份切实的保证。

（本文发表于《北京教研》，2006年第5期）

新课程下的初、高中语文教学衔接问题初探

刘宇新

初、高中语文教学的衔接，是一个一直没有解决好的问题。随着义务课程改革的深入和高中新课程的全面实施，这个问题需要得到尽快的解决，即便一时解决不好，起码也应对此有一个比较清晰的认识。而认识这个问题的基本依据就是《全日制义务教育语文课程标准(实验稿)》(以下简称《初中课标》)和《普通高中语文课程标准(实验)》(以下简称《高中课标》)。初、高中语文教学的衔接问题从两部课标的比较中可以得到一些答案。这首先是因为两部课标都把语文定位于基础学科，将语文课程性质都定义为"是最重要的交际工具，是人类文化的重要组成部分"；都强调"工具性与人文性的统一，是语文学科的基本特点"。这即是说初高中语文教学属于同一范畴，二者不但可以作比，而且应当是一以贯之的一个系列。其次，两部课标都是从语文学科的"课程理念"、"设计思路"、"课程目标"、"实施建议"等几个方面做出阐述或说明，这就为研究初、高中教学的衔接提供了具体的比较对象。要从两部课标中看出初、高中语文教学的衔接，关键是要找到它们之间的不同点。当然，既然是"教学衔接"，就一定还要从课堂教学中去发现二者的不同点。

1. 课程理念上的不同点

初、高中课标在对课程基本理念的阐述上有共同的内容，即都强调"全面提高学生的语文素养"。但是在相同中又有不同。《初中课标》强调面向全体学生，更加关注学生的共同基础，力求促使学生形成良好的个性和健全的人格；《高中课标》强调在保证共同基础的前提下，更加关注学生的个性发展，力求帮助学生认识自然、认识社会、认识自我、规划人生，实现语文课程的价值追求。这种不同在于：初中是要让学生掌握基础性的东西；而高中是要把学生引上自我发展的轨道。二者的衔接点是"语文基础"，但是初中关注的是普遍基础，高中关注的是个别基础；初中是为学生的日后发展奠定共同基础，高中是在已有的基础上为学生的个性发展铺平道路。从这个意义上看，高中与初中的衔接，在理念上就要有一个"化类为个"的转变。只有把眼光放在学生个体的发展上，才有可能完成初、高中语文课程理念的转变。

2. 课程目标上的不同点

初、高中语文教学的基本内容虽然都是阅读与表达，但初、高中课标在“课程目标”的表述上却有着明显的区别。以两部课标的“总目标”为例，《初中课标》一共列举了10条，从情感态度、文化积累、学习习惯、思维发展、学习方式、识字写字、阅读能力、写作能力、口语交际、使用工具书10个方面提出要求；《高中课标》则是列举20个字：“积累·整合”、“感受·鉴赏”、“思考·领悟”、“应用·拓展”、“发现·创新”，从学习方法、文章阅读、思维品质、语言实践、自身发展5个方面提出综合要求。两相比较，初中的总目标更注重具体能力，强调打好语文基础；高中的总目标更注重综合能力，强调语文能力的综合发展。由此看来，高中的课程目标，不是对初中的简单重复，也不是简单的“螺旋式上升”，而是在初中的基础上跃上一个台阶。这两个台阶的区别在于：初中是基础，高中是发展；初中是基本能力，高中是综合能力；初中是能够一般应用，高中是达到较高素养。二者的衔接点在于“能力培养”。初中的能力培养是为高中综合能力的形成奠定基础，高中的能力培养是为形成应用、审美和探究所必需的综合能力提供支持。

3. 阅读要求的不同点

阅读在初、高中课标中都是重要的内容之一，但初、高中课标对于阅读的要求是不一样的。《初中课标》对阅读的基本要求是理清文章思路、理解主要内容、欣赏文学作品、了解表达方式；《高中课标》对阅读的基本要求是善于发现问题，做出分析判断，获得独特体验，鉴赏中外作品。从阅读的目的和方式看，初中主要是理解，在阅读过程中更多需要的是分析和归纳；高中主要是品评，在阅读过程中更多需要的是鉴赏和探究。初中的阅读应当是以读懂作品为主，高中的阅读应当是以鉴赏作品为主；初中的阅读应当是读出共性的认识，高中的阅读应当是读出个性的理解；初中的阅读应当是读出作者的初衷，高中的阅读应当是读出自己的发现。初、高中阅读的衔接就在于由对文本的理解到个性化解读的转变。

4. 写作要求上的不同

写作在初、高中课标中也都是重要的内容之一，但初、高中课标对于写作的要求也是不一样的。《初中课标》对写作的基本要求是能够表达自己的真情实感，能够多角度观察生活，能够围绕中心组织文章，能够掌握常见文体的写作；《高中课标》对写作的基本要求是能够根据不同目的要求陈述自己的看法，能够对社会和人生有自己的感受，能够在文章的内容选择和结构安排上显示出较高的思维水准，能够有个性有创意地进行表达。从内容上看，初中要求能够把观察所得和自我感受结合起来；高中要求能够把不同角度的观察所得与个人的独到思考结合起来。从表达上看，初中要求掌握常见文体的表达，高中要求具有个性和创意的表达。初、高中在写作上的衔接就在于由一般的规范表达到根据不同的目的有个性地表达。

5. 课堂教学上的不同

鉴于初、高中在教学目标上的差异，在实际教学中也一定要有所不同。在知识教学上，初中是以简单的汉字、词汇、语法、修辞知识，常见的文体知识，基础性的文学体裁知识，一般性的文化常识，实用性的写作知识为主；高中是以简单的逻辑知识，一定的审美鉴赏知识，诗歌、散文、小说、戏剧等文学体裁的基本特征及主要表现手法知识，重要的作家、流派、名著等文学知识，文学体裁的写作知识为主。二者的区别在于：初中是以日常运用为目的的基础性的语文一般知识和文化常识为主；高中是以提升修养为目的的较为专业性的文学知识和审美常识为主。

在能力培养上，初中要求学生在字词方面，要准确认读、正确使用；在语句方面，要会选择表达方式、表情达意、一般修饰；在阅读方面，要能整体把握、概括理解、一般解释、简单评价；在写作方面，要达到中心突出、内容具体、层次清楚。高中要求学生在字词句方面，要揣摩含义、注重修炼；在阅读方面，要会把握要点、多层解释、提出问题、分析判断、鉴赏评价；在写作方面，要达到富有创意、内容充实、善于表现。二者的区别在于：初中要求学生能够完成具有一般性和常规性的语文任务，高中要求学生能够完成具有发展性和创造性的语文任务。

在问题的设计上，初中更多的是问“是什么?”、“为什么?”、“怎么样?”，高中更多的应当问“发现了什么?”、“不明白什么?”、“如何去评价?”。初中的提问，主要目的是让学生能够了解内容、明白原因、知道效果，获取已有的答案；高中的提问，主要目的是让学生能够深入理解、提出疑问、个性解读，探寻未知的答案。二者的区别在于：初中是帮助学生走进文本，高中是启发学生形成见解。在教学方法上，初中更多的应当是教师引导下的自主、合作、探究，高中更多的应当是在学生自主、探究前提下的教师指导。二者的区别在于：初中教学，教师要积极引领；高中教学，教师要有效促进。

在了解了初、高中语文教学的衔接点之后，就要考虑如何在实际教学中有效地实现二者的衔接。要做到有效衔接，第一，要有目标衔接的意识，要清楚初中要求达到的标准和高中应有的起点。在高中教学中既要防止起点过高，又要防止降低高中要求。就目前来看，达不到起点要求的现象比较普遍。第二，要有教材衔接的意识，要清楚初、高中教材编写上的区别；要看到初中是以“主题立意”，高中是以“能力立意”。两个“立意”的衔接，就是完成由吸收文化营养具备一般能力，到提升文化修养具备综合能力的过渡。第三，要有思维培养衔接的意识，要清楚初中是以识记和一般理解为主，高中是以分析问题和解决问题为主。这种衔接是完成由简单理解到逻辑思维的过渡。第四，要有教学方式衔接的意识，要清楚初中是以教师引导为主，高中是以教师促进为主。这种衔接是完成由教师指导下的学生学习到学生自主性学习的过渡。

初、高中语文教学的衔接问题，关乎教学的各个方面，但关键还是目标和方法的衔接。目标不明确，方法不恰当都会降低高中的教学质量。能否实现初、高中语文教学的有效衔接，关系到初中生向高中生的转变是否顺利，关系到高中教学质量的高低，关系到新一轮课程改革能否顺利推进，因此，对初高中语文教学的衔接问题必须引起足够的重视。

（2009 年 5 月）

高中语文新课程的变化及其认识

刘宇新

有效实施高中语文新课程，首要的一点就是要了解语文新课程与传统课程相比，存在着哪些变化，从变化中去认识新课程。说到语文新课程的变化，可以从以下几方面去认识，去把握。

第一，课程性质的变化。在2000年由教育部颁布的高中《语文大纲》(以下简称《大纲》)中对语文课程的性质是这样定义的："语文是最重要的交际工具，是人类文化的重要组成部分。"到了高中《普通高中语文课程标准(实验)》(以下简称《课标》)则提出："语文是最重要的交际工具，是人类文化的重要组成部分。工具性与人文性的统一，是语文课程的基本特点。"《课标》与《大纲》相比，其显著的变化在于《课标》第一次提出了"工具性与人文性的统一"，并且把这种统一当作高中语文课程的"基本特点"。这种变化带来的启示就是：高中语文新课程既要注重语文的实用价值，又要发挥语文的文化教养功能；既要注重在实践中学习语文，又要求教师引导学生在掌握语文的过程中获得思想感情的熏陶，形成正确的情感态度价值观；既要注重培养学生具备基本的语文能力，又要提升学生的语文素养，使学生具有较强的语文应用能力和一定的审美能力、探究能力。正确理解高中语文新课程性质变化的意义在于：在语文教学中要改变过分强调传授系统知识的现象，转而重视对于学生人文素养的提高；改变过分追求机械练习的倾向，转而重视对于学生审美情趣的培养；改变过分追求功利目标的倾向，转而重视对于学生人生发展的影响。简而言之，就是要把"立人"当作高中语文新课程的唯一根本。至于说到"工具性"与"人文性"二者的相互关系，则应当是以文化为背景，研究语言的运用；在语言学习的过程中，加深对文化的理解。二者应当是相辅相成，而不是孰先孰后，更不应当是孰轻孰重。

第二，课程理念的变化。《大纲》是将语文学科定位在"基础学科"，更多强调的是语文的实用功能。《课标》是将语文学科定位在"促进学生发展"的学科，更多强调的是语文的育人功能，即优秀文化的熏陶、精神品格的提升、人生态度的形成；强调语文在促进学生均衡而有个性的发展过程中应当发挥的作用，即提高学生的应用、审美、探究能力。把握课程理念的变化，其意义在于：明确高中语文教学的基本方向，明确语文教学的主要任务。要充分认识到，语文教学不仅仅是要培养学生具备应有的语文能力，更要把提高学生的语文素养、提升学生的精神品质作为语文教学的基本任务。

第三，课程目标的变化。《大纲》提出的教学目标是：培养学生的阅读、写作、口语交际和鉴赏能力，以及发现、探究和解决问题的能力，突出的是对于语文的各项能力要求。《课标》提出的课程总目标是："积累·整合"、"感受·鉴赏"、"思考·领悟"、"应用·拓展"、"发现·创新"，突出的是语文的综合功能。这里的变化在于：将以往的比较强调语文知识和能力的系统性，转变为强调"知识和能力"、"过程和方法"、"情感态度和价值观"三者的有机结合。这一转变的核心思想是突出以学生为本，把学生语文素养的形成和提高，以及学生个性的发展作为课程的根本目标。

把握语文课程性质、理念、目标的变化，对于新课程语文教学来说，就是要改变机械的、枯燥的为应对升学考试而采取的程式化教学，提倡兴趣盎然的、生动活泼的具有丰富内容的特色化教学。

第四，教学方式的变化。语文新课程在教学方式上的主要变化，就是改变以往以"讲"为主和单一练习的教学方式，提倡以学生自主、合作、探究为基本特征的多重对话式教学。《课标》指出："阅读教学是学生、教师、教科书编者、文本之间的多重对话，是思想碰撞和心灵交流的动态过程。"把握教学方式的变化，就要解决在对话中体现自主、在对话中实现合作、在对话中完成探究的问题。

第五，课程评价的变化。从某种意义上说，评价方式决定着课程改革的成败。因此，理解课程评价的变化至关重要。《课标》指出：语文课程评价要突出整体性和综合性，从知识和能力、过程和方法、情感态度和价值观几个方面对学生进行全面的考察。这是就评价的内容而言。就评价的参与者而言，《课标》提倡评价主体的多元化。所谓评价主体的"多元化"，就是既要有学校、教师的评价，也要有学生的自我评价；同时还要鼓励同伴、家长参与到评价中来，使评价成为学校、教师、学生、同伴、家长等多个主体共同参与的交互活动。至于评价的形式，《课标》提出应当根据不同的情况，综合采用不同的方式。例如，书面的语文考试、活动观察、成长记录，等等。把握新课程评价的变化，其意义在于：要清楚地认识到，新课程的语文评价必定会与新课程的实施保持一致；必定会在评价的形式上发生一定的变化；必定要对新课程的发展起到积极的促进作用。而提高学生的整体语文素养，则是应对各种评价的根本前提，那种单独追求某一种能力或力图适应某一种考试的想法和做法都是不可取的。

高中实施新课程，这是教育改革深入发展的需要。而语文课程的改革，又是新课程实施中至关重要的一环。应当说，自语文独立设科以来，一百余年间语文学科始终在改革，正是因为不断的改革，才带来语文学科的发展。当然，不可否认，语文学科的任何一次改革都没有达到交口称赞的程度，这其中的一个重要原因恐怕与不能准确认识每一次改革的变化实质有一定的关系。因此，在这次语文新课程的实施中，一定要尽最大可能准确把握住语文新课程变化的实质，充分认识到这一系列变化的背后所带来的积极意义。这样，高中语文新课程的实施，才能做到方向明确，也才有可能达到预期的目的。

（2008 年 5 月）

实践理念　探索道路

——高中新课程《语文案例集》前言

刘宇新

北京市进入高中新课程改革已经一年有余。在过去的一年里，语文学科坚持“把握方向，平稳起步”的课改指导思想，积极实践新的课程理念，努力探索课堂教学改革的新路，呈现在你面前的这本《语文案例集》，就是这一年来实践和探索的结晶。这本《语文案例集》，汇集的是参加课改实验的教研员和教师在教学中落实新课程理念的有益尝试，汇集的是他们在继承优良传统的基础上发展语文教育的大胆探索。理念的实践和道路的探索将会是今后一个时期推进高中语文新课程继续面临的主要任务。因此，一边翻阅这本《语文案例集》，一边还要继续思考下一步的实践和探索。

新一轮高中课改倡导的基本理念有两个，一是“使每一位学生成功”，也就是把“教育民主”作为本次课程改革追求的基本精神；二是“培养高中生的健全人格或公民基本素养”，也就是把“素质教育”作为普通高中教育的基本任务。总而言之，新课程要求“把每一个学生发展的独特性置于核心——‘为了每一位学生的发展’”①。这样的课程理念在语文学科中的体现，主要是在两个方面：从育人方面来说，就是要“全面提高学生的语文素养，充分发挥语文课程的育人功能”②；从能力方面来说，就是要“注重语文应用、审美与探究能力的培养，促进学生均衡而有个性地发展”③。在语文新课程实施中，要实践的正是这样的课程理念。而在实践中要解决的核心问题，则是怎样在提升学生语文素养、发展学生语文能力的过程中为学生的终身学习和有个性地发展奠定基础。

---

① 钟启泉等编：《普通高中新课程方案》，华东师范大学出版社，2003年版。

② 中华人民共和国教育部制订：《普通高中语文课程标准(实验)》，人民教育出版社，2011年版。

③ 中华人民共和国教育部制订：《普通高中语文课程标准(实验)》，人民教育出版社，2011年版。

要解决这个问题，首先要在实践中始终明确高中语文的基本性质。《普通高中语文课程标准》在“课程性质”中指出：“工具性与人文性的统一，是语文课程的基本特点。”这样的认识，目前已经为多数人所认可，起码语文课在培养学生具备一定语文能力的同时也要使学生“受到优秀文化的熏陶”是毋庸置疑的。然而，在实际教学中，将工具性与人文性真正实现统一，又不是一件容易的事。有的在强调“言语实践”时，忽略了“文化内涵”；有的在关注“文化内涵”时，削弱了言语实践；有的主张将“人文”融于“工具”，有的主张“工具”、“人文”互补交融。出现这些情况，在于对“统一”的认识。《现代汉语词典》对“统一”的解释：“部分联成整体；分歧归于一致。”用这个解释，首先要承认“工具”与“人文”各自的独立性；其次要将二者置于一个整体之中。倘若忽略了各自的独立性，就会借“蕴含”、“交融”，以一个取代另一个；倘若不能将二者置于一个整体，就会借“实践”、“熏陶”，留一个而失一个。

在实际教学中要实现“工具”和“人文”的统一，就必须明确语文既是“最重要的交际工具”同时也是“人类文化的重要组成部分”；就必须承认“工具”与“人文”的结合是两个“部分”的结合，至于结合的形式也应当是多样的：可以通过对语言文字的品鉴加深对作品人文内涵的理解；也可以在感受作品人文内涵的基础上，加深对语言文字表达效果的认识。当然，在教学过程中也可以某一时段凸显“工具”而另一时段凸显“人文”。只有因不同的情况而采取不同的方式，语文的性质才能在语文教学中体现出来，语文的课程理念才能在教学中得到实现。在这本《语文案例集》中，几乎每一个案例都体现了教师们对语文性质的准确理解，以及在教学中探索实现“工具”与“人文”相统一的有效方法的积极尝试。

其次，要在实践中探索如何始终将学生置于学习的主体地位。“语文是一门充满感受和体验的学科，只有当学生的心灵为墨韵书香所浸染，与作品产生共鸣，用整体感知代替对文章的肢解，将语文知识予以积累、消化，内化成为自己的学识，而不依赖或等待教师的答案，才能真正提高语文素养。”可见，提升学生的语文素养，关键还在于学生自身的主动获取。

过去一年的课改实践证明：要让学生主动学习，除了为学生在课堂上创造更多的活动机会以外，更重要的还在于从学生那里去开发更多的课程资源。《北京市普通高中新课程语文学科教学指导意见和模块学习要求》中指出：“学生也是重要的课程资源之一。学生在自主学习、独立学习、个性化学习的过程中始终是主体。学生学习中产生的问题、阅读中的个性化理解、写作中的个性化表达、学生相互之间的交流切磋和综合性学习中的自主探究，都是可以利用的教学资源。它们在学生学习的过程中随时生成，应特别注意关注、捕捉和利用。”开发学生的课程资源，不仅需要教师转变教学观念，还需要在教学中有一些具体的措施。例如，课堂上的提问就可以改变一下。以往，在阅读教学中，教师主要是围绕“写了什么?”、“怎么写的?”、“写得怎么样?”设计问题。现在，教师是否可以围绕“发现了什么?”、“有什么疑问?”、“怎样评价?”设计问题。课堂提问的这种变化，就把以往为得到教师认定的答案而设计问题，转变成为学生的学习需求而设计问题。在这样的问题设计中，才会发现对于学生最有价值的教学内容，也才是真正把学生摆在了学习主体的位置上。从学生那里开发课程资源的尝试，在这本《语文案例集》中是随处可见的，但也仅仅是开始，后来者还有许多事情可以去做。

要将学生置于学习的主体地位，在教学中还必须实现“对话”。“对话”是新课程所倡导的一种理念，也是一种教学策略。所谓“对话”，就是要在课堂上实现交流。以阅读为例，“阅读教学是学生、教师、教科书编者、文本之间的多重对话，是思想碰撞和心灵交流的动态过程”①。在教学中如何实现有效的对话呢？这里要解决的第一个问题就是要认识实现对话的前提。前提之一，是对理解基础的确认。即对话双方进行理解活动的背景知识的总和。也就是说对话的双方要有一个共同的对话基点。这里要防止的是力不从心，无言以对。那样的对话有可能变成独角戏。前提之二，是对差异性存在的确认。即对话双方在认识上的不同。换句话说，如果没有认识上的不同，也就没有对话的必要。这里要防止的是人云亦云，随声附和。那样的对话只能是同声复制。前提之三，是对思维性的确认。即对话的双方要共同具有批判性思维。这样，对话才能够深入，才能够取得实际的效果。这里要防止的是空洞无物，泛泛而谈。那样的对话只能是流于形式。实现对话要解决的第二个问题就是要明确师生在对话中的相互关系。这种关系就是合作关系。师生在课堂上的对话，其实就是师生合作共同进行的主题探究式或问题解决式学习。教师与学生在对话中结成学习的共同体，形成“学习型组织”。师生的这种合作“就是教师与学生合作解决学生发展问题的活动”②；而“学生的发展是学生的内在追求，也是教师的任务与职责所在，这样教师与学生就内在地联结在一起。这就是他们合作的基础所在”③。有了这样的合作，学生的主体地位才真正有了保证。而这样的理解，以及按照这样的理解所做出的尝试，正是这本《语文案

① 中华人民共和国教育部制订：《普通高中语文课程标准(实验)》，人民教育出版社，2011年版。

② 语文课程标准研制组编写：《语文课程标准(实验)解读》，湖北教育出版社，2004年版。

③ 倪文锦、谢锡金主编：《新编语文课程与教学论》，华东师范大学出版社，2006年版。

例集》最想展示给读者的一个重要方面。

再次，要在实践中全面提升语文教师的专业水平。高中新课程的一个突出特点就是增加了教学中的不确定性。例如，由于强调课程资源的开发而带来的教学内容的不确定性，由于强调学生的自主学习而带来的教学结果的不确定性，由于强调教师角色转变而带来的教学方法的不确定性。面对这些不确定性，需要教师具有更高的专业知识水平和教学组织能力。进一步说，也只有当教师的专业知识水平和教学组织能力达到一定的程度，才能够在新课程的语文教学中游刃有余地开发新的课程资源，呈现新的教学结果，创造新的教学方法。教学的多样性、变动性要求教师是个决策者，而不再是一个执行者。在这种课程环境下，教师具有创造新形式、新内容的空间；需要教师创造出班级气氛，创造某种学习环境，设计教学活动，表达自己的教育理念。教师必须是一个真正的专业人员。

教师怎样才能成为"一个真正的专业人员"？答案就是：教师要加强对新课程理念的理解，自觉地用新课程理念指导教学实践；教师要切实转变角色，实现与学生的相互交流；教师要创造性地进行课堂教学，大胆地尝试新的教学方式。可以说这本《语文教案集》中的每一个案例，都或多或少地在做出这样的答案。当然，得出这些答案的基础还是教师的基本素养。学富五车的专业学识，非同一般的组织能力，魅力无限的个人气质，这些就是教师基本素养的核心内容。在这本《语文案例集》中，教师们的这种素养是可以被清晰地感觉到的。

"实践理念，探索道路"，既是一年多来北京市高中新课程语文学科改革所走过的道路，也是对这一年多来课改实践的一个总结。《语文案例集》呈现出来的正是这走过的道路和深入的总结。它要达到的目的只有一个：为后续的课改试验提升认识、提示思路、提炼经验。倘若这本《语文案例集》能够起到这样的作用，那也是对第一批参加新课程试验的教研员和教师们最好的慰藉和鼓励。

（2009 年 3 月）

抓住发展时机　迈上新的台阶

——门头沟区初中语文学科教学视导报告

中学语文教研室

一、教学视导的基本情况

2009 年 3 月 9 日至 11 日，北京教科院基教研中心对门头沟区的中小学进行了集中教学视导。现将中学语文教研室对门头沟区初中语文学科教学的视导情况报告如下。

在这次视导中，中学语文教研室 3 位教研员分别到大峪中学分校、育新学校、新桥路中学、首师大附中永定分校 4 所学校听了 13 位初中教师的 13 节语文课。在每一所学校听课之后，教研员都分别与作课教师和接受视导学校的初中教师就听课情况进行了深入的交流，就语文学科的课程改革展开了广泛的研讨；同时还向接受视导的学校领导就学校语文教学现状做了认真的反馈，就语文教师的专业化发展提出了具体的建议。

在视导期间，市教研员向区教研员了解了门头沟区在推进课程改革和组织教研活动等方面的情况；与区教研员联合在大峪中学分校组织了一次门头沟区所有初三教师都参加的区级研究课，其间，市教研员现场评课并做了题为“语文学科考试改革的基本趋势和应对策略”的专题报告。

这次教学视导学校的数量占到门头沟区初中校的近三分之一，加之与门头沟区教研员和教师的广泛接触，中学语文教研室对门头沟区的初中语文教学有了比较全面和深入的了解。总体印象是：门头沟区的语文教师以积极投身课程改革的热情践行义务教育课程改革的基本理念，脚踏实地地教书育人，尽自己的努力追求语文教学的最佳成果和所有学生的最好成绩。对此最好的说明，就是在所听的 13 节课中，好课占到三分之一，其他的课也都达到了良好的水平。以下是通过视导，中学语文教研室对门头沟区初中语文教学的反馈报告。

二、对课堂教学质量的评价

（一）教学目标的制定

《全日制义务教育语文课程标准（实验稿）》（以下简称《课标》）指出：课程目标要“根据知识和能力、过程和方法、情感态度和价值观三个维度设计”。为此，一节课的教学目标应当依照《课标》的要求，从三个维度去制定完成。这次门头沟视导在4所学校听到的13节语文课，基本上都是按照这三个维度设计教学目标。例如，育新中学张燕霞老师执教的《戒烟》一课，就是从“知识和能力”、“过程和方法”、“情感态度和价值观”三个维度确定教学目标，她制定的教学目标如下：

1. 整体感知课文内容，揣摩语言，感受人物的内心世界。

2. 采用自主、合作、探究的学习方式，引导学生品味语言，领略人物的精神力量。

3. 教育学生远离陋习，培养良好的生活学习习惯。

张燕霞老师确定的教学目标不仅符合《课标》的要求，而且也是从教材和学生的实际出发。《戒烟》一课叙述的是巴西著名足球运动员贝利少年时戒烟的一段经历。文章主要通过贝利的叙述以及与父亲的对话讲述这段经历。这样，把“揣摩语言”确定为“知识和能力”目标，应当说是恰如其分的。作为“过程和方法”目标，张燕霞老师不是简单地提出“采用自主、合作、探究的学习方式”，而是把“学习方式”落实到“品味语言，领略人物的精神力量”的学习内容上，这样就把“过程和方法”目标与学生学习的实际需要结合在一起。至于“教育学生远离陋习，培养良好的生活学习习惯”，就更是扣住了《戒烟》这一课的叙述内容，而且对容易沾染不良习惯的青少年来说也具有防微杜渐的作用。

教研室在听课中也发现，有的教师在制定教学目标时，存在内容不够明确的问题。例如，有位教师在确立“能力目标”时，只写了“提高答题能力”6个字。这位教师的这节课是讲“病句的辨析与修改”，根据这节课的内容，如果将“提高答题能力”改为“辨析与修改病句的能力”，“能力目标”就不会显得那么大、那么空了。

还有的教师在制定教学目标时，存在定位不够准确的问题。例如，一位教师讲授说明文《年画》，确定的教学目标中有一条是“在理解文章内容的基础上，品析、鉴赏年画”。其实，从文章内容来看，这是一篇介绍“年画”的说明性文章，而不是谈年画鉴赏的评论性文章。如果教师把目标定为“在理解文章内容的基础上，了解年画的有关知识”，就与说明文的教学目标相一致了。

由此看来，门头沟区的教师在确定教学目标时，除了要符合《课标》提出的“三维”要求之外，还要在如何进一步明确目标内容、强化目标的针对性上再做一些努力。

（二）教学过程的实施

1. 关注文本，提升学生的阅读感受

《课标》指出，在欣赏文学作品时，要让学生“能有自己的情感体验”。门头沟区的教师在阅读教学中特别注意落实《课标》的这项要求。例如，育新中学邓建云老师在执教《济南的冬天》一课时，就注重引导学生在理解文本的基础上，结合个人的情感体验，加深对文本的阅读感受。下面是一段课堂实录：

师：今天我们继续学习老舍的《济南的冬天》，希望同学们张开慧眼发现美，用心去感受济南的冬之美。先请一个学生朗读课文，其他同学思考：济南的冬天的特点是什么？这个特点是运用什么方法表现的？

（学生朗读课文）

师：请同学说一说济南的冬天有什么特点。

生1：济南的冬天没有风。

生2：济南的冬天暖和，没有大雪。

师：济南的冬天没有风声，响晴，大家想一想用哪个词语来概括济南冬天的特点最合适？

生1：宁静。

生2：舒适。

生3：温情。

邓老师从抓济南冬天的特点入手，通过让学生用词语概括济南冬天的特点，引导学生体验作者笔下的济南冬天带给人们的内心感受。这样，学生不仅知道作者写了什么，而且从作者的描写中捕捉到了文章要传递给读者的情感。邓老师要求学生用词语概括济南冬天的特点，其实就是让学生去完成个人的内心体验。词语选择不同，感受也就不完全相同，而追求每一个学生“能有自己的情感体验”，这又是《课标》所要求的。

大峪中学分校尚永刚老师在执教《桃花源记》一课时，也是在疏通文义的基础上，让学生用一个字来概括自己的阅读感受。学生有的用“神”，有的用“美”，有的用“奇”。之后，教师启发学生说出这种“神”、“美”、“奇”是如何体现出来的。感受由文本的描写而来，感受又到文本中得到印证。以文本为基础，在阅读中提升学生的内心感受，这在门头沟区初中语文教学中已经成为教师们的共识。

2. 采用不同形式，提高学生的语言能力

初中语文教学不能缺少了语言训练，因为初中语文学习的一个重要方面就是语言学习。在这次视导中，教研室看到门头沟区的教师比较重视对学生进行语言训练，尤其是善于采用不同形式提高学生的语言能力。例如，育新中学邓建云老师在执教《济南的冬天》一课时，为了提高学生的语言表达，教师先做示范，然后，给学生提供一个语言模式，让学生去练习。下面是一段课堂实录：

师：看看作者笔下的山是什么样子的。请同学读第二自然段。

（学生朗读）

师：读得很不错。大家看看作者先写了什么。

生：写了阳光、山。

师：作者是借阳光来写山。你认为作者写山，写得怎么样？怎样表达呢？老师提供一个例子："写老城是晒着阳光，睡着，等着唤醒，这里运用拟人的修辞手法生动形象地写出了老城暖和安适的特点，作者赋予老城以人的情感，使读者感到亲切自然，可见作者对老城的喜爱。"这是写济南老城的，大家依此法去分析济南的"山"。

教师演示 PPT：

运用（ ）手法，生动形象地写出了（ ）（ ）特点，让我们感受到（ ）感情。

生：小山特别可爱，好像放在摇篮里，作者用拟人和比喻的手法生动地写出了小山的温暖、可亲的感觉，突出了小山特别感人的特点。

为了让学生能够准确地把自己的阅读感受表达出来，教师不仅提供示范，而且给出语言表达模式，这对于提高学生的语言表达起到了积极的作用。

又如，大峪中学分校的李宏霞老师在指导学生欣赏年画时也不忘记对学生语言表达的要求，并且让学生当堂写下自己的欣赏感受。下面是一段课堂实录：

教师演示 PPT：

师：请你欣赏这幅年画，用简洁的文字表述。要先说画的内容，再说画的寓意。

（学生当堂写欣赏文字）

师：下面请同学把自己写好的欣赏文字念给大家听一听。

生 1：这幅年画造型夸张，色彩艳丽，画了五个孩子。孩子们在争夺一顶官帽，官帽象征着官位，寄托了母亲激励孩子通过自己的努力，学业有成，步步高升。

生 2：这幅年画用了鲜艳的色彩画出五个孩子夺一顶官帽的情景。官帽寓示了飞黄腾达，表现了家长望子成龙的心情。

生3：这幅年画形象生动，色彩艳丽、喜庆。画面上的五个孩子在争夺一顶官帽。官帽寓意官位。整幅画表现出了家长对孩子的殷切希望，希望孩子有前途。

就是这样一段欣赏文字，教师也提出具体的表达要求。其实，不能把它看成是简单的语言表达要求，这里面有调理学生思维的目的。这样，语言练习，就与思维能力的培养结合在一起了。

还有更复杂一点的语言训练。例如，大峪中学分校李苏嫚老师在她执教的一节"综合性学习"课上，让学生用简明的语言概括表格统计的结果。

这属于比较难的一种语言训练。它要求学生既要看出表格统计的意图，又要能够准确地把表格的这种"意图"表达出来。

能够采用不同形式，对学生进行语言能力训练，这说明门头沟区的教师在教学中十分重视学生的语言学习，而且善于采用不同的形式，收到不同的效果。

3. 学以致用，在实践中巩固所学知识

学习语文的目的之一，在于运用。所以，学以致用，学会迁移，在语文教学中是非常重要的。门头沟区的教师在这方面付出了一定的努力。例如，大峪中学分校的李宏霞老师在讲授《年画》一文时，就注重引导学生学以致用，实现能力的迁移。下面是这节课的一段实录。

师：通过读《年画》、赏年画，我们了解到了年画是我们民族祈福迎新的一种民间的艺术形式，它表达了人们对未来生活的美好憧憬。那么，我们就以"新春送年画"为主题，完成下面的活动。

新春之际，如果以送年画的形式，表达对亲人或朋友的祝福，你准备选哪一幅？送给谁？为什么？

（爷爷、奶奶、爸爸、妈妈、同学、朋友）

教师演示 PPT：

《福禄双全》《连生贵子》《天官赐福》《步步连生》

《松鹤延年》《富贵平安》《鱼跃龙门》《单刀会》

《福如东海》《寿比南山》《岁寒三友》《长命百岁》

《三娘教子》《桃园结义》《八仙过海》《连年有余》

生1：我选《松鹤延年》送给爷爷。《年画》一文中说："年画在描绘美好形象时，常运用民众熟知的象征寓意或谐音取意的手法。如用松、鹤、桃、灵芝象征长寿。"我选这幅年画，是想祝爷爷长命百岁。

生2：我选《步步连生》送给我即将参加中考的同学。画面上画的是"莲花”，“莲”与“连”同音，祝我的同学中考成功。

……

学生把从《年画》一文中学到的知识，用于“送年画”。虽说“送年画”是一个课堂情景活动，但也完全可以检验出学生对于“年画”的知识是否已经掌握，进而看出学生对《年画》一文是否真正读懂了。从活动效果看，掌握知识、读懂文章的教学目的已经达到了。教师设计的“送年画”课堂活动，正是基于学以致用，在实践中巩固所学知识的教学理念。这种想法和做法都是值得肯定的。

4. 设计学案，鼓励学生自主学习

新课程的基本理念之一，就是积极倡导自主、合作、探究的学习方式。这次视导，教研室发现许多学校都采用了设计“学案”的做法。下面是育新中学邓建云老师为学生学习《济南的冬天》设计的学案。

《济南的冬天》学案：

一、默读课文，整体感知，回答下面的问题。(8分钟完成)

1. 济南冬天最主要的特点是什么？文章是运用什么手法突出特点的？

2. 作者是通过哪些景物来描写济南的冬天的？

二、再读课文，自学第三、四、五自然段，感受济南的冬天山水的特点，体会文章优美的语言。(20分钟完成)

(一)第三自然段

1. 阅读这一段，看看文中写了哪些景物？这些景物是按什么顺序写的？

2. 用最简洁的话概括此段大意并用一个词语来概括此时小山的特点。

3. 作者是如何表现这种秀气的？找出具体的句子，读一读，讲出自己的认识。(扣住修辞方法及作用进行分析)

语句：

分析：

(二)第四自然段

远眺城外小山，说说文中运用哪些修辞来写出它的什么特点？

(三)第五自然段

阅读第五自然段，说说作者是怎样描写水的，它有什么特点？

邓建云老师设计的这个学案，是从学生的实际学习需要出发，有读的内容，有写的要求，还有时间限定。可以看出，这个学案是以能力立意。首先，立足于学生的学习。学案中将学习《济南的冬天》一课要达到的学习目的用问题的形式呈现。其次，立足于学生的活动。学案中有读书的要求，有动笔的要求，学生是在主活动中完成学案提出的各项学习任务。再次，立足于能力的训练。完成这个学案需要提取信息、需要概括文意、需要理解分析，语文阅读的核心能力在这个学案中都得到一定的训练。可以说，学生凭借这份学案，可以初步完成对《济南的冬天》一课的学习。

从实际效果看，邓建云老师的学案设计为促进学生的自主学习发挥了较好的作用。门头沟区的教师在设计和使用学案方面的探索是有积极意义的。循着立足于学生的学习、立足于学生的活动、立足于能力的训练这个思路去积极实践，门头沟区的教师一定会探索出更多的有助于学生自主学习的新方式。

(三)教学效果

通过视导，我们发现门头沟区的语文教学总体效果良好，这主要表现在以下几个方面：

第一，教学目标的确定符合《课标》的要求，而且在教学中得到较好地实现。多数教师都是按照“知识与能力”、“过程与方法”、“情感态度与价值观”三个维度确定教学目标。在实际教学中，教师能够围绕既定的教学目标完成教学任务。

第二，教师注重抓语文核心能力，为学生打好语文基础。在教学中，教师将理解词句、把握文意、提取信息、语言表达这些语文基本能力落实在实际教学当中，有意识地加强训练，让学生尽可能掌握得更好一些。

第三，在课堂教学中，教师注意采用不同形式组织学生参与到学习活动中来，使学生表现出较高的学习热情。在课堂上，学生主动参与问题讨论，主动参与语文实践活动，主动完成教师布置的学习任务，每一堂课都可以感受到教师是在尽量将学生放到学习主体的位置上。

第四，教师备课比较充分。对于教学资源的开发、多媒体的使用，教师都有事先的准备，而且在实际教学中都能取得预期的效果，对保证教学质量起到了应有的作用。

(四)存在的主要问题

在这次教学视导中，教研室发现门头沟区的教师在教学中主要存在三个问题：

第一，对教学内容的处理显得比较被动，有受制于教材的现象。例如，《戒烟》一课，学生在课堂上就“父亲帮助贝利成功戒烟，你认为是父亲教育有方，还是贝利自省的结果”展开讨论。学生讨论很热烈，但最终是各执一词，没有结果，问题就出在教材上。在这个单元的“单元提示”中编者说这篇课文是“写一个普通的父亲”，而在《戒烟》一课的“导读”中编者又一上来就引用英国作家阿尔道斯·赫胥黎的话“宇宙中只有一个角落是你一定能够改善的，那就是你自己”。这篇文章是写“父亲”，还是写“贝利”？是从父亲的角度写贝利，还是从贝利的角度写父亲？编者自己就没有说清楚。这才引得学生“瞎”争论半天。要是教师不盲从教材，能够发现问题，学生的争论可能就会在“内外因的统一”上展开，那样可能就会有一点收获。

第二，教师的教学有时针对性还不够强，有走过场的现象。语文教学最重要的是要找准学生学习中的问题。如果在课堂上教师所教的内容学生都已经掌握了，没有任何问题，这样的教学就显得没有任何针对性。例如，有一位教师讲“病句的辨析与修改”。教师先让学生回忆了“主要病句类型”，学生回答可谓准确无误；接着，教师进入“小试牛刀”，让学生诊断并修改了7个病句，学生回答又是准确无误；最后，教师进入“直击中考”，让学生完成3道练习题，学生还是准确无误。是教师讲得好，还是学生水平高？问题在于，教师一讲学生就明白，学生一做就题题都对，那还有讲的必要，和做的必要吗？一节貌似没有问题的课，其实问题很大，问题就在于这是一节没有必要上的课。假如设想教师这节课不是简单地让学生记住病句的类型，而是让学生自己去总结产生病句的原因，那么，学生就有可能会发现一些问题，围绕这些问题，教师再讲病句的修改，可能对学生来说就更有实际价值。发现学生学习中的问题，有针对性地进行教学，这对于门头沟的教师来说是一个值得改进的地方。

第三，教师个人的语文修养还有待进一步提高。例如，在阅读教学中，教师还不能够用自己的高品位的欣赏去影响学生。育新中学邓建云老师在执教《济南的冬天》一课时，拿出了自己写的一段欣赏济南老城的文字。这段文字如下：

写老城是晒着阳光，睡着，等着唤醒，这里运用拟人的修辞手法生动形象地写出了老城暖和安适的特点，作者赋予老城以人的情感，使读者感到亲切自然，可见作者对老城的喜爱。

这段欣赏文字作为给学生提供的示范，从内容到格式已经比较规范。但是，教师要是脱开“答题”、“拿分”的束缚，真正写出有感染力的鉴赏文字，恐怕就还要在审美和艺术表现上再下一点功夫。下面一段文字也是写同样的内容，可以作为参考：

济南这座老城在冬天里不受一点风雪的侵袭，它安然而宁静得就像一位晒着太阳、在暖和的环境中安适地睡着的老人。作者笔下的济南城尽管是在冬天，却让人感觉不到寒冷，反而是一种浸透全身的融融的暖意。作者对济南老城的那种喜爱和赞美在这样一个“理想的境界”之中被表现得淋漓尽致。

这段文字克服了格式化的束缚，传达的是一种内心的体验，而且表达也更加到位。教师要是经常拿出这样一些含有品位的欣赏文字，对于提高学生的鉴赏水平一定会有好处。为此，教师就需要不断地学习，提高自身的语文修养。

三、结论及建议

（一）基本结论

根据这次教学视导，教研室对门头沟初中语文教学形成如下认识：

第一，门头沟区初中语文教学，在课程改革的推动下，进入到一个向前发展的阶段。广大教师教学的积极性在一定程度上被调动起来，教师热心于课改，希望自己的教学能够按照新课程的要求不断有所进步；教师热心于学生，希望自己的教学对于学生的成长和未来的发展能够起到积极的影响作用。

第二，课堂教学注重质量，教师一方面把学生当作学习的主体，从学生的学习需要出发组织教学，另一方面也把应当完成的教学内容落到实处。

第三，教师的整体业务水平有待进一步提高，尤其是作为语文教师的专业技能和文化修养都需要再上一个台阶。整个教师队伍还缺少与一般教师拉开距离的“第一集团”。

（二）改进建议

根据门头沟区初中语文教学发展的需要和存在的问题，教研室提出如下建议：

第一，建议重新审视现行的教学内容。区教研室和学校教研组要组织教师对教学内容做重新梳理，要用批判的眼光、理性地分析教学内容，要对不适合教学的内容做出必要的调整；要把梳理教学内容与提高教学的准确性和合理性联系在一起，避免在教学内容中出现含混的甚至是错误的东西。在梳理教学内容的过程中，要以积极的心态去比较、研究其他区县确立的教学内容，保证在教学内容的选择上不落在后面。

第二，建议区县和学校为教师的专业化发展提供更多的机会。与以往相比，新课程在人文教育方面有所加强。要适应新课程带来的这种变化，教师就需要提升自身的语文修养。除了要求教师加强个人学习之外，区县还可以组织一些读书活动、创作活动，进一步提升教师的个人感悟能力和审美水平。

第三，建议区县和学校共同建立语文教学的带头人群体。这个群体不但要在区内得到认可，发挥作用，而且其中的更为优秀者应当在全市有一定的影响力。为了建立这样一个带头人群体，区县和学校要创造条件，从水平相当，但更有进取心的教师中选拔一批作为重点培养对象；要让这些教师走出去，要给他们崭露头角的机会，要在政策上加大扶持力度。迅速形成一个起领跑作用的“第一集团”，这对于提高门头沟区整体语文教学质量已经成为非常迫切的事情。

第四，建议加快研究初中小班化教学的特点，尽量发挥小班化教学的优势。针对门头沟区已经出现的小班化教学倾向，要研究如何利用小班优势，使教学更符合每一个学生的学习和发展需要。例如，课堂上的合作自主学习、多层次学习目标的制定和问题的设计、学生的当堂练习及随时的订正，这些都可以从小班化教学所提供的可能上去加以研究，总结出带有规律性的东西来。

通过视导，教研室看到在门头沟区教师的默默无闻的努力下，课程理念在课堂教学中得到了较好的体现，门头沟区的初中语文教学已经呈现较好的发展态势；应当有理由相信：在各级领导的重视下，门头沟区的语文教学完全可以再上一个台阶。

（执笔：刘宇新，2009 年 4 月）

坚持课改方向　积极探索实践

——怀柔区教学视导报告

中学语文教研室

2007年4月2日至5日，市教研中心组织了对怀柔区的教学视导。在这次教学视导活动中，中学语文教研室先后深入到怀柔一中、怀柔二中、怀柔四中、北房中学等学校了解怀柔区中学语文教学现状。在三天的视导中，教研室共听课17节，其中初中课8节、高中课9节；与教师座谈四次，专题讲座一场，与怀柔区教研室联合举办区研究课两场(初、高中各一场)，教学个案调研一例。经过一系列教学视导活动，对怀柔区中学语文教学的初步印象是：坚持课改方向，积极探索实践；新的课改理念已为广大教师所接受，新的教学方式正为广大教师所尝试；只要继续坚持改革，深入探索实践，就可以在已有成绩的基础上取得新的进展和突破。

怀柔区语文教师队伍的基本特点是年轻化、学历高。这是一支富有朝气、肯于进取的教师队伍。在课程改革的进程中，教师们认真学习新的课程理念，逐步转变教学观念；教师们乐于实践新的教学方式，探索符合新的教学理念的教学模式；教师们认真研究课程改革中出现的各种问题，尝试解决问题的各种方法；教师们广泛搜集课改的新鲜经验，借鉴已有的课改成果推动自身的课程改革。经过视导，我们感觉最突出的是在以下三个方面：

一、在语文学习中培养学生的健康情操

《全日制义务教育语文课程标准(实验稿)》指出："语文课程还应重视提高学生的品德修养和审美情趣，使他们逐步形成良好的个性和健全的人格。"语文教育说到底是人的教育，这是语文课改特别强调的基本理念之一。怀柔区的老师们在语文教学中注重把对学生的思想教育和人格培养融入语文学习之中，让学生在提高语文水平的同时，思想道德水准也得到提升，人格品行得到修养。在这方面，北房中学崔明霞老师教授的《两个强盗闯进了圆明园》可为代表。

这篇文章的作者是法国著名作家雨果先生。文章饱含激情地斥责了英法帝国主义者火烧圆明园的卑劣行径。下面是一段教学实录：

师：和世界上四个很著名的建筑物相提并论来赞美圆明园，这叫对比。文中好像还有一处这样的手法描写，你能找出来吗？看谁找得快。

生：圆明园在幻想艺术中的地位，就如同巴特农神庙在理想艺术中的地位。

师：嗯，拿巴特农神庙和圆明园进行对比。在欧洲人眼中巴特农神庙有很高的地位。拿巴特农神庙和圆明园进行对比，来突出圆明园的价值和地位。那么，老师有一个问题，圆明园为谁而建，（学生七嘴八舌）大家齐读一遍行吗？（学生齐读："为了各国人民，……都是属于人类的"）圆明园不仅仅属于中国的皇帝，它也属于全人类。在这一段中雨果用大量的笔墨赞美圆明园，突出了圆明园在历史上的地位，和它不朽的价值。（板书）文章中作者用浪漫主义的笔调，用神奇的想象，用恰当妥帖的对比，用优美华丽的词藻，描绘了这样一个被称为万园之园的圆明园。而且作者告诉我们，它是属于中国人民的，属于全人类的。作为人类的瑰宝，我们本应该好好地爱护它，珍惜它，可是这个堪称奇迹的圆明园，却从此消失了。我们看一下有关圆明园的照片（看投影）。它由长春园、圆明园和万春园三园组成，占地面积达350公顷。里面有四十多个景区，比如说"西湖十景"，不仅模仿西湖的建筑，连名字都照搬过来（投影：西湖十景）。园内还有许多西式园林景区，比如长春园里的观水法（投影），实际上就是一座西洋喷泉。所以圆明园堪称中西合璧。圆明园不单单是一座园林建筑，它还是一座巨大的珍宝馆。里面藏有很多的名人字画、秘籍典籍、钟鼎宝器，还有其他稀世文物。可以说，它集中了中国古代文化的精华（投影）。可是就是这样一座圆明园却被英法联军劫掠，焚毁（放《火烧圆明园》的影片片断）。

圆明园的废墟今后仍将散立在田野上，年复一年，它没有声音，但是我们中国人至今还能感受到它在仰天长啸。我们看到这一幅幅画面，能不心痛吗？我们能不记下这耻辱吗？就连法国人雨果看到这种情况，都表达了自己的愤怒。下面请看第5—10自然段，找出能够直接表现作者控诉和谴责的词句。

生：在第5自然段的第5行："……更彻底，更漂亮，以至于荡然无存。"

师："彻底""漂亮"是什么词呢？

生：褒义词。

师：那么在这儿呢？

生：在这儿它就变成了贬义词。

师：这个褒义词用作贬义词，感情色彩发生了变化，我们可以叫它反语。其实这类词语在文章中很多。同学们再接着找。可以找直接控诉的，也可以找间接控诉的。

生：第7自然段第2行“抗议”就是直接的，表现作者对英法联军所做的事情不满。

师：还有吗？

生：第8自然段第2行，“把圆明园富丽堂皇的破烂拿来展出……”

师：你怎么理解这个“破烂”，怎么理解这句话？圆明园本来里面的东西都是一些稀世珍宝啊，是一些价值连城的东西，怎么说是“破烂”呢？

生：原来这些东西都是属于东方的，……是在一些不正当的行为当中才被掠夺到他们国家。在他们国家，这些富丽堂皇的珍品是毫无意义的，所以说是一些“破烂”。

师：理解得很好。还有谁？直接找表示作者愤怒的词语。

生：“劫掠”、“赃物”。

师：“劫掠”、“赃物”。好！你认为从这些词语，不管是直接的，还是间接的，能够看出作者是在批驳他们吗？（生齐：可以）同学们还可以找出这样的句子来。

生：第7自然段：“受到历史制裁的这两个强盗。”

师：找得好！“这两个强盗”。嗯，很明确的“这两个强盗”，还要受到历史的制裁。

崔明霞老师的这段教学实录，很好地将思想教育融入语文教育之中。崔老师是以文章内容的理解作为教学的内容，其中又是以理解作者采用的对比手法和主要词句作为重点。在说到对比手法时，教师用多媒体展示了圆明园遭受焚毁前的景致，说明圆明园可与巴特农神庙媲美，激发了学生的荣誉感；紧接着，教师又播放英法联军烧毁圆明园的电影片段，激发了学生对强盗的痛恨。讲的是对比手法，但正是在对比中，学生的爱国主义激情被点燃了。在理解词句的过程中，教师同样渗透了爱国主义教育。比如对“破烂”一词的理解，学生能够说出自己的理解：“原来这些东西都是属于东方的，……是在一些不正当的行为当中才被掠夺到他们国家。在他们国家，这些富丽堂皇的珍品是毫无意义的，所以说是一些‘破烂’。”学生理解的不仅是“破烂”这个词的意义和用法，而且看到了英法帝国主义者劫掠中国珍贵文物的恶劣行径。

语文教育要对学生进行思想品德教育，这是天经地义的事情。但是，如何把思想品德教育与语文教育有机地结合在一起，如何在语文课上完成育人的任务，这是需要认真研究的问题。应当说崔老师的课在这方面给出了一些答案。在推进语文课改的进程中，这个问题必须始终引起广大教师的关注，并且不断地去寻找好的答案。

二、在学习的过程中凸显学生的主体地位

课程改革的核心理念是要让学生成为学习的主人。但如何使学生真正成为学习的主人，却有不同的表现形式。一种是让学生在课堂上尽情地“讨论”，关注的是课堂的活动形式；另一种是让学生在认知的过程中自主理解感悟，关注的是学生的思维过程。只注重学生的“讨论”，往往看似学生在自主学习，殊不知，若不是以学生的思维需要为基础，这种讨论只能是一种“过场”。只有关注学生的思维过程，在学生的思维需要碰撞的时候，在其有惑而不得解的时候组织讨论，才是真正意义上的自主学习。在课堂上，学生的思维也不应当都是“原发”的，而应当是在教师的积极引导下产生，在教师的引导下形成自己的思考和认识。怀柔一中马红民老师的《读〈伊索寓言〉》一课，就体现了在教师的引导下，以学生自主思维为主要特征的学生自主学习。

马老师在课前布置学生搜集文章作者的有关资料，了解文章中的九则寓言的原意。在这节课上，马教师的教学目的是“引导学生分析作者结合现实生活对九则寓言进行阐发的阅读方法，了解作者活泼的思维方式并且指导学生用这种方式尝试从新的角度去解读寓言”。这节课的教学过程大致如下。

教师首先提问：“你是否认同钱钟书的观点？你是否认同钱钟书的解读方式？我们平时读一则寓言或者一个故事会有这么多的想法吗？”在学生谈出自己的认识以后，教师又提出下一个问题：“作者是按照怎样的阅读方式在原来故事的基础上阐发新的观点的？”这时教师组织学生讨论，明确作者采用的三种方式：从原有故事本身另寻角度引申出另一层意思；在故事的结尾处做进一步的推演；用反向思维将故事原貌改头换面。在此基础上，教师又提出新的问题：“你是否能从另外的角度、模仿作者的思维方式，对《伊索寓言》中的三则寓言阐释出你的看法？”教师再次组织学生讨论，让学生阐发自己的看法。最后，教师在小结课文时又提出新的问题：“在文章开头和最后一段里，钱钟书先生提出了自己重新解读九则寓言的理论依据。这些观点里边有没有值得质疑和商榷的观点？请谈出你的看法。”经过研讨，教师为学生明确应当怎样阅读寓言。

在马红民老师的这节课上，学生的自主思维既积极又有明确的思维方向。教师在课前布置的预习，是为学生在课堂上的积极思维做好准备；教师课堂上每提出一个新问题，又都是在学生具备了相应的认识之后。学生在教师的引导下，不断地用自己的已知去构建新的认知，最终认识到阅读寓言应当具

备怎样的基本思考方式。这种在学生认知过程中凸显学生主体地位的做法是值得提倡的。

让学生成为学习的主人，还表现在——可以让学生去体会的内容，教师就应当放手让学生去体会。例如怀柔一中的马俊霞老师，她在教《装在套子里的人》时，不是上来就介绍作品背景，而是先让学生阅读作品，从作品中寻找别里科夫生活的时代和社会环境。教师提出的问题是："主人公别里科夫在你心中是怎样的一个形象？""你在作品中读出的时代有什么特点？"回归文本，以对文本的阅读为基础，引导学生从文本中发现问题，解决问题，这也是以学生为主体的一种表现。

坚持课改方向，就一定要坚持让学生成为学习的主人。要让学生成为学习的主人，就不能只做形式上的文章，而要认真地考虑怎样才能真正激发学生学习的内在动机；要认真地考虑怎样才能保证面向全体学生，调动每一个学生的学习积极性；要认真地考虑怎样才能确保学生在每一节课上真正有所收获。这些问题怀柔区的老师们已经在认真思考，并且在积极地寻找解决的途径，马红民、马俊霞老师就是其中的代表。两位马老师的做法，不仅代表了怀柔区老师们的探索结果，而且在一定程度上为也为全市中学语文教学提供了新鲜的经验。

三、在语文实践中提高学生的语文能力

语文能力的培养，是语文教学的核心任务。语文能力的培养不能离开语文实践。《语文课程标准》指出："语文是实践性很强的课程，应着重培养学生的语文实践能力，而培养这种能力的主要途径也应是语文实践。"怀柔区的老师们在语文教学中非常重视对学生的语文能力训练，积极探索有效的训练方法，力求能力训练取得实效。例如怀柔二中王冬霞老师的作文课《爱心话题作文指导》。课上王老师指导学生自我修改写作语言。一位学生写了这样一段话："爱会使友谊更牢固，爱会使家庭更和睦，爱会使社会更团结，只要人人都献出一点爱，世界会变得更加美好。"学生在这段话中已经使用了排比句，意思也非常明确，但王老师却要求这位学生去掉"只要人人都献出一点爱"这句原本是歌词的内容，将使用的排比句进行修改，让排比句中每一句的内容都更加落实，使整个语段的内容更为丰富。这位学生按照王老师的要求，将原话修改为："爱会使友谊更牢固，让你不再孤独；爱会使家庭更和睦，让你感到温馨；爱会使社会更团结，让世界变得美好。"王老师肯定学生所加的内容写出了排比句中每一句话的具体作用。之后，王老师抓住这组排比句，让全班学生在每句话的前面补写一段话，目的还是丰富这段话的内容。学生们

有的在前面加修饰语，有的在前面加名人名言，有的用单起分承的形式，有的用多起多承的形式。一个简单的语段，经过如此一番修改，学生们不但找到了把话说丰富的表达途径，而且改变了堆砌语言句式，说空话的毛病。像王老师这样注重语言训练，已经成为怀柔区老师们教学中的自觉意识。又如北房中学的赵丽丽老师，在指导学生做问答题时也非常注意学生的语言表达。赵老师不但指导学生语言表达要准确，而且要求学生在答题时要注意使用标志性词语，要会使用基本的表达句式。

在实践中训练学生的语文能力，不仅仅是增加学生练习的问题，关键还在于针对学生存在的影响其语文能力发展的实际问题进行有效的语文训练。必须认识到，若不针对所教学生的实际问题想出切实可行的训练方法，而一味地四处搜集现成的练习题，其结果只能是事倍功半。当然，要想真正了解影响所教学生语文能力发展的各种问题，一一找到解决的办法，形成有效的训练系列，这又是一件费时费力的事情。“语文训练”是一本好经，“语文实践”是提高学生语文能力的必由之路。应当说课程改革为“语文训练”提供了更为坚实的理论基础，提供了更为广阔的实践空间，如何在语文训练中走出自己的路，这已经成为每一个语文老师必须面对的现实问题。

在这次视导中我们也发现一些需要研究解决的问题。首先，要解决好落实课程的基本理念与提高教学质量之间的关系。按照课程的基本理念，教师应当更加放手地让学生主动去学习。然而，有的老师担心这样做会影响自己的教学质量，会影响考试的成绩。于是，在教学中仍存在教师不敢放手让学生主动学习的现象，其最主要的表现就是教师在教学中一定要按着自己的教案实现规定的教学过程，完成预定的教学任务。这样一来，就不可避免地出现了教师没有把全部注意力集中在学生学习状态上的现象，甚至在发现学生存在问题时，教师也没有主动及时地给予解决。其次，要解决好语文知识教学与学生形成语文能力之间的关系。按照《语文课程标准》的要求，知识教学要力求“精要有用”，要用知识来“帮助理解课文中的语言难点”。假如把知识传授作为语文教学的核心任务，甚至把一篇文章的学习变成了对某一个知识点的解读和印证，那就会忽略对学生语文能力的培养。应当明确，语文知识的教学是需要的，但一定要以形成学生的语文能力为前提，忽略对学生语文能力的培养，知识教学也就失去了意义。例如，在阅读教学中重要的是让学生去感悟文章，读懂文章，而不是让学生只去记住某一种写作方法。感悟文章、读懂文章，这是学生应当具备的阅读能力，而学习某一种写作方法也还是为提高学生的阅读能力。只有摆正知识与能力的关系，语文教学才有可能把着眼点由教师的“教”转变为学生的“学”。再次，要解决好教材与教学实际之间的关系。叶圣陶先生说过，课文无非是一个例子。要用好这个例子，教师就要认真钻研教材，科学适度地使用教材。应当说，在多种课标教材同时存在的情况下，无论使用哪一套教材，都要了解该套教材自身的特点；同时，更重要的是要明白如何根据学生的实际情况用好教材。对于教材中不完全适合学生学习的内容和要求，要本着认真负责的态度积极地进行修正和补充，以保证教学的科学性和教学的质量。最后，要提倡“走出去，请进来”，增加与外界的横向联系，一方面学习他人在课程改革中的成功经验，另一方面把自己的改革实践与外界交流沟通，取长补短，实现优势互补，这样才能保证怀柔区的语文教学在改革的道路上不断向前发展。

第一轮的课改试验，为怀柔区的语文教学发展奠定了一个良好的基础。目前要做的工作是：让教师们更好地把新的教学理念落实到自身的教学实践中去，摒弃一切束缚，大胆尝试新的教学方式，在总结经验的基础上走出自己语文课改的道路来。

（执笔：刘宇新，2009 年 5 月）

做好准备　蓄势待发

——在 2007 年夏季高中新课程语文学科培训会上的发言

刘宇新

各位老师：

2007 年北京市普通高中新课程语文学科教师培训海淀培训点培训现在开始。

全国高中课改已经进行三年，先后有十个省(区)进入课改实验。但是，有一位领导却把以北京为代表的五个省市于今年秋季进入高中课改称为“全国高中课改的航母舰队出发了”。这不仅仅因为北京是全国的首善之区，更因为北京教师的改革意识、创新意识、国际意识以及北京教育的优质资源是其他省市在完成世纪性高中教育改革中所不可企及的。北京有条件、有义务、有责任担负起引领全国高中课改的重任，完成好为新世纪培养高素质人才的历史性任务，打造出令全国瞩目、具有国际先进水平的一流高中教育。

“航母舰队出发”，还有另一层意思，就是高中课改最终能否获得成功，这个“宝”就押在了北京，就押在了包括在座的 204 位海淀老师在内的所有新高一老师的身上。为了把希望变成果实，为了让包括在座的 204 位海淀老师在内的所有新高一老师在新课程的讲台上尽展风采，北京市教委决定组织全市新高一老师进行新课程培训。这是一次全市性的、一步到位的全科、全员培训。这样的培训，在课改培训的历史上是第一次，在已经开展高中课改的 10 个省(区)中是第一次，培训内容的设计和培训的组织形式更是为历来各种培训所未曾有过。这是一次在全新理念指导之下、在市基教研中心新领导班子的策划下，以全新的形式开展的新课程培训。采取这种培训形式，是想让老师们听到最原版的理念介绍，减少以往在二级培训中出现的理念传播不到位的现象，让老师们共同在市一级平台上切磋交流，感受市级的水平和市级的服务。

为了做好这次培训，领导提出要克服以往培训“只带耳朵不动手”的现象，遵循“以理念与实践相结合，在实践中把握理念，为进入新课程课堂教学做好热身准备”的培训指导思想，提出把培训做在实处，让老师得到实惠。从培训的过程来看是理念先行，今天的第一讲就是宣讲语文课程的理念；之后是搭桥过河，第二讲就是介绍语文学科指导意见和模块学习要求；接下来是教材介绍，请教材编写者介绍教材；最后是尝试操作，由在座各位老师以小组为单位完成一个单元的教学设计。为了帮助老师们完成教学设计，此次培训专门安排了半天的“模块单元教学设计示例”讲座，同时给老师们印发了两个版本语文教材的8个单元教学设计范例；不仅如此，在开始培训之前市教研室又与各区县教研员沟通，事先做好了培训老师的分组和完成教学设计的分工等一系列准备工作。

要把苦心的优质设计变成满意的培训结果，亟须每一位参加培训的老师的理解和支持。老师们每天跑路很辛苦，但要是迟到或缺课就会造成很大的遗憾；老师们完成教学设计的时间非常紧张，但要是完不成作业，培训的学分就会受到影响；老师们对培训寄予了很大的希望，培训者也确实尽了最大的努力，但如果将因一时条件所限而未能达到的预定目标看成是整个培训的问题，那也会对今后的培训产生不利的影响。

潮平两岸阔，风正一帆悬；改革逢盛世，建功在今朝。高中新课程改革是改革开放大潮中的一朵浪花，改革是潮流，改革是动力，改革是希望。预祝每一位参加培训的老师都能够与新课程一同成长，都能够为首都的高中教育事业贡献自己的全部智慧和力量，都能够让自己付诸心血的事业在高中课改中闪现光辉。

下面就请国家课标制定组成员、市教研中心主任王云峰为老师们宣讲课程理念。

（2007年7月）

总结经验，认识问题，再上新途

——高中新课程语文学科实施总结

刘宇新

北京市高中语文学科新课程实施的一个突出特点，就是每走一步都要思考在先，要尽量将新课程的理念、要求与语文教学的现实情况结合起来，以确保新课程的平稳实施。新课程实施一年多来，语文学科在教师培训、教学研究、模块考试等方面做了大量的工作，保证了必修课程的顺利完成，为选修课程的开设奠定了较好的基础。在一年多的时间里，语文学科取得了推进新课程的有益经验，也发现了一些问题。总结经验，认识问题，目的就是要在今后的课改实践中，继续有所作为，迈出新的步伐。

一、保证新课程顺利实施的基本经验

1. 以培训为先导，让教师把握住新课程的实质内涵

进入高中新课程教学以来，语文学科一共组织了三次全市性教师培训，每次都有近千名教师参加。第一次是在 2007 年 7 月，培训内容包括《语文课程标准》宣讲、《北京市新课程语文学科教学指导意见》宣讲、必修教材使用介绍、教师的教学设计；第二次是在 2008 年 1 月，培训内容包括北京市实施新课程半年总结、必修课程与选修课程的衔接、教学案例分析、选修教材使用介绍、教师的教学设计。这两次培训是针对 2007 年秋季首次进入新课程教学的高一年级进行的。第三次培训是针对 2008 年秋季进入新课程教学的高一年级进行。内容包括《语文课程标准》和《北京市新课程语文学科教学指导意见》宣讲、教学案例分析、模块考试试题分析、必修教材使用介绍、教师教学设计。

这三次培训，重在以"课程理念"引导为先，通过案例和教师实际参与教学设计，加深教师对新课程的理解。为了让教师准确理解《语文课程标准》，在三次培训中分别延请国家课标制定组组长巢宗祺和国家课标制定组成员王云峰等课程专家亲自做讲座。第一次参加新课程实验的教师们从他们的讲座

中理解了新课程基本理念，准确地把握住语文新课程提升学生的语文素养、提高学生的语文能力、使每一个学生都得到发展的基本宗旨。三次培训，在对“课程理念”的宣传上始终本着联系实际的原则。例如，在宣讲《北京市新课程语文学科教学指导意见》和北京市实施新课程半年总结中，都是从北京的实际出发，让教师切身感受到实施新课程的必要性和可能性。在三次培训中，按照市教研中心的安排，特别要求教师亲自尝试教学案例的设计。教师们以小组的形式，通过研讨，按照新课程的理念亲自动手设计一个教学案例。这样的培训安排，特别有助于教师在实践中加深对课程理念的理解。

在市级培训的基础上，各区县又开展了二级培训。区县的培训主要以教材的分析和使用为重点，也继续聘请专家做专题辅导。东城、西城、石景山、延庆等许多区县都分别请课程专家、教材编写人员、市级教研员做专题讲座。通过培训，保证了每一位参加新课程实验的教师都能够准确地把握住新课程的实质内涵，信心饱满地投入到新课程的实践中去。

2. 以课例为引导，让教师亲自看到新课程的有效实施

在课改初始阶段，市中语教研室提出了新课程初始阶段要落实的八个字，即“鉴赏”、“文化”、“自主”、“探究”。其中“鉴赏”、“文化”是针对教学内容来说的，即语文课要具有一定的文化内涵，保证高中语文教学的基本质量。“自主”、“探究”是针对教学方式来说的，即自主学习是实现探究所必不可缺的。为了引导教师在实际教学中落实这八个字，教研室组织了四次全市性大型研究课。这四次研究课分别在海淀区一〇一中学、(原)崇文区汇文中学、(原)宣武区北师大附中、西城区北师大附属实验中学举行。每次参加研究课的教师都有几百人，最多一次达到500多人。这四次研究课，每一次又都有各自的研究重点。

海淀区一〇一中的两节研究课是在2007年开学第三周举办的。这次研究课有两个主要目的。第一，是想让教师从课堂实际教学中认识高中新课程下的语文课在教学理念上的变化。这就是：高中语文教学必须重视全面提高学生的语文素养，充分发挥语文课程的育人功能；必须重视语文的应用、审美与探究能力的培养，促进学生均衡而有个性的发展。这种理念的变化，主要还是体现在教学的变化上。在教学内容上，不是以落实某一个知识点为目标，而是引导学生在阅读中理解知识，在运用中掌握知识。例如，周曼云老师的《再别康桥》，不去专门讲解“意象”这个概念，而是让学生在读诗的过程中，去体会诗中情与景的结合。在教学方式上，强调学生的自主学习和自主探究，注重创设一切条件让学生去体验，去感悟，去发现问题和解决问题。当然，这种自主不等于自由，而是在教师有效的组织之下、为达到某种目的而带有计划性的自主；这种探究不等于猎奇，而是在教师的积极引导之下为寻求问题解决而带有方向性的探究。第二，是想让教师认识到积累和鉴赏在高中语文教学中的重要意义。丰富学生的文化积累，不仅是语文素养提升的前提条件，而且也是形成正确的情感态度价值观的前提条件。况且，一定的文化品位也是高中语文课质量的重要保证之一。提升学生的鉴赏水平，是高中新课程语文教学的一个重要目标。提高学生的鉴赏水平，需要具备相关的知识，需要掌握相关的方法，需要达到一定的思维水准。因此，提高学生的鉴赏水平，不仅是培养学生的一种审美判断，而且是包含着对语言的品味和想象力的开发等一系列知识和能力的要求，也包含着对先进文化、高尚情操、个人修养等一系列情感态度价值观的追求。

(原)崇文区汇文中学的两节研究课是在2007年开学以后的第七周举办的。这两节研究课是，汇文中学王如老师的《记梁任公先生的一次演讲》和北京市第五十中学魏艳辉老师的《奥斯威辛没有什么新闻》。这次研究课的主要目的是研究在教学中实现以学生为主体的有效途径。

在落实语文新课程的过程中，教师遇到了三个不太好解决但又必须解决好的问题。这三个问题是：第一，有些教师习惯了以"讲"为主的教学形式。教师的"讲"本没有错，问题是有的教师就喜欢自己来讲。学生不讲，他要讲；学生讲完了，他还要讲；一节课讲完了，他还要从头到尾再"总结"一遍。"讲"已经成为这些教师的一种下意识的行为。第二，落实以学生为主体缺少有效的方式。有些教师虽然知道要调动学生的学习资源，知道要实现多重对话，但除了组织学生做一点"小组讨论"，就很少再能找到其他的方式。第三，培养学生的探究能力，教师只知道如何向学生提出问题，而不知道如何让学生自己提出问题。

汇文中学的两节研究课，就是要在解决这三个问题方面，给教师们一点启发。王如老师的课，是事先让学生对课文进行旁批，然后，课上王老师组织学生就写好的旁批展开讨论。这样，既使学生的旁批成了教学的资源，又使"多重对话"在师生和生生的研讨中得以实现。魏艳辉老师的课，立足于让学生自己提出问题。为了做到这一点，魏老师采用圈定提问范围的做法。例如，让学生从"奥斯威辛没有什么新闻"这个题目上，自己去发现问题；让学生从文章没有写具体的现实"新闻"但却又是一篇名副其实的新闻这样一个写作事实中去提出问题。这两节课，由于找到了"以学生为主体"的落实形式，学生在课堂上的活动当然也就多一些，自然一些，有效一些。

(原)宣武区北师大附中的一节研究课，是师大附中龙军老师的作文课，课题是"形神兼备，细腻刻画"。在这次活动中原宣武分院苏蓉老师就《记叙文写作专题整合》做了专题报告。“表达与交流”在高中语文新课程中是单独的一个系统，《语文课程标准》中对“表达与交流”有着明确的要求。在实际教学中如何落实《语文课程标准》的要求，有效地使用教材提供的素材和训练内容，是这次活动研究的主要议题。

龙军老师的这节作文课，是想传递这样三个信息：第一，作文教学要针对学生作文的实际问题。这节课，龙军老师从学生作文中挑选出三篇文章，组织学生研究这三篇作文存在的带有共性的问题，即“描写不细、思考不深”的问题。第二，利用学生学习过的课文帮助解决学生写作实践中的难题。龙军老师利用本学期学生刚刚学习过的《记梁任公先生的一次演讲》、《金岳霖先生》、《记念刘和珍君》等名家名作，帮助学生提高对“写出人物个性”的认识。这种精读名篇，借鉴名篇，读写结合的做法，在当今仍不失为引导学生提高写作水平的一种有效办法。这样做同时解决了作文教学无法可依、随心所欲的问题。第三，让学生自己在观察、思考、表述、反思的反复实践中提高认识，提高写作能力。龙军老师的这节作文课，非常重视学生的自主学习、合作学习和共同探究。“问题”让学生去发现，“方法”让学生去寻找，“修改”让学生去动手。学生自己运用语言文字叙说事实，实现教师要求的个性化表述，作文真正成了学生自己的事情。

苏蓉老师《记叙文写作专题整合》报告是就人教版教材模块一和模块二确立的“表达与交流”的教学内容，重新进行整合，提出了自己的更为行之有效的教学安排。苏老师“整合”的目的：第一是解决写作训练任务重和课时有限之间的矛盾；第二是解决写作专题要求较高和学生实际写作水平参差不齐之间的矛盾；第三是解决写作专题训练目的相对单一和写作能力综合显现之间的矛盾。苏蓉老师提出的“整合”思路是：以复杂记叙文的写作为训练重点，全学期六次写作与课本的训练要点、训练方式保持一致；限定性与开放性相结合，保持六次写作在思维训练上的内在联系，强化认识生活、读写结合的意识。

这次研究课，让教师看到，新课程作文教学的基本要求是着重培养学生的观察能力、想象能力和表达能力，重视发展学生的思维能力，发展创造性思维；鼓励学生自由地、有个性地、有创意地表达；把写作当成学生认识世界、认识自我、进行创造性表述的过程。同时也让教师认识到，新课程作文教学的基本规律是联系学生的生活实际，借助教材，循理依法，循序渐进。在作文教学中，教师应当根据学生作文的实际状况，对教学内容进行调整，建立起更为符合学生需要的自己的作文教学体系，以保证每个阶段甚至每一次作文训练都能够具有实效，而不是无的放矢，抑或在“放开”的名义下让学生随意为之。

西城区北师大附属实验中学的两节研究课是北京四中连中国老师的《梦游天姥吟留别》和北师大实验中学马丽钧老师的《诗经·氓》。

这两节课是在2007年12月20日进行的。距新课程实施已经111天。教师们需要的不再是简单的方向性的东西，也不再是简单的提示性的做法，而是要在激发学生语文学习的主动性方面，探索更多的有效形式；要在提升教师适应新课程需要的专业素养方面，探索更多的有效途径；要在深入理解教材、发挥教材最大教育性方面，探索更多的有效方法。基于这样的考虑，这两节课的研究价值就定位在新课程语文教学，要能够使学生的学习更加积极主动，使教师的教学更加富有活力，使教学的内容更加富有价值。

连中国老师的课是想借李白诗作的“瑰丽奇伟”和“天马行空”的艺术特色，去唤起学生的想象世界，去提升学生的鉴赏水平，而这一切，连老师是希望采取一种“任由学生驰骋，教师随之而至”的无拘无束的形式，把理念上的以学生为主变成课堂上的自由开放。这种“自由开放”，是一种随心所欲的状态，却不是胡思乱想的一个过程。教师放手给学生驰骋的空间，正是学生不经意间的疏漏和惑而不解的领域；学生的基本素质又保证了他们自由驰骋的质量。而教师适时的发问和学生到位的思考，使得这种“自由开放”在理性的轨道上、向着教师预定的目标延展开去。这一切又是以教师的高素质(知识的、语言的、教学的等各个方面)为前提的。

马丽钧老师的课是想借《氓》这首两千多年前的爱情诗，去影响学生的内心情感，促使学生去了解《诗经》独特的艺术手法。这节课，马老师是借助课外资料，调动学生的探究兴趣，在学生与文本、学生与学生、学生与教师的对话中去尝试学生自主学习、探究学习的新途径。这两节课，以高水平的学生和高素质的教师揭示了新课程改革的理想愿景。带给教师们的启示应当是在把握大方向的前提下，去探索最适合自己的途径和方法。

此外，中语教研室还参与组织了区域性研究课，或参加区县组织的公开课。其中包括有顺义区城关一中蒋吉姝老师的《动物的疼痛》区级研究课(昌平、延庆、平谷等区县教师参加)；朝阳区教研员何郁老师的《闹市闲民》(汪曾祺)研究课；顺义区牛栏山一中王春晶老师的杜甫诗《登高》区级研究课，平谷区第六中学李玉芳的《杜甫诗歌鉴赏》区级研究课，密云县太师庄中学田丽颖老师的《赤壁赋》和梁海花老师的《游褒禅山记》区级研究课；西城区北京市第一五九中学战新良老师的《林教头棒打洪教头》区级研究课。据不完全统计，一年来区县组织的研究课达到百余节次。

这些研究课，一是进一步形成了全市推进新课程积极态势，二是激发了教师努力实践新课程的热情，三是在解决新课程教学中一些关键问题上取得了积极的进展。

一年来，高中语文新课程实施已经出现了一些可喜的变化。这些变化包括：教师更加认同新课程的基本理念，更加认清新课程需要解决的问题，更加明确新课程实施的有效途径，更加看到新课程的发展方向。有的教研员说，新课程实施一年以来已经看出与高二、高三的不同了。许多教师从市、区研究课中收获了对新课程的信心和希望，而最重要的是为下一阶段新课程的实施打好了基础。

3. 以“样题”为指导，让教师认识到新课程的考试评价要求

在市基教研中心的统一组织下，语文学科先后完成了两套教材5个模块的10套必修课程模块试题。这10套试题对全市必修课程的模块学习和考试起到了很好的导向作用。试题的导向作用在于：第一，引导教师把握模块学习的基本要求。面对一些区县按照高考模式设计模块考试的做法，我们的模块试题明确提出“学什么考什么”的命题要求，并且把难度值控制在0.8左右。第二，引导教师把握新课程对学生语文素养的要求。提出试题要以学生的基本语文素养作为考查重点，重在考查学生的语文积累整合、感受鉴赏、思考领悟、应用拓展、发现创新能力。第三，引导教师把握体现新课程理念的新题型。从某种意义上说，新的内容需要新的形式。在模块样题中，我们创造了一些新的题型。例如，语段与语用结合的试题，同一篇阅读文章不同语段比较的试题，阅读语段连接相关材料的试题。这些新题型注重语文能力的综合性，注重语文的实践性，注重学生思维的发展。模块样题不仅对考试起到引导作用，而且对教师的教学也产生了积极的影响。

4. 以市、区教研为主导，让教研员始终走在新课程实施的最前列

有效推进高中新课程，需要一支骨干力量。这支骨干力量就是市、区教研员，尤其是第一批进入课改实验年级的教研员。为了打造这支队伍，市教研中心中语室重点做了三项工作。第一，组织这批教研员在实际工作中深入体会课程理念。例如，组织他们参加必修课程模块样题的命制，在命题中体会《语文课程标准》的要求；组织他们做市级研究课，在共同备课中加深对课程理念的理解；组织他们参与全市的新课程培训，每一个教研员都分配任务，在培训他人的同时，使他们自身得到提高。第二，组织他们外出学习。2008年3月，在市基教研中心的支持下，组织这批教研员到上海、宁波等地考察学习。考察期间先后到复旦大学附中和宁波万里国际学校听课，与上海市教研室和宁波市教研室举行座谈。听课，让教研员们亲身感受到课程改革在这两地推进的实际状况；座谈，让教研员们从深层次了解到两地教研部门对课程改革的深入思考。这次考察，让教研员们进一步明确了方向、坚定了信念、激发了干劲，对推进北京市的语文学科新课程起到了积极的作用。第三，要求教研员要静下心来思考新课程中的一些问题。我们教研室组织了新课程论文评比。许多教研员都写出了有质量的论文。例如，(原)崇文区教研员韩明英老师就必修课程模块考试专门撰写了“模块考试的基本特点”论文，丰台区教研员亓东军老师和市教研员一道撰写了“选修课程专题式教学的思考与设计”论文，密云县教研员果长亮老师的论文在全国上获一等奖。大兴区教研员周平安老师、石景山区教研员纪秋香老师都在各自区里申请了新课程研究的“十一五”课题。深入的研究，保证了新课程在理性的轨道上向前发展。

5. 深入学校，针对具体问题进行新课程实施的有效指导

一年多来，市中语教研室先后到十几个区县听课70余节次，针对新课程实施中出现的问题，做具体指导。例如，在有的区县听课，发现有的教师还在延续过去的单一的知识教学，就按照新课程的总目标去指导教师，帮助教师由知识教学转变到能力培养上来。又如，发现有的区县教师教学的起点有问题，教研室就专门准备“新课程下的初高中语文衔接问题研究”的讲座，为教师们明确高中新课程的教学起点和目标。深入课堂，走进教师，发现问题，拿出办法，这是语文学科新课程稳步实施的一条重要经验。

二、在实施新课程中产生的主要问题

1. 新课程理念与课堂实施之间存在落差

一年过去了，反思新课程的实施，出现的所有问题，都与对新课程理念的理解不到位有一定的关系。特别是在课堂教学中出现的问题，更是如此。其实，教师们对新课程理念是认可的，但为什么在实际教学中又反映出对新课程理念的理解不到位的情况呢？原因有三条：一是还没有找到新课程理念与课堂教学的结合点；二是对如何使用好新教材还缺少认识，尤其是对教材中的一些新鲜设计把握不好；三是过去已经习惯的教学方式和思路一时扭转不过来，尤其是在遇到具体问题时很容易回到原来的老路上去。

2. 对语文教学的继承与发展把握不准

语文新课程其实也是在过去语文教学的基础上发展起来的。但是，如何区别优秀的传统教学与新课程的新要求，有些教师却遇到了问题。原因，首先在于对语文课程性质的认识。到目前为止专家们都说不清楚的“工具性”与“人文性”的关系，一定要让教师在实际教学中去解决好，也实在是勉为其难。其次，语文新课程的一些要求和做法与过去倡导的一些成功经验有一致之处。但是，现在重新从新课程的角度提出来，教师们反而不知所措了。再次，语文教材的编写，总体上是按照过去的文选式编写，但是教材中的一些板块要求或者操作要求在实际教学中不好落实，使得教师们在新的变化面前不知如何是好。

3. 考试评价的不确定性制约着实际教学

考试评价，这是教师们最为关心的问题。说到新课程，教师们充满希望，但一说到考试，他们又忧心忡忡。可以说，不到最后的高考，教师们就不会放下心来。但出现这种问题的另一个原因，也在于教师们没有从必修课程的模块考试，乃至于将来选修课程的模块考试中去把握高考的考试改革方向，当然也没有人就二者的关系进行说明。再一个原因，就是具体实施新课程的教研部门与负责考试的部门缺少制度上的联系保证。如果能够将这两个部门就教研和考试整合起来，那就有可能为新课程注入强大的推进力量。

4. 一些"专题"研究对整体实施产生一定影响

新课程实施以来，不少单位部门都在为推进新课程做专题研究。其中有行政部门、科研机构、民间团体。应当说有些课题研究直接影响了语文学科新课程的总体推进。造成这种情况的原因，一是一些课题的研究还未拿出成果就急于推行。二是一些课题研究也是依靠教研人员的帮助，致使有的教研员就不知道应当按照哪个思路去指导教师的教学。三是一些专题研究的范围比较大，并不是仅就语文学科而言所做的研究，其结果对语文实施新课程必然产生不利的影响。

三、有效推进语文新课程的若干思考

新课程实施一年来，语文学科的变化是有目共睹的，存在一些问题也是正常的，基本属于发展中的问题。考虑到语文学科今后的发展，我们认为要重点解决这样一些问题：第一，要解决教师在教学实践中认识新课程理念的问题；第二，要打造更多的体现新课程理念的优秀教学案例；第三，要组织对教材实施有权威性、指导性的二次开发；第四，要将课堂教学的整体推进与个别试验区别对待；第五，要在教研员和教师中间继续培养一批课改核心力量。第六，应当考虑如何整合各种影响语文教学的有益因素，形成一股力量，排除干扰，推动新课程的有效实施。

语文学科新课程的实施，已经走上了正确的轨道，正在平稳地向前推进。在迈向新的目标的进程中，一切障碍都挡不住语文学科新课程的健康发展，市基教研中心中语室在上级领导的支持下，一定会带领全市教研员和教师，走出语文新课程的一片新天地。

（2008 年 7 月）

走好新课改的第一步

——在北京市一〇一中研究课上的发言

刘宇新

老师们：

高中新课程第一次语文教学研究课已经呈现在大家面前了。我们不说新课程实施刚刚起步，不说新学期开学只有三周，不说市教研、区教研、一〇一中和北大附中的两位作课老师为这次研究课花费了多大的心血，我们只想告诉老师们：有效实施新课程应当做点什么和怎样去做。

今天的这两节课，有两个看点：

第一，高中新课程下的语文课应当在教学观念上有新的变化。这就是：高中语文教学必须重视全面提高学生的语文素养，充分发挥语文课程的育人功能；必须重视语文的应用、审美与探究能力的培养，促进学生均衡而有个性的发展。而教学观念的变化，除了体现在教学内容的选择，更多的是体现在教学方式的变化上。在教学方式的选择上，新课程更注重学生的自主学习，更注重学生的探究，更注重创设一切条件让学生去体验、去感悟，去发现问题、解决问题。今天的这两节课，就是想体现学生的自主和探究。这种自主不等于自由，而是在教师的有效组织下、为达到某种目的而带有计划性的自主；这种探究不等于猎奇，而是在教师的积极引导下、为寻求问题解决而带有方向性的探究。这种自主和探究，不仅是体现课程理念的一种选择，而且是提高学生语文能力的最佳途径。应当相信，只有在自主和探究中，才能有效地激发学生语文学习的兴趣和潜能，才能真正提高学生的语文素养。

第二，高中新课程下的语文课应当在文化积累和鉴赏水平方面让学生有所收获，有所提高。高中语文课的文化含量应当更加丰富一些。这种文化的积累，不仅是语文素养提升的前提条件，而且也是形成正确的情感态度价值观的前提条件。况且，一定的文化品位也是高中语文课质量的重要保证之一。鉴赏水平的提升，是高中新课程语文的一个重要的目标。提高学生的鉴赏水平，需要具备相关的知识，需要掌握相关的方法，需要达到一定的思维水准。

因此，提高学生的鉴赏水平，不仅是培养学生的一种审美判断，而且也包含着对语言的品味和想象力的开发等一系列知识和能力的要求，也包含着对先进文化、高尚情操、个人修养等一系列情感态度价值观的追求。

高中新课程下的语文课，要解决的问题有许多。我们市教研室根据教研中心的统一部署，提出把新课程的有效实施当作当前推进新课程的一项重要内容，采取分步推进的原则，先探索出一个能让老师们接受、并初步认同的新课程语文课雏形，在此基础上再逐步深入发展。

课程改革不是一朝一夕的事情，必须要有“跃上葱茏四百旋”的信心，去迎接新课程带给我们的绚丽曙光。

（2007 年 9 月）

第二部分
课程实施研究

在课堂教学中实践新课程理念，丰富新课程理念

——在通州区运河中学研究课上的发言

刘宇新

根据新时期高中语文教育的任务和学生的需求，《普通高中语文课程标准》提出了语文新课程的基本理念。对于语文新课程的基本理念，需要在课堂教学中去实践它，丰富它。这样，理念才能得到落实，才能得到发展。今天，在运河中学举办教学研究课，其目的就在于此。

实践新课程理念，最核心的内容就是要全面提高学生的语文素养。而语文素养中最核心的又当属学生的语文应用、审美与探究的能力。今天刘海静老师和李春安老师的课就是希望在学生语文能力的培养上做一点尝试，以求在实践新课程理念上，给前来听课的老师一点启示。两位老师对课程理念的实践，主要体现在三个方面。第一，他们的教学，更加关注学生的学习，刘海静老师是把学生对不同语言的感受作为教学的切入点；李春安老师是把学生对文本的整体理解作为教学的切入点。第二，他们的教学，更加关注开发、利用学生资源。他们的教学是从学生的学习现状、学习需求入手，既把握好教学的起点，又确定好教学的目标，将学生的语文能力培养真正落实到位。第三，他们的教学，更加关注学生的学习过程。他们都有自己的教学设计，但是，他们都更注重课堂的生成。他们不是按照自己的预先设计，为教而教；而是瞄准学生的学习，为学而教。两位老师是这样想的，也是这样做的。当然，他们想得是否全面，做得是否到位，老师们可以通过他们的教学自己去判断。相信，当您有了自己的判断时，您对新课程理念的实践，也就有了自己的底数了。叶圣陶先生曾在《中学国文学习法》一文中说过："阅读要多靠自己的力，自己能办到几分务必办到几分。不可专等教师给讲解，也不可专等教师抄给字典辞典上的解释以及参考书上的文句。直到自己实在没法解决，才去请教老师或其他人。因为阅读是自己的事，像这样专靠自己的力才能养成好习惯，培养真能力。"这里叶圣陶先生所说的"阅读要多靠自己的力"，其实与今天新课程倡导的学生"自主"理念，是完全一致的。由此也可以说，实

践新课程理念，也就是要遵循语文学习的基本规律。今天两位老师的研究课，也正是从遵循语文学习规律的角度来体现对新课程理念的有效落实。

语文新课程理念需要在课堂教学中去实践，同样也需要在改革实践中去发展。历史经验告诉我们，任何一种理论都不是一成不变的；任何一种理论都只有在发展中不断地去丰富，才有可能逐渐完善，而变得更具有指导意义。新课程倡导的“自主”理念，就需要通过教学实践不断地去丰富它的内涵。今天两位老师在这方面也力求有一点尝试。他们不只是在形式上追求学生的“自主”，而是在诸如学生阅读中的问题解决、学生理解中的亲自实践、学生学习中的结果呈现等一些方面去追求学生的“自主”。有了这样的追求，学生的“自主”内容就更为丰富了，学生自主的效果就更能体现出来了。

今年的高一年级，是第二批进入北京市高中语文新课程的年级。应当说有去年第一批进入新课程的年级在前面探索，现在的高一年级就可以做得从容一些了。当然，这个年级在实施新课程的力度上就可以再加大一些。今天两位老师的研究课就是想告诉老师们：在强化学生的语文素养方面，在培养学生的语文能力方面，在改进教学的组织实施方面，都要加大力度，而加大力度的主要表现，就是要拿出切实可行的办法来。这种切实可行的办法越多，新课程就越有希望，语文教学改革就越有希望，北京市的高中语文教学质量就越有希望。走好自己脚下的路，希望就会离我们越来越近，我们也就会在追求希望的过程中实现作为一位语文教师的人生价值。

遍看课改尽神州，风景这边独好。

（2008 年 11 月）

把“虚拟”变“实在”，把“理念”变“现实”

——在北师大附中研究课上的发言

刘宇新

网络环境下的语文教学，是随着计算机技术的发展而出现的一种新的语文教学模式。当这种教学模式出现的时候，许多语文同仁似乎看到了解决语文教学“少慢差费”、振兴传统学科的一片曙光。记得在教科院承担的“九五”国家级课题“信息技术与学科教学整合研究”的课题结题报告中，我们教研室就提出语文教学的未来必定会和计算机信息技术的使用紧密地结合在一起，离开了信息技术就不会有语文教学的现代化，就不会有语文教学的新发展。当时我们教研室课题研究的实验校，也就是咱们宣武区北京市第十五中学，做过研究课的有海娜老师、金秋萍老师、张燕玲老师、马娟老师、张金海老师等。回顾当初，研究信息技术与学科教学整合，主要是从改变教学方式和丰富教学资源的角度入手，目的是力求让学生学得生动活泼一些。

今天我们组织邓虹老师的“网络平台下的鲁迅作品教学”研究课，已经不是停留在研究教师教学方式的改变和从教师的角度丰富教学资源的问题了。而是要把“网络”既用为教师的“教”、也用为学生的“学”，把“虚拟”的网络与现实的课堂结合起来，建构一个打破时空界限，“教”“学”合一的教学模式。

在谈及“虚拟”课堂与“现实”课堂结合的问题之前，我们应当先分析一下目前其中存在的问题。在我个人看来，目前的“虚拟”课堂存在两个突出问题：第一，“虚拟”课堂成了学生获取廉价信息的场所，一些貌似富有见地的“成果”，其实都是从网上轻而易举照搬过来的；第二，“虚拟”课堂成了学生发表自由言论的博客，一些貌似充满激情的“讨论”，其实竟是些不负责任的信口开河(项羽要是杀了刘邦会怎样？要是刘邦没跑掉会怎样？《鸿门宴》的味道早就不复存在了)。这两个问题暴露出来的是“虚拟”课堂作为“课堂”要素的缺失。既然是“课堂”，就不能缺少了“教”和“学”，也就不能缺少了目的、过程和方法，也就必须要讲究方法，追求实效。今天邓虹老师的研究课，就是想探索如何在“虚拟”中找回“实在”。

邓虹老师这节课的中心议题是“我眼中的祥林嫂”。学生的网络学习是围绕这个议题展开的，这就让学生带着“实在”走进“虚拟”。邓虹老师的这节课，使用了学生在网络平台上留下的“帖子”，这些“帖子”是教师从学生蜂拥而上的“帖子”中花费心血整理出来的，这就把“虚拟”变成了“实在”。然而邓虹老师这节课，我们最想让大家看到的是，课堂上不仅有学生在网络上讨论结果的展示，还有讨论过程的展示。虽然这个“过程”属于过去时，但却留下了学生交流碰撞的痕迹和结果产生的经过，这就把以往只是将学生的讨论结果作为资源，变成了将学生的学习过程也作为资源。这种“过程性”资源是从任何一个网站都照搬不来，这就是“虚拟”所提供的“实在”。带着“实在”走进“虚拟”，带着“实在”在“虚拟”中学习，带着“实在”从“虚拟”中回到“现实”，这就是邓虹老师这节课要传递给大家的把“虚拟”变“实在”的基本思路。

在网络环境下进行语文教学，之所以在新课程实施中再一次受到人们的追捧，除了促进网站、“资源库”的运营和扩大之外，被冠以“体现新课程理念”也是重要的原因之一。其实，网络平台并不等于新课程理念，新课程理念只有在现实教学中的积极实现，才有它的生命力。“理念”变“现实”，这是客观的需要，也是对“理念”的一种尊重。邓虹老师的这节课，就是以“网络平台下的鲁迅作品教学”的实践，来实践新课程的教学理念。这种实践，首先表现在其最大限度地关注到每一个学生的学习。其次，表现在最大限度地让每一个学生都既能够自主探究又能够合作学习。再次，表现在最大限度地开发学生的学习资源，尤其是学生学习过程中生成的宝贵资源。要做到这些，现实课堂都不如“虚拟”教室。

今天的研究课，目的是想启示老师们思考如何把“虚拟”变“实在”，把“理念”变“现实”的问题。如果今天的研究课让老师们对“网络教学”有一点新的认识，对用新技术去实践新理念有一点比较成熟的想法，不至于被技术难住手脚，不至于被理念困惑头脑，更不至于因为技术和理念而丢掉语文教学，那么，今天这个规模不大的北师大附中邓虹老师的研究课，就有可能在北京市高中新课程推进的历史上留下一点为后人称羡的印迹。市教研中心、宣武分院二部、北师大附中作为这次活动的共同组织者对于这样的一个结果，热切地期盼着。

谢谢老师们！

（2009 年 4 月）

走好新课程改革的每一步

——在顺义区牛栏山一中文言文教学研讨会上的发言

刘宇新

各位领导、老师：

上午好！

我们今天在顺义区牛栏山一中举办高中新课程文言文教学研讨会。首先感谢顺义区教育考试研究中心和牛栏山一中领导对这次活动给予的大力支持，感谢学校语文组和今天作课的两位教师为这次活动付出的努力。

我们组织这次全市研究课，主要有两个想法：一是随着高中新课程的不断深入，需要对教学中的主要领域做更加深入的研究。文言文就属于这种需要深入研究的领域之一。二是根据课程改革的需要，要求我们在教学方面有一些新的突破，这次研究课就是想在教学资源的开发、课内学习向课外的延伸，以及近几年来我们一直倡导的"专题式教学"等方面做进一步的研究。

文言文教学是高中语文教学中的重头戏，在新课程背景下，高中文言文教学有了新的变化。这种变化主要体现在三个方面。第一，由过去比较关注"言"的教学，逐步转向"文"、"言"并重，把文言文教学由"古汉语式"的教学转向文章阅读教学；第二，由过去比较关注文言文的"写法"，逐步转向写法和内容并重，强调指导学生"用现代眼光审视古代经典作品"；第三，由过去更多的课内单篇教学，逐步转向整合相关文章，由课内向课外延伸，引导学生运用课内所学去适当地阅读一些古代文化经典。这些变化的宗旨在于落实《课程标准》提出的目标要求，其中最重要的就是传统文化的积累，并通过这种积累提升学生的语文素养。至于说到文言文的教学方式，以往常见的是先解词、译句，再分析总结。今天的两节文言文研究课，老师们会看到作课教师在教学方式上有了一些变化。这种变化主要表现在学生的自主学习、词句的解释与对文章内容理解的相互结合、基于学生已有的知识经验和能力水平基础上的整合与拓展。

为了深入研究高中文言文教学，我们这一次的研究活动，不仅有研究课的展示，而且还有论文交流。我们与顺义区教研室共同将这些论文编辑成册，供老师们研究交流。

老师们，北京市高中新课程实施已近四年时间。四年来，我们语文学科在市、区教研员和广大教师的努力下，做出了一些成绩，使得高中语文教学在一定程度上发生了一些变化。更为可贵的是，有一批教研员和老师在课程改革中表现了孜孜不倦的研究热情。这种变化需要我们去支持，这种热情需要我们去呵护。只有这样，才能够保证我们走好新课程改革的每一步。一步一步地走下去，才能够保证在不远的将来高中语文教学有一个实质性的提高，高中语文教师的专业水平有一个显著的提升。

不用扬鞭自奋蹄。让我们一起努力，去迎接北京高中语文教学收获季节的到来！

（2011 年 5 月）

再加一把劲儿，完成最后的冲刺

——在北京二中研究课上的发言

刘宇新

各位领导、各位老师：

北京市高中新课程第一轮实施已经到了最后的关头：我们离高考这条“终点线”已经越来越近。两年多来，教科院基教研中心中语室和各区县教研员、广大一线教师共同走过了高中新课程的每一个阶段。曾记得，2007 年暑假，高中新课程的起始培训，我们引用了一位领导寄希望于北京课改成功的话，她说：“北京进入高中新课程，是课程改革的航母舰队出航了。”这话是褒扬，是信任，但我们也从中听出全国课改在此一战的悲壮。我们自认为，语文学科是这艘“航母”上的前甲板，我们必须具有时不我待、肩负课改重任的使命感，我们必须具有不怕恶浪拍打、勇往直前的勇气，我们必须具有坚忍不拔、驶向光辉彼岸的决心。

在使命、勇气、决心的驱使下，两年多来，为了推进高中课改，我们语文学科先后在 13 个区县组织了 16 次全市研究课，有 32 位教师就语文必修课和选修课的有效实施做了教学研究课。这其中北京二中就先后有两次 5 人承担全市研究课。2008 年 11 月 19 日，我们在二中组织了选修课有效实施研究课。活动刚一结束，钮校长就热切提出 2010 年全市新课程高三复习研究课一定要在二中举办。钮校长说，市教研中心，除了要研究新课程的有效实施，更要负责新课程的高考指导。我们从内心感谢钮校长对我们的信任。这次活动就是在实现我们当初对钮校长做出的承诺。

2010 年高考《考试说明》已经与广大教师和高三学生见面。其中体现新课程理念，适应高中新课程教学变化的“阅读延伸题”第一次出现在高考《考试说明》当中。这次全市研究课的研究重点，就是“阅读延伸题”的复习指导。由于“阅读延伸题”是在高考中第一次出现，许多高三教师对这类试题的基本特征还不甚理解，对如何指导学生在作答这类试题时获得高分还缺少办法，对一张试卷在古代诗文和现代文同时出现阅读延伸题，如何有所侧重以及能力要求的区别、试题评判的标准等等，也都心中无底。其实大家都是第一次。高三师生备考是第一次，考试命题也是第一次。面对共同的“第一次”，特别需要的是研究和沟通。通过研究，保证做到复习全面，指导有效；通过沟通，保证“考”与“被考”双方在最大限度上达成共识。“全面”“有效”“共识”，就是今天在这里举办研究课所要追求的结果。

为了今天的研究课，二中的老师们付出了辛勤的劳动。在上学期期末，他们即开始准备。担任这次作课任务的翁盛老师和王锡婷老师自己找来材料、编制试题，在语文组长范锦荣老师和备课组的帮助下拿出了自己的教学设计。市基教研中心中语室和东城区研修学院语文组也对这次研究课提出了要求，给予了指导。尽管如此，说句心里话，大家对这次作课对于最终完成高考试卷上的阅读延伸题到底能起到多大的效果，没有绝对的把握。为了使我们今天的两节研究课最大限度地起到“全面”“有效”“共识”的效果，我们今天也请来了相关专家和我们共同切磋。

老师们，春风吹过，春雨飘过，春城何处不飞花。北京高中课程改革在过去的两年中取得了有目共睹的成绩。面对今年夏天的高考，我们相信各区县高三语文教研员和全体高三语文教师，一定会顶骄阳，冒酷暑，倾尽全力，完成最后的冲刺。

（2010 年 5 月）

走"高效"之路，得阅读之法

——在"高效阅读"教材培训启动大会上的发言

刘宇新

由北京市特级教师程汉杰老师主编的《高效阅读》教材将要在北京部分区县推广使用。虽不是涉及所有学校，但也有7万多学生走进"高效阅读"的课堂。这在北京市语文教学中称得上是一件大事。从教材使用的角度来说，教科院基教研中心中语室应当担负起教材使用指导的责任。这既是出于责任，也是出于对程汉杰老师20多年来始终不渝地坚持"高效阅读"研究的精神和已经取得的突出成绩的一种尊重和敬佩。

程汉杰老师从1985年起开始进行"高效阅读"的研究。应当说从那时起，市基教研中心的前身——北京市教育局教学研究部中学语文教研室就开始了与程老师的合作。前不久，程老师在回忆这段经历时还在感慨：当时的中语室赵玉民主任为"高效阅读"做培训，一期就有8次讲座。风风雨雨20多年过去了，程汉杰老师的"高效阅读"在全国已经有了一定的影响，今天更是步入了一个新的发展时期。我们应当抓住这个契机，把程老师的"高效阅读"在语文教学中普及开来。

说到"普及"，眼下正是一个难得的好时机。北京市2007年秋季进入高中课改。这次课程改革的一个最大的变化，就是在高中语文开设了选修课，而且选修课占了高中三年语文总课时数的一半以上。在选修课的开设中，国家制定的《课程方案》特别强调课程内容要具有一定的选择性，以"满足不同学生的发展需要"。《普通高中语文课程标准(实验)》在谈到课程设计思路时强调要"根据本校的课程资源和学生的需求，有选择地设计模块，开设选修课"。在北京市制定的《课程改革实施方案》中，还专门强调要开设具有自身特点的校本课程，并且在《实施方案》里规定了校本选修的时间。应当说，正是在这样的一个背景下，程老师的《高效阅读》教材才第一次进入了北京市中小学教材使用目录，成为名正言顺的语文教材。当然，要想把这本教材使用好，也就必须在"选修"上做好文章。

作为即将开设的一门选修课，首先我们应当充分认识“高效阅读”的本质，明确开设这门课的现实意义。所谓“高效阅读”，其实讲的是一种阅读方法。这种阅读法，是在借鉴国内传统的优秀读书方法和国外盛行的快速阅读法的基础上，综合运用了教育学、心理学、生理学、阅读学、脑科学等学科的研究成果，从激励同学们的阅读积极性入手，以量化和规律化为主要手段，通过训练，迅速提高阅读速度与阅读效率，进而达到提高学生语文阅读能力的目的。在当今信息社会，掌握高效阅读的方法，具有十分重要的意义。2009年的教师节前夕，温家宝总理到北京市第三十五中学视察。在听了《芦花荡》这节课之后，温总理说：“孙犁的作品《芦花荡》，我以前也读过，但今天我和学生们一起读，觉得别有一番新意”，“我感到惊喜的是老师让学生4分钟把3300字的文章默读完，我觉得这是对学生能力的锻炼，不仅要求学生专心，而且要求学生具有一定的阅读能力。人要多读一点书，有些书要精读，有些书可以快速翻阅。紧接着，老师又让学生用三句话概括故事的主要情节。这是锻炼学生的逻辑思维和概括能力。从我个人的学习体会讲，这一点很重要，掌握了可以终身受益”。

从温总理的一席话可以看出，“高效阅读”虽是一种阅读方法，但它却关系到学生思维能力的培养。而语文课最核心的任务就是借助语言文字发展学生的思维能力。所以，把握“高效阅读”的本质，其意义就在于要把这门课当作语文课来上，要把发展学生的思维能力放在突出的位置上。可以设想，假若没有一定的思维水平做保证，快速阅读就成了快速认字，即便是认字也少不了思维的参与。为此，要研究根据不同学生、不同文本，甚至不同环境下的“高效阅读”，防止出现机械的、千篇一律的、只过眼不过脑的“快速”训练。张志公先生在他的《谈语文教学中的阅读问题》一文中说：“所谓阅读能力，包括三个方面的因素，即理解、记忆和速度。阅读，首先要读懂，并且能够记得，进而还要读得快。这才算是具有较高的阅读能力。”张志公先生的这段话，也说明“速度”是阅读能力中的一个重要组成部分，而且“速度”要以“理解”和“记忆”为前提，这正好也说明高效阅读训练必须与对学生的思维训练结合起来才能达到实现“高效”的目的。

其次，说到问题的另一面，“高效阅读”既然是一种阅读方法，那就必须让学生在有效的练习中去学习并掌握它。《高效阅读》教材中提供了许多有效的训练途径。在实际教学中，老师们要准确领悟每一种训练方式的要点，并且要根据实际情况做出必要的调整。例如，“增大识别间距”的训练方式，就要抓住“眼睛在每次停顿时所能摄取材料的范围”这个决定“识别间距”的关键点，根据学生的实际水平，设计好逐步“增大识别间距”的过程，在设计训练过程时，要做到有理，要突出有效，要注重可持续发展。在这方面，老师们完全可以各显其能，有所创造。老师们的创造不仅是使用教材的需要，也是丰富教材、发展教材的需要。希望区县教研员和使用教材的学校，也在这方面多开展一点研究，相互借鉴，取长补短，共同发展。

再次，说到教材建设。关于教材，各个部门有明确的分工。从大的方面来说，教材的编审职能在教科院课程中心，教材的使用由教科院基教研中心负责，而教材目录是由市教委基教处统管。不同的部门担负着不同的任务。因此，教材建设需要各个部门分工负责。有关同志需要了解这里面的具体情况，争取在教材建设方面得到各方面的支持。应当看到，这本教材的"副主编"中有五个区县的教研员。这说明区县教研员已经成为这本教材编写的主要力量。这是一个好的现象。有区县教研员参加教材编写，会为教材带来许多教学一线中的鲜活的东西。但是，根据以往的经验，地方教材的生命力有时并不取决于区县介入的多少。建议参加教材编写的同志们能够上下沟通，最大限度地实现多方合作，继续把这本教材编好、用好。

工夫不负有心人。《高效阅读》教材第一次在北京有了一个比较大的使用规模，期望大家以此为起点，尽最大的努力用好这本教材。据说已年逾古稀的程汉杰老师为这本教材续签了十年的合同。凡是使用这本教材的老师们，应当有这样一个决心：一定要把"高效阅读"这件事做好。当然，这不仅是不辜负程老师的半生心血，也是为北京的课程改革奉献一个熠熠闪光的"亮点"。

（2011 年 3 月）

潮平两岸阔　扬帆起航程

——赴上海、宁波考察纪实

刘宇新

北京市从2007年秋季开始进行国家高中新课程改革。半年多来，在市教委的领导下，经过广大教师，尤其是教研员的努力，新课程得到顺利推进。语文学科的新课程实施更是方向明确，起步平稳。然而，即便如此，在推进新课程的过程中，仍然有许多问题亟待解决。解决这些问题的途径之一，就是“走出去”——他山之石，可以攻玉。在市基教研中心的安排下，中学语文教研室组织全市各个区县的新高一教研员于2008年3月22日至29日，赴上海、宁波进行了为期一周的课程改革专题考察。

在上海，考察团到复旦大学附中听课，与上海市教研室教研员举行座谈；在宁波，考察团到宁波万里国际学校听课，与宁波市教研室教研员举行座谈。听课，让考察团的老师们亲身感受到课程改革在这两地推进的实际状况；座谈，让考察团的老师们从深层次了解到两地教研部门对课程改革的深入思考。这次考察，让老师们进一步明确了方向、坚定了信念、激发了干劲，对推进北京市的语文学科新课程起到了积极的作用。一路考察，收获颇丰，可以概括为以下几个方面。

一、特色学校带给新课程以新的活力

宁波万里国际学校，是一所办有特色的学校。这是一所省级重点中学，是浙江省首批优秀民办学校。学校以独特的办学模式，受到国家领导人的高度赞扬。国务院原副总理李岚清在视察学校时称赞：“万里的办学经验很值得我们学习，办学模式值得研究、推广；教育要创新，你们这种创新意识是可贵的，要向你们学习！”全国政协原主席李瑞环、国家原副主席曾庆红、全国总工会原主席尉健行、教育部原部长陈至立，浙江省委原书记、现国家主席习近平等许多领导人都曾到万里国际学校视察，给予学校很高的评价。

从教育教学的角度来说，万里国际学校的最大特点，就是采取了一系列

激励人才的有效措施，保证每一位优秀教师在学校留得住，有发展，愿奉献。有了这样一支队伍，课程改革就不愁结不出丰硕的果实。万里国际学校特级教师邓彤，组织学校的骨干教师成立了新课程专题研究小组，校长也参加到小组中与教师共同研究教学。例如，学校针对考试评价中存在的问题，研究出试题分析的基本形式：从数据统计到失分原因，到重点练习，到一周以后的巩固练习。这样的试题分析，不但有针对性地解决了学生考试中的问题，而且延展到日常教学当中，成为一个时期内的重点教学内容，教学的针对性更突出了，学生学习的积极性更高了。

二、深入改革带给教研新的思考

在上海期间，考察团与上海市教研室举行了对口交流。上海市特级教师教研员步根海为考察团系统介绍了上海市二期课改语文学科的一些情况。其中，可以明显地看出，上海作为国家级课改试验区，在语文课改方面的确走在了全国的前面，起码他们对语文课改的思考是相当前卫的。

步根海老师就二期课改如何解决教学以升学为中心的问题、语文工具性与人文性统一的问题、全面提高学生语文素养的问题、语文读写结合的问题，介绍了上海同仁最新的研究结果。例如，在谈到读写结合问题时，上海同仁虽不主张“八股式”的写作教学，但提倡以阅读为引导，规范学生的写作；虽不主张学生的所谓“自由”写作，但提倡通过阅读，体验文章作者表情达意的无拘无束。步老师把阅读看成是读者与作者的交流，从这个意义上说，阅读的同时就是在“写作”，而写作显然是为读者的阅读，从这个意义上说，写作又是“阅读”。这就解决了人们以往将写作与阅读分家的陈旧认识，尤其是在教学中，第一次阐明了二者的关系。再有，关于“素养”、“训练”、“文化”等语文新课程热议的话题，步老师都有自己的结合实际、准备在二期课改试验的积极的想法和做法。

在与上海市教研室座谈中，大家就母语教学的规律，尤其是在新课程下的教学规律，进行了较为广泛的探讨。上海同仁特别注意语文教学中的“语言”因素，并且从思维发展的角度认识语言教学在语文教学中的地位。这与北京一贯倡导的语文教学首先是语言教学不谋而合。北京市教研室前主任马雪鸿老师对此特别认同，甚至提出北京应当与上海在推进新课程的过程中积极联手，而且预示这种联手一定可以做出一番影响全国语文教学的事业来。

三、走进课堂带给教研员最直接的感受

这次考察，特别安排了在宁波万里国际学校和上海复旦大学附中听课。

作为教研员，只要走进课堂，就会找到感觉，就会从中发现在书本里、在“理念”中解决不了的问题，甚至找到问题的答案。

在万里国际学校，听了特级教师邓彤老师的一节课；在复旦大学附中，听了复旦大学研究生毕业的李郦老师的一节课。这两节课让考察团每一个成员看到了课改试验区成功的教学经验，从中找出了自己的问题。邓彤老师上的是一节试卷讲评课。他用准确的数据，分析学生存在的问题，又用典型的案例，指导学生认识问题的原因。最后通过有针对性的练习，让学生得到巩固和提高。邓老师扎实的教学功底和具备实用性的教学指导，给大家以很大的启示。李郦老师讲的是《胡同文化》。李老师从北京文化入手，联系学生学习过的老舍和郁达夫描写北京的作品，两相比较，在学生的自主探究中完成了对北京胡同的认识，掌握了《胡同文化》一文的构思立意和表现手法。李老师的课注重文化渲染，注重学生体验，注重能力培养，让人感受到新课程理念在教学中的具体落实。这两节课后，两位老师分别介绍了他们备课的过程，考察团老师也分别与两位作课教师进行了交流。

从这两节课中，大家感受到了新课程在课堂教学中应当如何去实施，感受到了语文界讨论不清的问题如何在教学中得到解答，感受到了教研员如何在“理念”和课堂之间起好桥梁作用。当然，听完这两节课，教研员们也比较出了北京实施新课程以来教学上的不足与优势。

四、跨出北京带给北京新的思考

这次赴上海、宁波考察，在了解新课程实施情况的同时，也促使大家对北京教研进行反思。首先大家认为，北京有一支特别能战斗的市、区教研队伍，但是由于这支队伍享有的名声不高，不但影响了队伍水平的发挥，而且直接影响其在全国的地位和被认可程度。在万里国际学校，一个学校就有十几位特级教师，而北京考察团一行只有一位特级教师。从这点来看，在北京的年轻教研员中培养一批特级教师，不但是北京课改的需要，也是北京走向全国的需要。其次，北京近几年随着新课程的推进，产生了一些新鲜的、成功的经验，但是由于疏于整理，没有形成有影响力的东西。其中既有时间和精力不足的原因，也有只知道埋头干活，不知道对外宣传的原因。当然，这里的问题还在于要有专门的人去组织、整理、宣传。没有这一步工作，就可能会出现“狗熊掰棒子”的现象。作为市级教研部门，尤其要考虑解决这个问题。再次，北京的课改应当与全国接轨，即站在全国的角度看待北京的课改，这样才能找准北京的位置。这次外出考察，大家一方面学习到人家的新鲜经验，另一方面也看到了自己的优势和成绩。不少老师说看完人家的东西，自己更有信心了。这即是说学习到了一些东西，同时也说明看到了自己的优势，甚至是一些已经做出的成绩。能够形成这样的认识，才可以说是不虚此行。

这次考察，得到了市教科院及其基教研中心领导的大力支持。作为课程改革以来基教研中心派出的第一支由市、区教研员组成的考察团，各级领导给予的期望应当是很大的。可以说，考察团也没有辜负领导的期望，在日后的教研中，市、区教研员一定会奉献出新的教研成果。潮平两岸阔，课程改革已为教学、教研的发展开辟出广阔的天地；扬帆起航程，教研员们为课改付出艰辛、借他山之石的愿望正成为推动课改的新动力。可以想象，北京市的中学语文教学在市、区教研员的共同努力下，一定会有一个更加美好的明天。

（2008 年 4 月）

观摩·借鉴·发展

——教科院基教研中心赴新加坡考察报告

刘宇新

根据北京市教科院赴境外教育考察的计划安排，基教研中心一行六人，在赵宝军书记的带领下，于2011年6月25日至30日赴新加坡做教育考察。本次赴新加坡考察的主要目的，是了解新加坡在基础教育课程实施中取得的宝贵经验，以及在师资培养和教师职后培训等方面的成功做法，以促进北京市的基础教育教学改革，提升教师专业化标准的研究水平。

一、考察的部门

访问团一行先后到新加坡华侨中学和新加坡国立教育学院参观考察。

1. 新加坡华侨中学

新加坡华侨中学创建于1919年，由著名爱国华侨陈嘉庚先生倡议建立，是新加坡的一所重点中学。华侨中学面向新加坡及东南亚各国招收学生，在校生2000余人。学校历经沧桑，为中华文化在海外的传播不懈努力，为南洋华侨子女提供了就读升学的机会，是深受海外华侨华人推崇并享有较高声誉的一所学校。

华侨中学是一所6年制自主中学，设有4年制初中部和2年制高中部。我们本次主要考察的是学校的高中部。华侨中学高中部的前身是华中初级学院，成立于1974年，2005年与华侨中学合并成为华侨中学的高中部。华侨中学的高中毕业生一般都能顺利升入大学，其中30%的学生到美国的哈佛、普林斯顿、耶鲁等名校以及英国的牛津、剑桥、帝国理工等一流大学继续深造。从2009年起，学生可以凭学校的毕业文凭，直接报读我国的北大、清华和复旦等高校。

学校注重对学生进行中国传统文化教育，坚持双语教学。在课程设置上，注重传统文化和人文精神的教育。例如，设置语文特选课程(LEP)。该校是新加坡教育部选定的第一所开办语文特选课程的学校；设置人文特选课程

(HP)，重点实施历史、地理、政治、文学、经济等人文社会学科的教育；设置双文化课程(BSP)，旨在为新加坡培育真正学贯中西的文化精英。

2. 新加坡国立教育学院

新加坡国立教育学院，属南洋理工大学的一部分，是新加坡唯一的高等师范教育学府。新加坡国立教育学院设置了多层次的师资培训教育，其中既有教师职前教育，也有对初级教师的培训，以及在校教师、学校校长、教育行政部门领导的培训，还有针对幼儿园教师、特殊学校教师和高级学府职员的培训。

新加坡国立教育学院作为新加坡唯一的一所教师培训学院，其办学的主要目标是设立、发展和提供专业化课程，为当地培养教育领域的专业化人才。国立教育学院的课程，从设计到推出，都力求与时俱进。例如，学院为教育管理硕士开设的必修课程主要包括：管理教育变革、系统思维、教育政策的制定、教育政策经济学、教育科学研究的基本方法、教育领导学等；开设的选修课程主要包括：课程设计与发展、教育机构的人力与智力资源发展、教育规划与行政、教育技术及其在管理上的应用等。新加坡国立教育学院同时还承担为国家教育部和学校的教学研究提供咨询和帮助的任务。

新加坡国立教育学院培养教师的基本理念是：承诺于尽全力教导学生并塑造他们成为对新加坡有贡献的公民；具备认真、专注、献身的专业态度；有自信但不会高傲；有自我修养及自律、勤奋、正直和诚实的品格；能成为学生的模范榜样。

二、考察的内容

考察团于6月26日在新加坡华侨中学参观考察，学校数学特级咨询刘福顺老师负责接待，并全程陪同。

考察团成员分头在学校听了3节数学课、1节华文课、1节中国通识课、1节学生社会实践汇报课；参观了学校的物理、生物、化学实验室；与学校数学高级咨询魏兆姝和中文教育咨询刘燕燕等老师就学科教学进行了广泛的交流；获取了学校的相关资料和新加坡2011年高中华文毕业考试试题。

在华侨中学取得的主要收获是：了解到学校倡导的“学习新体验”的办学理念，适合学生多样发展的课程设置，务实有效的教学方法，以及为应对21世纪的挑战而推行的极具前瞻性的“未来学校计划”。

考察团于6月27日在新加坡国立教育学院参观考察。学院吴祖文副院长全程陪同。

期间，与学院李盛光院长举行了工作会谈；参观了南洋大学图片展和华人纪念馆。

李盛光教授是现任新加坡国立教育学院院长。考察团通过我国驻新加坡大使馆的教育参赞联系到国立教育学院和李盛光院长。李盛光教授于2006年就任新加坡国立教育学院院长并兼任教育咨询与培训业务院院长。他在学院推行了多项改革方案，其中最重要的就是2000年对新加坡国立教育学院的领导架构的改革。他还推行多项教师专业发展方案以提升教师的专业水平。他多年来所推行的多项改革方案及秉持的教育理念对新加坡与国际的教师培训都有着深远的影响。他不仅在国际高等教育界具有较高的知名度，同时也长期致力于中国和新加坡两国政府间的教育合作，为我国培养了许多具有国际视野的管理和教育专门人才。

同李盛光院长座谈的主要议题是如何提升教师的专业化水平。通过座谈取得的主要收获是：了解到新加坡国立教育学院特别注重对教师实际教学能力的培养和不断提高；教师培训，以严谨、适用和创新为指导原则，培养学生形成先进的教育理念和更高的思维能力；在教师培训的过程中特别注意与国家教育部和基层学校的合作；国家教育部有一套对教师进行评估的系统和统一的标准。

三、考察后的思考

1. 课程设置既秉承中华民族文化传统又体现国际视野

由于历史原因，新加坡华侨中学在学校课程设置方面，特别注重秉承中华民族的传统文化。学校于1990年推出语文特选课程(华文)。在新加坡，官方语言有英语、华语、马来语和泰米尔语，但实际上最为通行的还是英语，学校一般都是用英语授课。虽然大部分华侨中学的学生是华裔，但他们日常的生活用语都是以英语为主。学校开设语文特选课，旨在培养既通晓双语又对中华文化有所认识的双语精英。自开课以来，学生一直有不俗的表现，每年有超过半数的学生获得教育部颁发的语文特选课程奖学金。同时，学校还开设"中国通识"和"双文化"课程，以此促使学生深入了解中国的历史和现实。其中"双文化"课程不但学习中国的历史，还要了解中国的文学和哲学等内容。而且，学校使用的是简体汉字，这一点与中国的香港、澳门和台湾地区不一样。

华侨中学在课程设置上不但秉承中华民族传统文化，还着眼于国际。这主要体现为学校培养学生在环球化时代所需要的各种工作技能。例如，在双文化特选课上，教师让学生结合国际经济竞争的实际进行学习。有位学生就做了《设计豆先生进军上海商业计划》("豆先生"是新加坡的一个商业集团)。

学生的设计既有背景资料、上海市场调查，也有竞争对手分析、营业地点和推广方法，甚至还量身定做了产品名和广告词。

华侨中学的课程设置既秉承中华民族文化传统又体现国际视野，这一点带给我们的启示：一方面是如何保持传统文化得以延续，另一方面是如何让高中学生适应即将步入以国际社会为背景的现实社会。新加坡是弹丸之地，因而“国际化”在新加坡是无法回避的现实。反思我们的高中教育，强调继承传统文化有余，而关注学生如何适应未来生活，尤其是在“走向世界”方面缺少一定的思考和具体的措施。

2. 课堂教学既保证基础性又关注不同学生的学习需要

通过半天深入课堂听课，发现华侨中学的课堂教学既关注共同基础，又关注不同学生的学习需要。考察团在华侨中学听了一节数学课。这节课是在学校大礼堂上课，全年级几百名学生同时上课。教学内容是关于“向量”问题。这个内容在北京的高中也算是比较难以掌握的。在大课结束后，各班级又就这一内容做小班授课，各班教师针对本班学生的具体问题进行教学。这种大课与小课结合的做法，体现的正是既注重共同基础又关注不同需要的教学理念。基于这样的教学理念，华侨中学始终保持较高的教学水准。华侨中学数学与科学特选课程的学生在新加坡各学科竞赛中成绩优异；在 2009 年举行的国际生物学奥林匹克竞赛中，华中 2008 级三位学生取得 2 金 1 银的好成绩；2011 年的国际数学奥林匹克竞赛，新加坡获得团体第三名的成绩(第一名为中国，第二名为美国)，参赛选手中就有华侨中学的学生。

又如，我们听的一节“中国通识”课，教师根据学生的兴趣，选取了中国外交“韬光养晦”的主题。课后了解到，这门课程，只有“大纲”，没有教材，完全是教师根据学生情况自行选择教学内容。

北京市在进行高中新课程改革之后，也倡导“共同基础”与“不同需要”，但是，在实际教学中还缺少类似华侨中学这种行之有效的教学形式；特别是在教材的使用上，北京教师基本上没有“自选”的权利，而且往往是离开规定的教材，教师也就不会上课了。

3. 教师培训既有统一的标准又关注不同层次的教师

我们在与新加坡国立教育学院李盛光院长的座谈中了解到：新加坡为全国三万多名中学、小学教师制定了统一的教师专业化标准。根据李盛光院长的介绍，这样一个标准的产生，首先来自用人学校的意见；其次，着眼于学科教学、教育学、心理学所需要的基本知识和能力；再次，关注到教师应具备的品德和价值观。有了统一的标准，对教师的职前和职后培训就有了明确的目标。新加坡教育部为教师制定了评估表，用以对全国教师进行评定。

同时，新加坡教育学院还特别注意对不同层次的教师进行有针对性的培训。例如，对新任职的教师，每年有100小时的在职培训；对工作三年以上的教师，提供硕士学位培训；对学校的主管领导也开展相应的培训。而培训团队是由学院的教师、基层学校的教师和教育部政府官员共同组成，发挥各自优势，适应不同需要。

考察新加坡的教师培训，我们获得的最大启示就是教师专业化要有统一的标准。反观我国的教师培训，到目前为止还没有一个统一的标准。当然，就全国来说，制定统一的标准有一定的难度，但是，作为北京市，考虑制定地方标准，起码就一些学科先期制定一个标准，还是可以为之的；也可以考虑就某个学段的教师，或某个层次的教师制定一个标准。如果要做这件事情，北京市的教研部门具有得天独厚的优势，在华桥中学考察时，他们就很羡慕北京有这样一支直接为教师服务的队伍。

4. 教师培训既注重知识更新又注重提高实际教学能力

新加坡国立教育学院在教师培训方面，最突出的特点就是既注重知识更新又注重提高实际教学能力。在座谈中，李盛光院长就说：作为学校教师，要做一点教学研究，但发表文章不是主要的，重要的是要知道如何将好的教育成果运用到自己的教学实际中去。学院的课程设计也体现了这种认识。例如，学校开设的“课程设计与发展”的课程，其开设的目的就是让学员“能够从更高的理论层次认识和理解中小学课程改革，掌握中小学课程设计的主要技术方法，以便提高领导学校课程发展的能力”。

新加坡教育学院的教师培训思想，对于我们来说，其价值就在于如何发挥教研部门的优势，将其运用到对全市教师的培训工作中去。为此，教研部门可以采取积极的态度，例如，将已有的教学经验和教研成果开发成为面向教师的培训资源；也可以与一线有作为的教师就教学中的一些关键问题进行研究，并以此去影响其他教师的教学行为。当然，如果教研部门可以和北京市的其他教师培训机构以及政府相关部门密切合作，那么，北京市的教师培训就会更贴近教师的需求。

此次教科院基教研中心组团赴新加坡考察，收获颇丰。首先，看到新加坡的基础教育与北京的基础教育有着诸多共同的追求，甚至像新加坡华侨中学这样的学校，从办学理念到教学行为都与我们有着深厚的对话基础，可以说到新加坡考察学习不用“翻译”。

其次，由于受到地缘因素的影响，新加坡是一个“国际化”程度很高的国家，他们在教育“走向世界”方面，有许多值得我们学习的地方；而且，我们也可通过这个国际舞台，比较便捷地了解到世界教育发展的一些趋势。为此，我们也建议教科院的相关领导，可以考虑与新加坡在教育领域保持比较密切的联系，互通有无。

最后，感谢教科院领导和相关部门为基教研中心安排此次考察活动，若日后再有机会，基教研中心还希望成行。

（2011年9月）

人格魅力和学识水平的完美结合

——在王大坤老师教学思想研讨会上致辞

刘宇新

尊敬的王大坤老师、各位领导、各位来宾：

新年伊始，北京十三中为特级教师王大坤老师召开教学思想研讨会，这是北京语文界在 2007 年迎来的第一件幸事。为此，我谨代表市教科院基教研中心中学语文教研室，对研讨会的召开表示衷心的祝贺；向辛勤耕耘在语文三尺讲台 34 年的王大坤老师表示衷心的祝贺和由衷的敬意。

我与王大坤老师见面的次数屈指可数(在我的印象中好像没超过三次)，最近的一次见面还要追溯到 2005 年 4 月的高中示范校验收。即便是那一次相见也只是小叙了十几分钟。后来 2006 年春节发过问候的短信。我们相见不多，叙谈很少，但于我却有一种莫逆之交的感觉。当初，这种感觉来自王老师的亲和、平等待人，以及几句话便显出的志趣相合；今天，参加王老师的教学思想研讨会，听王老师的发言，才感觉到王老师真正吸引我的是他几十年来从事语文教学于“清苦”中所保持的无私的奉献和对事业的追求。的确，这许多年来，我只是从西城区高中教研员的口中听到过对王老师由衷的褒扬；今天再听他的发言，更感到他是把自己的一切都贡献给了方圆可数的校园和孜孜以求的学子。这种“志于道，据于德”的崇高修养，正是王老师感动每一个与他有同样精神追求和人格恪守的志同道合者的所在。在当前语文教学特别强调人文性教育的时候，语文教师自身的品行无疑是决定“人文性教育”成败的关键。从这个意义上讲，王老师的教学思想研讨会首先应当宣示的就是王老师的人格和师德。

我在西城区参加特级教师的教学思想研讨会，这是第二次。上一次是在 1999 年的夏天，在四中，是顾德熙老师的教学思想研讨会。那时我刚到教研室不久。我代表教研室做了大会发言。今天我还带来了上次发送的顾老师的论文集《我的语文观》。重提旧事有三个目的：其一，这七八年来引我在语文教研路上前行的有老一辈语文长者，我要借今天的机会向他们表示诚挚的感谢；其二，参加两次西城区特级教师研讨会，足以证明西城的语文教学在全市占有举足轻重的地位，西城区还有其他特级教师，希望西城区能够继续成为全市语文界的领跑者之一；其三，事隔七八年，又来一次，可以看到随着国家的发展，随着与世界潮流的融合，语文教学从观念上和实践上都发生了许多变化。把这两次教学思想研讨会联系起来，可以帮助我们认清这些变化，而这也正是发展北京的语文教学所不可缺少的。

今天，研究王老师的教学思想，首要的就是王老师对于语文性质的认识。以往，对于语文性质的认识主要是其"工具性"；现在的《普通高中语文课程标准(实验)》在提及工具性的同时，还提出语文"是人类文化的重要组成部分"，"工具性与人文性的统一，是语文课程的基本特点"。这种认识已经得到广大语文同仁的认可，并在语文教学实践中得到积极的体现。王大坤老师在对于语文性质的认识上，除了坚持"工具性"、"文化性"之外，还特别提出语文的"基础性"，指出高中语文教学"更多地肩负着启迪学生智力的作用，如思维品质的培养、思维方法的学习、思维能力的训练"。他说这"并不是所有人都清楚"。王老师的这一思想是他多年语文实践的结晶。试想，没有智力的支持，没有思维的参与，"工具"不会发挥它应有的作用，"人文"也不会闪现它应有的光芒。王老师对于语文"基础性"的认识，以及对它与"工具性"和"人文性"的关系的阐述，值得语文教育工作者深思。

王老师语文教育思想中值得提及的另一点，是他对教学目标和课堂教学关系的认识。用王老师自己的话来说："有些课文不讲写作背景行不行？不讲分段行不行？不讲字词行不行？有些课文不讲行不行？有些课文词汇特别丰富，我们讲成词语课行不行？有些课文文学价值高，我们讲成文学鉴赏课甚至大量扩充文学知识行不行？有些课文逻辑性很强，我们讲成思维训练课行不行？有些课文的精华部分只是某几段甚至是某几句，我们只将这几段或几句行不行？……"在这些"行不行"当中，表现出来的是王老师对于语文教学目标的认识，对于语文教学功能的认识，对于学生语文能力形成过程的认识，以及对于语文教师执教水平的认识。得心应手，游刃有余；心之所到，教之所到，这不仅是教学思想的呈现，其实也是一种教学境界的描绘。王老师对于教学目标和课堂教学关系的认识及其建立的基础是他丰厚的教学经验，是他对语文教学的深刻感悟，是他将语文教学规律与自身教学实践的有机结合。鉴于此，学习王老师的这种教学思想，就不仅仅是对表面文字的理解，而且是有赖于执着的实践和长期的积累，也就是说没有实践作为基础，不但不能理解王老师的这一教学思想，而且更不会将这一思想转化为自己的认识。

王老师语文教育思想中与当前语文课程改革理念最相一致的，是他对学生在语文课堂中主体作用的认识。为了在语文课上实现学生的发展，王老师提出教师要“不断提高自己，让自己以语文学科的‘代言人’的形象出现在学生面前”，教师要“寻找课堂教学中学生的‘兴趣点’”，教师要“锤炼课堂语言”，教师要建立“学科威信”，等等。这些认识，不是仅从学生的角度去思考学生的主体地位，而是从教师对学生影响的角度去思考学生的主体地位，这种思考是符合教学实际的，是理性的、是全面的、是负责任的。

从王老师发言中谈及的“怎样鼓励学生探求”、“怎样启发学生质疑”就足以感受到王老师的教学思想与新课程所倡导的教学理念的一致性，而他对一节好课的评价标准，即语文课堂应当“能够成为训练学生理解和运用祖国语言文字的场所；能够成为用文化与文学陶冶学生情操，提高他们文化品位和文学鉴赏能力的园地；能够成为引导学生健康向上，关注社会、关注自然、关注人生的地方”，更是新课程下的语文教学所要追求和所要实现的目标。

北京市新一轮高中课改已经紧锣密鼓。在新课改到来之前召开王大坤老师教学思想研讨会，这无异于有着特殊的意义，即总结北京市优秀语文教师的教学经验，宣传他们的教学思想，这种先期的思想准备是推进新课改所必需的；再者，这次研讨会的召开也预示着我们中语教研室与尊敬的王老师、与西城区的语文朋友、与全市愿为高中语文教学做出诚挚努力的语文同仁有更好的合作，一同携手，去迎接北京市高中语文新课程改革的绚丽春天。

（2007 年 5 月）

古诗词鉴赏指导刍议

刘宇新

古典诗词鉴赏是高中语文教学中的一个重要内容，在高考语文试卷中也占有一席地位。因此，如何指导学生鉴赏古诗词，尤其是指导学生准确作答古典诗词鉴赏试题，就成为语文教学需要研究的一个问题。

高中阶段的古典诗词鉴赏，并未达到以个人的审美去鉴定或欣赏古典诗词的地步，而主要是以理解诗词的内容和体会诗词的艺术表达效果作为鉴赏的内容，其中又以对诗句的理解为多。基于这样的鉴赏要求，在指导学生鉴赏古典诗词时，就应当把对诗词内容的理解作为重点。

对古典诗词内容的理解，主要包括对词语和诗句的理解。对词语的理解，首先是要理解词语本来的意思，然后理解这个词在诗中的意思。例如，杜甫《蜀相》中的两句："映阶碧草自春色，隔叶黄鹂空好音。"其中的"自"和"空"二字从字面上解释，分别是"自己"和"不包含什么"的意思。在弄清字面意思之后，再来体会它们在诗句中的意思。"映阶碧草自春色"的"自"，在这里应当是"独自"的意思；"隔叶黄鹂空好音"的"空"，在这里应当是"徒有"的意思。又如，苏轼《东坡》中的"自爱铿然曳杖声"中的"铿然"，如果只知道是写声音，就无从知道这个词为什么用得好。这里就应当了解"铿"是象声词，它的本意是"形容响亮的声音"。可见，对词语本来意思的理解，是理解词语的基础。

对诗句的理解，首先是要理解这一句的意思，然后必须要结合上下句或者全诗进一步理解诗句的含义。例如，2006 年北京市高考试题选用的陶渊明《移居》(其二)中的一句："有酒斟酌之"。在对这一句的理解上产生了一点点不同的认识。试卷给出的是一个供判断的错误解释，说这句的意思是"与友人边饮酒边斟酌诗句"。命题人把它作为一个错误项应当是正确的。但有人将"斟酌"解为"论诗"，则略显不妥。因为"斟酌"的本意就是"喝酒"，何况诗句中又"有酒"。再看上一句"过门更相呼"，这"过门"之人在田庄农舍就不一定个个都是专好吟诗之人；相反，与诗人相知相熟，以酒交往的可能倒是大多数。若看开头两句诗，"斟酌"也应是"喝酒"的意思，因为，"春秋多佳日，登高赋新诗"两句是对诗人陶渊明自我行为的描述，而不是暮春之初，群贤毕至的场面描写；若看下面一句“农务各自归”，也可以看出这里“斟酌”的是以务农为要之人，而非是以作诗为要之人。即便说“斟酌”有“共议”之意，恐怕也是属于“把酒话桑麻”一类，而不好说就是“斟酌诗句”。其实《选诗补注（卷五）》评价此诗就是“此篇言野外事简人静，绝无尘虑，唯与邻曲往来，共话桑麻之长而已”。这里还有一个问题，就是“边饮酒边斟酌诗句”的解释从诗句中是不好得出来的。也就是说“斟酌”要不就解释为“喝酒”，要不就解释为“论诗”，说两样都占着，在原句中实在不得考证。选用这个例子，意在说明，指导学生理解诗句，最重要的是要看诗句的本来意思，在理解诗句时，要注意联系上下文；不宜要求学生联系背景材料（除非有所提供）做个性化的理解，不宜要求学生对诗句的意思做出多种解释（除非有特殊要求）。

既然词语和诗句理解是古典诗词鉴赏考试中的一项主要内容，那么就要研究考试命题的思路，从而做到有的放矢地进行指导。从对近几年高考试卷的分析，可以看出，这部分内容的命题思路主要有以下几个特点：

第一，以偏概全，或者以全代偏，就是说对于诗的内容的理解不完全到位。例如，2006年北京市高考试题选用陶渊明《移居》（其二），第①题的A选项：“全诗生动地描写了诗人佳日登高赋诗的美好情景。”这是一个错误的选项。因为全诗只在前两句描写了“诗人佳日登高赋诗的美好情景”，用以概括全诗的意思，显然不妥。

第二，词语误解，或者说是概念错误，就是说把词语的意思解释错了。例如，2005年北京市高考试题选用陆游的词《记梦寄师伯浑》，其中有一句：“漏声断，月斜纸窗。”第①题D选项是：“‘漏声断’中的‘断’，是断断续续的意思。”这是一个错误的选项。“漏”在诗中是指“古代计时用的漏壶”，据此，“断”应当是“停止”的意思，解为“断断续续”就错了。

第三，望文生义，或者说是无中生有，就是说对于诗句的解释根本就没有依据。例如，2004年北京市高考试题选用苏轼的诗《红梅》，其中有一句：“尚余孤瘦雪霜姿。”第①题C选项是：“‘尚余’句在写红梅‘雪霜姿’的同时，也透露出一丝无奈。”这是一个错误的选项。“尚余孤瘦雪霜姿”在诗中的意思是：红梅凌雪傲霜的孤高意气是谁也无法改变的。原句根本没有“透露出一丝无奈”的意思。

从这些特点里可以看出，在指导学生理解诗词的内容时，必须要指导学生建立依据文本的意识。无论是对于词句的理解，还是对于全诗的理解，都应当教会学生如何联系语境、联系上下文做出正确的理解。例如，理解“漏声断”中的“断”字，要告诉学生这一句与后一句都是在写夜晚时光的流逝，抓住这个语义是理解“断”的关键。据此，就可以判定“断断续续”不够正确，因为，

“断断续续”很难用于描写时光的流逝。然后，还可以让学生从“声断”与“月斜”的对举中去考虑“断”的意思。“月斜”中的“斜”是借月亮所到的位置写出夜色将尽；那么，“声断”中的“断”也应当是借“漏”的声音到了某种状态，写出夜色将尽来。这样一对照，“断”就只能是“停止”的意思。如果教师能够教给学生用联系、对比、判断的方法去理解诗词的内容，那么，学生在考试时就不会去瞎蒙，也不会被貌似正确的解释弄昏了头。

在教学中如何提高学生古典诗词的鉴赏能力呢？最重要的一条就是教师应当在日常的教学中积极渗透古典诗词鉴赏的一些基本方法，尤其是准确理解词语和诗句的一些方法。在这次教学视导中，由大峪中学王海涛老师做的一节古典诗词鉴赏教学研究课，在引导学生掌握理解关键词语方面就带给人们一些启示。王老师的教学步骤是：第一步，让学生从“摇、舞、扶”三个词中选择一个填入“清风□细柳”，从“映、隐、失”三个词中选择一个填入“月淡□梅花”。其实，这就是在教给学生一种比较的方法。第二步，教师通过对“星垂平野阔，月涌大江流”和“一道残阳铺水中，半江瑟瑟半江红”等诗句中的重点词语的分析，让学生明白，在一句诗中，那些表现力最充分的动词和形容词经常是需要重点理解的词语。第三步，教师以“莫嫌荦确坡头路，自爱铿然曳杖声”为例，通过组织学生讨论，让学生知道如何分析关键词语。第四步，教师告诉学生，“鉴赏关键词语要结合全诗的内容，正确分析该词表达了作者怎样的思想感情”，这是在教给学生整体把握的方法。这样的课对于学生来说，应当是受用的；这样的课多了，必将会提高学生古诗词的鉴赏能力。

既然古诗词鉴赏是高中教学的一个重点，又是高考中不可或缺的一项内容，那么，就应当对其进行深入的研究，以期掌握规律，提高实效。

（2007 年 5 月）

谈阅读教学中语言训练的基本思路

刘宇新

眼下流行一种认识：讲语文就要讲"语言"，讲"语言"就要讲字词句；不讲字词句，就没有讲"语言"，不讲"语言"就不是在讲语文。这样一种认识的根本依据是"语文课就是学习母语"；当然也不排除持这种认识的人，一门心思地认准了目前的语文教学就是过多地强调"人文"、强调"感受"而忽略"训练"，即不重视"语言训练"。这样一种力求固本扶正的认识和勇于坚持己见的精神真是值得褒奖。然而，这种自以为"正统"的认识，却是有缺陷的。著名语言学家张志公先生在他 1962 年写的一篇文章《漫谈语文教学》中说："'发掘语言因素'，这话就不好懂。文章就是用语言表达思想感情，整篇文章都是语言，怎么还要发掘?"看来，这种以"语言"覆盖语文的认识，最大的缺陷就是把语文看小了，当然，把"语言"看得就更小。至于"坚持己见"，其实是一门心思要把"人文"和"语言"(或者称之为"工具")割裂开来。这种勇敢精神，可能类似于堂吉诃德挑战大风车。

其实，语言训练作为语文教学中的一项重要内容，是谁也否定不了的。只是"语言训练"不只是字词句的训练，还要在"人文"、"感受"中来完成。现在的问题是：除了字词句的训练，还有什么也属于语言训练，在"人文"、"感受"中如何完成语言训练，这些是眼下语文教学迫切需要解决的问题。

就阅读教学而言，解决这些问题的基本思路应当是把语言训练建筑在篇章阅读的基础之上，从"文意"、"语法"、"逻辑"三个层面入手实施语言训练。从"文意"入手，借文意理解词句意思；从"语法"入手，借语法解读句间关系；从"逻辑"入手，借逻辑把握上下文的内在联系。

先说从"文意"入手，借文意理解词句意思。这里所说的"文意"当然也包括词句本身，但更多的是指以文段或文章为单位的"文意"。借文意理解词句，主要是指把词句放到文段或文章中去进行解读，改变就词说词，就句解句的狭隘的语言训练形式。例如，朱自清先生的散文《背影》一文的最后一段是这样写的："近几年来，父亲和我都是东奔西走，家中光景是一日不如一日。他少年出外谋生，独立支持，做了许多大事。哪知老境却如此颓唐！他触目伤怀，自然情不能自已。情郁于中，自然要发之于外；家庭琐屑便往往触他之怒。他待我渐渐不同往日。但最近两年的不见，他终于忘却我的不好，只是惦记着我，惦记着我的儿子。我北来后，他写了一封信给我，信中说道：'我身体平安，惟膀子疼痛厉害，举箸提笔，诸多不便，大约大去之期不远矣。'我读到此处，在晶莹的泪光中，又看见那肥胖的、青布棉袍黑布马褂的背影。唉！我不知何时再能与他相见。"这段文字表达了作者对于父亲的无限深情。可以说，文段中的遣词造句没有任何的铺陈渲染，之所以能够收到感人至深的效果，恰恰在于文段中的每一句话，甚至每一个词都与文段表达的情感紧密关联。所以，文中的词句若是单独拿出来解释，似乎没有什么说头，但要是放到文段中去解释，很多词句，则很是耐人寻味。例如，"触目伤怀"，就这个词本身而言没有什么可解释的。然而，若是问"父亲所'触'的是什么，所'伤'的又是什么？"那就只有结合文段才能够理解朱自清先生使用这个词所传达出来的建筑在了解父亲不幸人生遭际基础上的那一份对父亲的理解和同情，进而才能够体会出朱自清对于自己曾经误解过的父亲那一颗带有悔过意味的爱怜之心。又比如，若问"但最近两年的不见，他终于忘却我的不好"一句中的"终于"二字是针对什么而说的，其中蕴涵了怎样的情感？从字面上看"终于"所指的是"忘却我的不好"。但如果联系上下文，从"终于"二字中可以体会出父亲对"待我渐渐不同往日"的悔过和"只是惦记着我，惦记着我的儿子"的深厚爱心。可见，从"文意"入手，就是把词句放到上下文的联系之中，放到作者所表达的思想情感之中，放到一个大语境之中去理解，去把握。这样的词句训练，从词句走向了篇章，从形式走向了内容；这样的词句训练才是建筑在整体阅读基础上的词句训练。这样的词句训练才更有助于提高学生理解和感受词句的能力。

再说从"语法入手"，借语法解读句间关系。《全日制义务教育语文课程标准(实验稿)》对 7—9 年级提出的阅读要求，其中有一条就是"了解基本的语法知识，用来帮助理解课文中的语言难点"。利用语法进行语言训练，以往更多的是在语法教学中来完成的。至于如何利用语法解决阅读中的问题，进一步说，如何在阅读中借助语法对学生进行语言训练，还是一个新课题。其实，张志公先生早在 1959 年所写的《语法的内容、用处和学习方法》一文中就说过："学语法的目的主要不在于记住一大堆术语、定义，而在于提供高我们运用语言的能力。"以往，人们更多地把"运用语言的能力"理解为语言的表达能力，而没有更多地关注如何运用语法去理解文章，如何在阅读教学中运用语法去完成对学生的语言训练。要解决这个问题，我们先要认识语法在阅读中可以帮助解决的"语言难点"是什么。利用语法解决语言难点，主要是借助语法理解前后句语意之间的联系，进而更好地理解作者要表达的意思。例如，莫怀戚的散文《散步》写面对儿子想走小路，母亲想走大路，“我”不好做出决定时，有这样一句话：“我想拆散一家人，分成两路，各得其所，总不愿意。”这句话如果没有“分成两路”，似乎也说得通。然而，“分成两路”确是这句话的核心，因为它是“我”想同时满足儿子和母亲不同要求的具体办法。所以，理解“分成两路”就成为理解这句话的关键。运用语法知识可以分析出“分成两路”是这句话中的关键所在。从句间关系来看，“分成两路”承前是补充说明“拆散一家人”的结果。“我想拆散一家人”，拆散成什么样子呢？那就是“分成两路”。“分成两路”实际上做了“拆散”的补语。再看“分成两路”与“各得其所”的关系。什么“各得其所”呢？是“分成两路”“各得其所”。这样“分成两路”又成了“各得其所”的主语。“分成两路”是“拆散”的补语，同时又是“各得其所”的主语，起到了“兼语”的作用。经过语法分析，“分成两路”在“我想拆散一家人，分成两路，各得其所，总不愿意。”这句话中的作用就一清二楚了。更重要的是在解决了句间关系这个难点之后，可以加深对作者为难心理的理解。

又比如，吴晗先生写的《谈骨气》一文，开头有一句是“南宋末年，元军攻入南宋都城临安，南宋将领文天祥组织武装力量坚决抵抗。”编入人民教育出版社出版的初中《语文》教材，这句话修改成了“南宋末年，首都临安被元军攻入，丞相文天祥组织武装力量坚决抵抗。”初看起来，两句话在表达意思上没有什么差别。但要做语法分析就会发现：原句用的是两个主动句，前一句的主语是“元军”，后一句的主语是“文天祥”。修改后，前一句是一个被动句，后一句是主动句。修改稿与原文稿相比，原稿两个主动句是并列关系，修改稿中的被动句起介绍背景的作用，主动句是表达重点，而且因为突出了“文天祥”这个主体，所以也就更突出了“文天祥是有骨气的中国人”这样一个意思。可见，从“语法”入手，就是根据句子之间的关系去理解作者要表达的意思。这种在文章阅读中的语法分析是在单独的语法练习中难以实现的。这样的语法分析，才能起到“用来帮助理解课文中的语言难点”的作用；这才是在“活用”语法的过程中提高学生的语言水平。

最后说从“逻辑”入手，借逻辑把握上下文的内在联系。张志公先生在《结合语言的运用学习逻辑》一文中说：“逻辑讲的是思维问题，而思维是用语言做材料的，所以逻辑跟语言有密切关系。”按照逻辑语言学的说法，语言是“依靠它本身一种自然的逻辑形式和一种自然的逻辑关系把上下文联系起来的”①

① 周斌武等编：《语言与现代逻辑》，复旦大学出版社，1998年版。

这里不可能全面探讨逻辑与语言之间的各种关系，只是想从上下文关系的角度说明借助逻辑进行语言训练的必要性和可能性。

所谓上下文关系，指的就是句子之间的内在联系。例如，鲁迅先生的散文《从百草园到三味书屋》，开头一段是这样写的："我家的后面有一个很大的园，相传叫作百草园。现在是早已并屋子一起卖给朱文公的子孙了，连那最末次的相见也已经隔了七八年，其中似乎确凿只有一些野草；但那时却是我的乐园。"简单地说，这一段是在介绍"百草园"。但如果从逻辑上分析，第一句中的"很大的园"和接下来的"百草园"与"我的乐园" 这三"园"都是对应于作者对"百草园"的认识："很大的园"，是一个简单的形式上的认识；"百草园"是对其特质的认识；"我的乐园"是作者内心的认识。从逻辑上说，这三"园"构成文段所写内容的同一。再看文段行文的顺序：起笔写"很大的园"是写出一个大概的印象；写"相传叫作百草园"是对"很大的园"的解释；说到"我的乐园"，那是因为"百草园"虽早已变卖且园中"只有一些野草"，而"我"却把它看成是乐园(至于为什么看成是"我的乐园"，那是下文才回答的问题)。从提出对"百草园"的大致印象起笔，之后做出解释，再由解说形成转折，这就是这段行文的逻辑顺序。内容的同一，形式的顺畅，这就是"逻辑"在起作用。

又比如，朱自清先生的散文《春》里有一段："雨是最寻常的，一下就是三两天。可别恼。看，像牛毛，像花针，像细丝，密密地斜织着，人家屋顶上全笼着一层烟。树叶儿却绿得发亮，小草也青得逼你的眼。……"这段话中说到"可别恼"，但是"恼"的是什么呢？恼的是雨"一下就是三两天"，可正是这一下三两天的雨才使得树叶儿"绿得发亮"，小草"青得逼你的眼"。要想读出"恼"的是什么，就得借助"逻辑"。下雨天，一定是阴天；一连三两天下雨，就一定是连阴天；连阴天就会让人心里郁闷，李清照不就说过"梧桐更兼细雨，到黄昏、点点滴滴。这次第、怎一个愁字了得"。这样一推理，才知道"恼"的原来是令人心情郁闷的连阴天。作者没有直接说出来，但却可以读出来，这不就是对语言的感受能力吗？借助逻辑，可以提高语言的感受能力，当然这也就可以成为在阅读中进行语言训练的一条途径。

张志公先生在《语文教学需要大大提高效率》一文中说："语言是物质的承担者。我们进行语言训练的同时，也就是在训练思维；反过来看，不重视语言训练，实际上也就影响了思维训练"。从"文意"、"语法"、"逻辑"三个层面入手实施语言训练，其实都与对学生的思维训练密不可分。在阅读教学中抓住"思维"这根主线，利用"文意"、"语法"、"逻辑"对学生进行语言训练，这比只知道抓几个词句、死抠字眼儿要来得实际得多、实用得多。而且，这样的语言训练无形中也就与"人文"和"感受"融为一体了。

（本文发表于《语文教学通讯》，2010 年第 58 期）

在常态教学中提高作文质量

刘宇新

有一个我们大家很不愿意看到的事实，却毫不留情地摆在我们面前：全市中考作文的平均分连续多年居高不下。中考作文阅卷的结果，不但不能准确反映学生作文的实际水平，而且失去了引导作文教学的作用，甚至直接干扰了正常的作文教学。面对这样一个严酷的事实，作为一个有事业心、有良心的初中语文教师，不可能把提高作文质量的希望再寄托于中考作文阅卷，而应当从自己日常的作文教学中去寻找出路，即在常态教学中去提高学生的作文质量。

常态教学，就是在没有外界干扰的情况下，按照《全日制义务教育语文课程标准(实验稿)》(以下简称《课标》)的要求，根据教学进度的安排，按部就班进行的常规教学。在常态教学中提高学生作文质量，需要认真解决的是作文教学应当做什么和怎样做的问题。

《课标》对 7—9 年级的“写作”提出了 10 条要求。这 10 条要求涉及写作的目的、内容、形式，以及文章修改和标点符号的使用。其中贯穿的核心思想是写作教学要以提高学生的思维水平为基础。例如，《课标》要求写作时要“考虑不同的目的和对象”，要力求表达“独特的感受”，要“多角度地观察生活”，要“运用联想和想象，丰富表达的内容”；可以说每一条都是以思维的发展为前提。其实，一篇作文写什么和怎样写，就是对思维的一个检验。叶圣陶先生说的“想好了再写”，也是把作文建筑在思维的基础之上。从这个意义上说，在常规作文教学中，最应当做的事情就是发展学生的思维水平。

这几年的中考作文阅卷结果虽不尽如人意，但题目还是得到了较为广泛的认可，其中的原因之一，就是突出了对学生在写作过程中的思维考查。例如今年的“凝聚”。就“凝聚”本来的意思而言，学生并不难理解。但是，要把“凝聚”的是什么，以及“凝聚”是怎样形成的写出来，就必须要做一番思考。比如，学生可能会写“幸福”、“友谊”、“爱心”，这些的确可以成为凝聚的内容。但是，如果写不出这些是怎样聚集而成，以及凝聚之后产生的结果，就不能说是一篇好作文。这几年的中考作文题，都有这样的特点，就是学生比较容易把握题旨，但是要想有好的立意不容易；学生容易找到写作的素材，但是要想有好的构思不容易。适应这样的特点，就要求老师们在日常作文教学中要始终坚持把提高学生的思维水平放在首位。

要做到这一点，在作文指导时，就要求教师要不断地在“写什么”和“怎样写”上下功夫。关注“写什么”，不是简单意义上的“写自己最熟悉的人和事”，不是有什么写什么，而是要像《课标》要求的那样“写作时考虑不同的目的和对象”。具体而言，就是要文题相符，符合需要，符合要求。在日常教学中，不少老师采用的“一个材料不同角度”的写作指导就比较可行。当然，一个材料不可能包打天下。所以，有不少老师又在训练学生一个题目使用不同的材料去写。其实，材料的选取、剪裁和组织，这些都应当成为日常作文教学的重点内容，成为借作文提高学生思维水平的着力点。

关注“怎样写”，不是简单地讲解文体知识，更不是机械地来个“题记”、编几个小标题，而是要像《课标》要求的那样“根据表达的中心，选择恰当的表达方式。合理安排内容的先后和详略，条理清楚地表达自己的意思。”具体而言，就是要在“成文”上下功夫。如果只是一味地以“题记”做开头，用片段凑文章，是不可能练就“成文”的真本事的。为此，指导学生语句相连、段落相接、前后呼应、线索贯通，应当成为日常教学中指导学生“怎样写”的着力点。

关注“怎样写”，还要特别关注学生的语言表达。目前有一种不好的倾向，就是喜欢“整”排比句。不管是否需要，文章或开头或结尾贴上几个排比句。这里面隐含的一个深层次的问题，就是学生练了多年作文，不会说自己的话，不会用自己的话来说，说得更严重一点，就是没有养成自己的良好的语言习惯。叶圣陶先生说过“要写通顺的文章，最要紧的是锻炼语言习惯”。关于“锻炼语言习惯”，叶圣陶先生的解释是：“无论何时不说一句不完整的话，说一句话一定要表达出一个意思，使人家听了都能够明白；无论何时不把一个不很了解的词硬用在语言里，也不把一个不很适当的强凑在语言里。”作文语言的指导，是日常作文随时随地都不可或缺的内容，学生良好语言习惯的形成，更离不开日复一日的学习和锻炼。具体到“怎样写”的问题上，教师的作文语言指导，始终应当抓住“要表达什么意思”、“和前后语句是什么关系”、“用什么样的话说最好”这样几个关键问题。

在常态教学中提高作文质量，还有一个重要的问题，就是教师的指导方法问题。目前作文指导的主要方式是利用样文和给学生的作文写评语。利用样文，让学生模仿，这是可行的。但是，学生往往不是一模仿就像模像样，如果真是一模仿就像样，那作文就太好教、太好学了。写评语，也是需要的。但是，往往几句评语有时很难解决学生作文实际的或深层次的问题，加之有的评语已经成了套路，成了不大解决问题的空话，所以，写评语有时也成了一种应付。那么，相比之下，作文指导最有效的方法是什么，一字以蔽之，就是“改”。在日常作文教学中，一方面要指导学生学会自己修改作文；另一方面，教师要动笔去改。当然这要多费一点工夫，多做一点牺牲，甚至要多承担一点责任。但是，可以设想，一篇作文，教师都改不出来，学生怎么能改好；教师没有改的体验，写再多评语又有多大作用？更何况，教师只有动笔去改，才能够有效地走进学生的写作，体验学生的写作，找出有针对性的指导方法。当然，每一次作文都篇篇去改是不切实际的。但可以就带有较为普遍的问题“改”出个样子，可以在不同的阶段对不同学生的作文做重点修改。从某种意义上说，对学生的作文能够去改，并且能够改得出来的老师，才是有可能掌握作文指导真谛的老师，才是作文指导能够见实效的老师，才是可以受用好多美誉之词的老师。

在常态教学中提高作文质量，这是一个很好的话题，很实在的话题，也是一个很永久的话题。在这个话题里彰显着一个语文教师的专业水平和事业心。罗马不是一天建成的。在常态下做出不平凡的事，这应当是我们共同的追求。

（2009 年 10 月）

从调整入手，提高议论文写作指导的实效性

刘宇新　亓东军

长期以来，高中议论文写作教学，始终是以文体知识作为教学重点。指导学生议论文写作，多是从认识论点、论据、论证入手，进而告诉学生如何提出问题、分析问题、解决问题。其实，关于议论文的一般知识，学生在初中已经有所了解，也知道一般议论文的行文框架，而且在文章中往往也不缺少这些"要素"。可见，学生议论文写作水平的提高，关键不在掌握了多少议论文知识，而在于学生能否根据需要恰当地运用知识，适时地进行构思成文。要做到这一点，就要把指导的重点放在如何使学生的作文更符合议论文写作的要求，更适应行文的需要上，也就是要把作文指导的工夫下在对学生写作的"调整"上，通过调整，提高对学生议论文写作指导的实效性。

下面的这篇作文是刊登在报纸上的"优秀"作文。粗略读来，这篇作文还算扣题、顺畅，但稍加分析，就会发现文中有很多不经推敲的地方。也就是说，这篇文章要真的成为一篇优秀的文章，就需要"调整"。

包　揽

①鹿特丹世乒赛上，中国队包揽了全部项目的冠军，这令人振奋的消息却引发了我们对"包揽"一词的深刻思考。

②包揽，会激发挑战。

③网球这项运动的冠军奖杯，长期被西方人包揽。而李娜，这位中国金花，却为亚洲捧回了第一座大满贯单打奖杯。李娜的夺冠，并非偶然。出于对网球运动的热爱，无论夺得奖杯的机会多么渺茫，她都没有放弃，从双打到单打，从世界排名一百之外到世界第四，从无名小卒到全世界瞩目的法网冠军。西方人的包揽没有浇灭李娜对网球的热情，反而激励了她，让她用一步步清晰的脚印和一滴滴晶莹的汗水，实现了十三亿人的梦想。运动的魅力不仅仅在于冠军、荣誉，更在于付出、坚持，乃至征服的过程给予运动员的吸引与磨砺。因此，李娜的夺冠，对于中国人来说，意味着对西方人包揽的挑战，意味着坚持的成功。

④包揽，给予民族以自信。

⑤乒乓球运动，这项源于欧洲的运动，二十世纪初就已传入中国。但在新中国成立之后，这项运动才逐渐被人们熟知。这小小的银球，在那个年代，曾给人们留下美好的回忆。也许因为乒乓球，不自信的中国人登上了世界舞台，一个又一个冠军，给刚刚站起来的虚弱的中华民族注入了强大的精神力量。“人生能有几回搏。”包揽，是国家实力在体育方面的表现；包揽，更是自强不息的民族精神的体现。

⑥包揽，提醒我们要居安思危。

⑦成功包揽全部冠军后，中国乒乓球队也不可懈怠。有人担心，中国乒乓球“大满贯”不利于这项运动的发展。但让我们看到的可喜现象是：居安思危，未雨绸缪，不断提高技术，培养新人，让我国的乒乓球事业一直强势至今。

⑧在当今世界，美国是全球技术领先的包揽者。而中国、日本、德国……这些曾经的强国，并不甘于美国的包揽，正秣马厉兵，整装待发。他们在许多领域积极探索，抓紧研发，努力去登顶世界科学技术的高峰。相信每一个国家对包揽世界这项运动都会有兴趣，但能否登顶却要看各自的修为。

⑨一个事物被包揽并不可怕，可怕的是你对这个事物没有兴趣，你对于打败包揽者没有信心。如果你具备了兴趣和信心，再加上自己的努力和拼搏，包揽者就换成了你。成功包揽后，还要居安思危。正所谓“高处不胜寒”，你的竞争对手同样会对你的位置虎视眈眈。

⑩只有付出更多的汗水，才能守住自己那万人之上的位置。也许有人会笑你傻，拼那么多就是为了包揽，就为了鹤立鸡群？而且不管你愿意不愿意，总有一天你会被拉下神坛。而你只是莞尔一笑，因为你在制高点上看到了其他人看不到的风景，即便被拉下来，你也不会有遗憾。

文章开头提出要对“包揽”一词做出思考。然而，“思考”的是什么却没有了下文。也就是说，文章的第①段本来是想给全文定一个基调，但是这个基调却没有定出来。这就造成下文的“包揽，会激发挑战”、“包揽，给予民族以自信”、“包揽，提醒我们要居安思危”三个分论点缺少一个统领。因为没有一个统领，也就难怪这三个分论点说不到一块儿了。其中，“包揽，会激发挑战”说的应该是“被别人包揽”；而“包揽，给予民族以自信”和“包揽，提醒我们要居安思危”说的应该是“自己包揽”。分论点所指的角度都不一样，全文的观点又怎么能确立起来呢？

文章第③段列举网球运动员李娜的例子，以求证明“包揽，会激发挑战”。但是，这个例子只说出了李娜最终取得的结果，却没有涉及李娜是如何被“激发”的，她又是怎样去“挑战”的。其实，作者自己也写了这样一句话：“运动的魅力不仅仅在于冠军、荣誉，更在于付出、坚持，乃至征服的过程给予运动员的吸引与磨砺”。但遗憾的是，作者没有用具体事例去展开论述这层意思。

文章第⑤段列举新中国成立之后中国乒乓球队取得一个又一个冠军，“给刚刚站起来的虚弱的中华民族注入了强大的精神力量”。但转而却说“包揽，是国家实力在体育方面的表现”。到底是“虚弱”，还是有“实力”呢？

文章第⑥段提出“包揽，提醒我们要居安思危”，但接下来却没有论及“思危”，而是“不断提高技术，培养新人”，论述跑偏了。

文章第⑧、⑨、⑩段是想做深入的论述，但这三个段落之间的论述层次并不清晰，何况其中还有些令人费解的语言，例如，前面刚说要“登顶世界科学技术的高峰”，接下来却说“相信每一个国家对包揽世界这项运动都会有兴趣”。前面刚说“只有付出更多的汗水，才能守住自己那万人之上的位置”，接下来却说“不管你愿意不愿意，总有一天你会被拉下神坛”。而且是“即便被拉下来，你也不会有遗憾”。

这样一篇“优秀”作文暴露出来的问题，并不是议论文知识的缺失，而是论述思路不够清晰，内容选择不够恰切，语言表达不够精准，行文框架不够严整。类似这样的作文，只有通过“调整”去完善，在调整中提升学生思维的水平，掌握内容的取舍，规范语言的表达，建立行文的框架，进而给学生打下写作议论文的扎实的基本功。

第一，调整思路。

调整思路，指的是以明确的立意统领整篇文章，以恰当的结构体现文章的逻辑顺序，以联系和发展为基础形成文章的脉络。

上文《包揽》开头一段提出要对“包揽”一词做出思考。假如作者能够把自己的“思考”明确出来，那么，接下来的行文就不会枝枝蔓蔓。这是就议论文写作的基调来说思路的调整。再有，就是议论文的行文也要体现“提出问题→分析问题→解决问题”的议论思路。下面是学生的一个写作片段。

【原片段】

磨难，能历练人生，绽放光彩。贝多芬双耳失聪，却能在这样的磨难下创造出不朽的交响曲，撼人心灵；司马迁遭受腐刑，却能在这样的耻辱中写成《史记》，汗青溢光；一代体操王子李宁泪洒汉城后黯然退出体坛，却又另辟天地，让“李宁牌”系列运动用品风靡中国的体育用品市场。磨难，能带领人冲破黑暗，绽放光彩。

这段话的中心论点是“磨难，能历练人生，绽放光彩”。作者列举了贝多芬、司马迁、李宁三个人的事例进行论证。很显然，这段话的毛病是只会堆砌事例，而没有掌握“列举事例→具体分析→得出结论”这样一个论证思路。下面是对这段话的修改。

【修改】

磨难能够历练人生，绽放光彩。贝多芬双耳失聪，却能在这样的磨难下创造出不朽的交响曲，撼人心灵。那是因为他不屈服于命运的压打，顽强抗拒厄运，才谱出了人类的心灵之歌。司马迁遭受腐刑，却能在这样的耻辱中写成《史记》，汗青溢光。那是因为他有坚定如山的信念、刚毅如铁的意志，于诽谤讥嘲中坚持自己的志向，才突围成为“史圣”。一代体操王子李宁泪洒汉城黯然退出体坛后，却又另辟天地开创了自己的事业，让李宁牌系列运动用品风靡中国的体育用品市场。那是因为他懂得承受失败，不为失败所吓倒，才能在失败中开拓出一条新路。磨难，是祸，又是福。它对于意志坚强者，只不过是人生路上的一帘风雨，只要勇敢地走过去，前方必定是另一片蓝天。

经过修改，每一个事例后面都添加了“原因”分析，结尾处也增加了带有结论性的话，整个文段的论证思路显得比较完整了。再加上采用了一例一分析的“单起单承”结构，文段的论证思路就更显得清晰了。

第二，调整内容。

学生写作议论文，在使用论据时，往往是材料搬家，不善于对论据做必要的筛选，也就是不会根据需要，对用来做论据的材料进行内容上的调整。

上文《包揽》用李娜的事例来证明“包揽，会激发挑战”，就没有选择最能够表现李娜“被激发”和她主动去“挑战”的事例。假如能够选择这方面的材料，那么，李娜是如何面对他人的“包揽”而被激发起挑战的热情，就会得到充分的显示。下面是一个根据所给的材料写的一个片段。要求用这个材料议论“坚守，撑起一片蓝天”。

【材料】

甘洛县乌史大桥乡二坪村，是凉山北部峡谷绝壁上的彝寨，村民上下绝壁都要攀爬五架木制云梯，进出极为艰难。就是在如此艰险的环境下，从汉族地区来的李桂林、陆建芬夫妻扎根这里十九年，把知识的种子播种在彝寨，为村民走出彝寨架起“云梯”。十九年来，他们教书育人，共培养了六届学生149人，李桂林本人两次被评为县优秀教师。二坪村这个过去的“文盲村”“穷困村”，现在成了“文化村”、“富裕村”。二坪村的变化离不开这两位教师十九年付出的心血。

李桂林、陆建芬被评选为2009年“感动中国”人物。“感动中国”组委会授予李桂林、陆建芬的颁奖词是：在崎岖的山路上点燃知识的火把，在最寂寞的悬崖边拉起孩子们求学的小手，19 年的清贫、坚守和操劳，沉淀为精神的沃土，让希望发芽。

【原片段】

坚守，撑起一片蓝天。在最崎岖的山路上播撒下了知识的种子，让孩子在知识的海洋里尽情遨游。十九年的清贫、日夜的坚守，沉淀为精神的沃土，让希望发芽。正由于这对支教夫妻在偏远山区执着的坚守，从昔日的荒凉到今天的精神巨变，拉近了孩子们追求梦想的距离。他们的坚守，让山区的教育事业获得了希望，取得了辉煌的成就。还有更多的坚守在各个岗位的人，正是有了他们，我们的生活才变得更美好。我相信，坚守总会撑起属于自己的一片蓝天！

【修改】

坚守，撑起一片蓝天。夫妻结伴，十九年(指出是“谁”，诠释“坚守”)在最崎岖的山路上播撒下了知识的种子，让一批批(诠释“一片”)孩子在知识的海洋里尽情遨游，实现梦中的理想(诠释“蓝天”)。(总说)十九年里，李桂林、陆建芬夫妻是在清贫中、在悬崖上日夜地坚守。正由于这对支教夫妻在偏远山区执着的坚守，让山区的教育事业获得了希望，在朗朗的读书声中(描述性解说)拉近了孩子们追求梦想的距离。他们的坚守，不但托起了山里人的希望，也成就了自己的事业。他们的努力告诉人们：坚守总会撑起属于自己的一片蓝天(点明意义)。

修改的重点：一是对所运用的材料做出调整。例如，增加“夫妻结伴，十九年”，使材料能更好地为观点服务。二是补充必要的解释。例如，用“实现梦中的理想”解释“蓝天”的寓意，以凸显材料的价值。三是调整议论的方向。由原来的议论“还有更多的坚守在各个岗位的人”改为集中议论李桂林、陆建芬夫妻二人。经过这样的调整，使得材料的运用更加充分，议论的重点更加突出。

下面是三个学生就“宽容可以化解矛盾”分别写的两个片段。

【片段一】

宽容可以化解矛盾。宽容是一场绵绵细雨，能洗涤人们心头上的尘埃。正是因为有了宽容，才有了蔺相如原谅廉颇的斤斤计较，才有了张英让地的流传至今，才有了毕加索对伪造者的宽恕，从他们身上我看到宽容是生活的润滑剂，可以使生活更加美好。由此可见，宽容可以化解矛盾。

【片段二】

宽容可以化解矛盾。清朝康熙年间有个大学士名叫张英。一天，他收到家信，说家人为了争三尺宽宅基地，与邻居发生纠纷，要他用职权打赢官司。

张英坦然一笑回信道："千里修书只为墙，让他三尺又何妨？万里长城今犹在，不见当年秦始皇。"家人收信后，立刻让出三尺地，邻居也主动相让。正是因为张英的宽容才化解了纠纷，使邻里之间相好如初，正是因为有了张英的宽容，才有了后人称道的"六尺巷"，可见宽容可以化解矛盾。

在选材上，片段一选了三个材料，看似丰富，实则材料空洞。片段二，虽然只选了一个材料，但使用得比较充分，且最后两句既点出了现实意义，又说到对后世的影响，材料与观点的结合比片段一都要好许多。

下面是教师在片段二基础上再做的修改。

【修改】

宽容可以化解矛盾。清朝康熙年间有个大学士名叫张英。一天，他收到家信，说家人为了争三尺宽宅基地与邻居发生纠纷，要他用职权打赢官司。张英坦然一笑回信道："千里修书只为墙，让他三尺又何妨？万里长城今犹在，不见当年秦始皇。"家人收信后，立刻让出三尺地，邻居也主动相让三尺。张英的宽容，表面上看是不计较三尺宅基地，其实，从"不见当年秦始皇"中可以发现，这种宽容的背后，是他看清楚了利益的得失只不过是一时的，三尺宅基地不过是过眼浮云，而邻里失和，会使生活不快。正是因为张英具有明事达理的宽容，才化解了家人与邻里之间为一己私利而产生的矛盾。而后人称道的"六尺巷"，不仅说明宽容可以化解矛盾，更说明宽容可以换得宽容，有了宽容就不会再有矛盾。

这段修改，主要是将"不见当年秦始皇"一句作为重点内容提出来，并扣住这句话做深入分析，进而得出"说明宽容可以换得宽容，有了宽容就不会再有矛盾"的认识。这表明，对内容的调整，不仅是论证观点的需要，还可以起到深化论题，提升认识的作用。

第三，调整语言。

语言的调整关乎方方面面，很多时候其实就是思维的调整。

上文《包揽》，列举了新中国成立之后中国乒乓球队取得一个又一个冠军的事例，以此证明"包揽""给刚刚站起来的虚弱的中华民族注入了强大的精神力量"。但是，文章接下来却说"包揽，是国家实力在体育方面的表现"。这句话就有毛病了。假如把这句话中的"国家实力"改为"国家意志"，可能就比较合适了。下面同样是《包揽》中的一段话。

①在当今世界，美国是全球技术领先的包揽者。②而中国、日本、德国……这些曾经的强国，并不甘于美国的包揽，正秣马厉兵，整装待发。③他们在许多领域积极探索，抓紧研发，努力去登顶世界科学技术的高峰。④相信每一个国家对包揽世界这项运动都会有兴趣，但能否登顶却要看各自的

修为。

这段话的第①句可以调整为“美国是全球领先技术的包揽者”。因为，包揽的是“领先技术”，而不是“技术领先”。第②句可以调整为“而世界上其他具有一定实力的国家，并不甘于美国的包揽，正在奋起直追，迎头赶上”。因为，原句的“中国、日本、德国……这些曾经的强国”，表述并不准确；而且，“正秣马厉兵，整装待发”强调的是“准备”，而作者原本想表达的意思是要打破美国对领先技术的包揽。调整为“奋起直追，迎头赶上”才是作者要表达的意思。第③句可以调整为“他们在许多领域积极探索，抓紧研发，努力改变由美国一家包揽领先技术的局面”。因为，这段话的核心是说改变美国对于领先技术的包揽，而不是说“去登顶世界科学技术的高峰”。第④句可以调整为“相信每一个有实力的国家都希望改变由美国包揽领先技术的现状，但要想将希望变为现实还需要不断地努力”。因为，原句中的“这项运动”指代不明，调整为“现状”，可能才是作者的原意；将“兴趣”调整为“希望”，才能准确反映“有实力的国家”的真实心态；将“但能否登顶却要看各自的修为”调整为“但要想将希望变为现实还需要不断地努力”，这才能与前面的内容衔接上。这段话经过调整，是这样的：

美国是全球领先技术的包揽者。而世界上其他具有一定实力的国家，并不甘于美国的包揽，正在奋起直追，迎头赶上。他们在许多领域积极探索，抓紧研发，努力改变由美国一家包揽领先技术的局面。相信每一个有实力的国家都希望改变由美国包揽领先技术的现状，但要想将希望变为现实还需要不断地努力。

第四，调整行文框架。

做行文框架的调整，属于比较大的调整，难度也相对大一些。但对于需要动“大手术”的文章，也必须进行框架的调整。例如，上文《包揽》，假如要从行文结构做出调整，就可以考虑首先将文章的基调定位在对“包揽”的辩证认识上。这样，文章就可以尝试从“对比”入手，比如，可以写这样一段话：

在鹿特丹世乒赛上，当中国运动员一次又一次举起冠军奖杯，当赛场上一次又一次升起五星红旗，广播中一次又一次奏响《义勇军进行曲》，人们从电视画面上既看到了领奖台上冠军们脸上洋溢的骄傲和黄皮肤观众的自豪，也看到了没有捧杯的运动员满脸的沮丧和外国观众的无奈。一次比赛，一家欢乐，几家哀愁。关上电视，人们又会想些什么呢？

接下来，文章可以从“包揽能够振奋民族精神”、“包揽是国家实力的象征”；然而，“包揽之后会成为众矢之的”、“包揽之后会滋生骄傲自满”，这样两个方面去论证“包揽”的“得”与“失”；最后的总结可以落在“应当客观地看待包揽，积极地对待包揽，于包揽中再求发展”。假如文章做这样的调整，原文的“包揽会激发挑战”就可以不写了。

俗话说“好的文章是改出来”。但是，改文章却是一件非常辛苦的事情。指导学生如何把文章改好，这对于教师而言就更是一件不容易的事。本文提出从“调整”入手，就是希望为高中学生的议论文写作指导提供一个新的思路，当然更是希望教师对于学生作文的指导能够具有更强的实效性。

（本文发表于《中学语文教学》，2012 年第 11 期）

现实生活·理性思考·完美表达

——由高中语文会考作文题引发的思考

刘宇新　纪秋香

《普通高中语文课程标准(实验)》(以下简称《课标》)对高中新课程作文教学从表达与交流的基础与动因、情感与态度、行文与语言等方面提出了具体的要求。这些要求不但集中体现了高中新课程的性质,即“高中语文课程应进一步提高学生的语文素养,使学生具有较强的语文应用能力和一定的语文审美能力、探究能力,形成良好的思想道德素质和科学文化素质,为终身学习和有个性的发展奠定基础”①,而且为高中作文教学确立了新的发展方向。在实践《课标》对作文教学提出的这些要求的过程中,北京市2011年春季高中语文会考作文试题尤其值得一提,教师们可以从中获得一些启示。

一方面,引导学生关注生活,有感而发,以负责任的态度表达真情实感。《课标》要求作文教学首先要引导学生“学会多角度地观察生活,丰富生活经历和情感体验,对自然、社会和人生有自己的感受和思考”,“能考虑不同的目的要求,以负责的态度陈述自己的看法,表达真情实感,培植科学理性精神”②。这是要求教师在写作教学中,要引导学生积极关注生活,对生活现象有自己的体验,从多个方面发现各类事物的特征,形成独有的感受和思考,从而有感而发。这样的感受才是学生要表达的个性体验,才是真情实感。“感情真实,是学生作文的最基本要求,它不仅关系到学风和文风,而且关系到学生品性和心灵的塑造,同时也关系到作文水平的提高”③。而“以负责的态度陈述自己的看法”,这是从高中生情感态度价值观的培养提出的要求,就是力求让学生在“为文”与“为人”上的达到统一。2011年北京市高中语文春季会考作文题很好地做到了这一点。

① 语文课程标准研制组编写:《〈语文课程标准(实验)〉解读》,湖北教育出版社,2004年版。

② 北京市基础教育课程改革实验工作领导小组编写:《北京市普通高中新课程语文教学指导意见和模块学习要求(试行)》。

③ 语文课程标准研制组编写:《〈语文课程标准(实验)〉解读》,湖北教育出版社,2004年版。

2011年北京市高中语文春季会考作文题是这样的：

阅读下面材料，自选角度，自定立意，自拟题目，写一篇700—1000字的议论文。

美容整形手术存在一定风险，但在现实生活中为追求美而做整形手术的人却越来越多。据央视网报道，目前我国整形人数已经突破100万，每年正以200%的速度增长；整形的人员不但从演员发展到普通人，而且有年龄越来越低的趋势。

这道作文题选定的是当今流行的"美容整形"这一社会现象。选择这样一个热门话题，正是为了从"引导学生关注生活，有感而发，以负责任的态度表达真情实感"这个角度出发，落实新课程的理念，引领作文教学。

作文材料内容源于考试前不久发生的超女王贝美容整形致死事件。学生们大多知道并且比较关注这件事。从学生的考场作文中可以发现，美容整形确实"发展到普通人，而且有年龄越来越低的趋势"，在这个人群中就包括参加这次会考的高中生。这个作文材料定位在学生生活中的一种现象，所以，学生完全可以从自我认知的实际出发，形成自己真实的感受与思考。从抽调的500份试卷看，没有一份空白卷，这或许可以说明这道作文题普适性比较高，它直接撞击了学生的思维，学生的思考不但被激发，而且触点极其丰富，这就为学生做到有感而发打下了基础。从抽调的试卷中发现，学生中有针对此事表达看法的，如谈整容的风险、弊端、需求、价值等；有由事及理谈思考感悟的，如谈外在美与内在美、自然美与人工美、真实美与虚假美；有由此及彼谈对一些社会现象的认识，如由美容整形谈包装成风、从众心理、社会偏见等。从这些感受中可以看出学生是在一个更阔大的空间里表现出对社会和人生的思考。应当说这个作文材料不仅引导学生关注生活，还培养学生面对现实问题要有所思考、有所承担。而这是一个人应该拥有的重要的生命要素之一，更是当代中学生最需要培养的一种意识。学生面对这道作文题，假如真正做到"以负责的态度陈述自己的看法"，不但可以写出有思考力度的作文，而且可以从中表现出一定的价值判断，进而构建完善自我的人格素养。

另一方面，引导学生从表达的实际需要出发，发展思维能力，提高书面表达能力。《课标》提出"写作是运用语言文字进行书面表达和交流的重要方式，是认识世界、认识自我、进行创造性表述的过程"①，这就明确了写作教学要提高学生运用语言文字进行书面表达的能力，而评判语言文字使用的优

① 语文课程标准研制组编写：《〈语文课程标准（实验）〉解读》，湖北教育出版社，2004年版。

劣，首先要看思想内容是否得到很好地表达。那种只追求靓词丽句而缺少思想内涵与智性分析的文字是不可取的。为此，贴合自己的思想情感，从表达的需要出发，发挥形象思维和逻辑思维的创造性，“调动自己的语言积累，推敲、锤炼语言，表达力求准确、鲜明、生动”，这是学生在写作学习中必须培养的。

其实，写作教学的一项主要任务就是提高学生书面表达能力，对此语文教师是有共识的。但在写作教学中如何实现学生写作能力的提高，这又是个难题。现实的写作教学功力色彩浓厚，有些教师热衷于传授文法，忽略学生思维能力的发展，其结果是学生的作文只有起承转合之形，而没有内在逻辑关系。再有，就是鼓励学生堆砌词藻，炫耀文笔，认为这样的作文可以得高分，其结果是学生作文空话连篇，词不达意。其实，写作虽是一个语言实践的过程，但语言表达是要以情感和思考作为基础，只有把情感和思考的过程准确展现出来，才会有好的表达。2011 年北京市高中语文春季会考作文材料给学生提供了思考空间，尽管学生对美容整形的看法有所不同，获得的认识有高有低，但由于他们确有触发，有表达的实际需要，所以可以显示他们的实际文字水平。下面的选取的三个作文片断或许可以说明这个问题。

【片段一】

不知从哪一时起，整容风靡了这片土地，整容者从手术台下来的刹那，真实的美早已不存在。人们追求着那么苍白、虚假的“美”，将真实格式化。这就是美，多没意思！

为什么人们总在为别人眼中的自己而努力，殊不知改变所谓缺陷的同时就已被冠上人造美的标签。每个人都是上帝的杰作，没有人尽善尽美，如果连“自然”的真实都失去了，还谈什么美丽？千篇一律的大眼睛、高鼻梁、小嘴唇，假如大街上走着一群一群这样标致的美人，那是一幅多腻歪的场景！

【片段二】

“最是人间留不住，朱颜辞镜花辞树”，再倾城倾国的美貌也敌不过岁月的匆匆流逝。韶华已逝，青丝转成白发，才发现青春的短暂与无情，外貌的不足又算得了什么呢？“芙蓉如面柳如眉”是先天的骄傲，“腹有诗书气自华”的浸润，更能使你出类拔萃，卓尔不群。外在是由天命所定，而由自己决定的，只有内在。而用外在修饰内在便是整形良方，它给了你一种自信，给了你一份洒脱，给了你独一无二的气质。拥有了这些，外貌的美或丑，又能代表什么？又如何可以影响到你早已静如止水的内心？

【片段三】

美容整形可以使人变得美丽，无疑，人人都有一颗追求美的心，外表是否靓丽自然就成了人们关心的问题。很多时候，我们与人交往都建立在良好的第一印象上，而外貌美对此起着很大作用。好的外表给人以美的享受，给人以自信，甚至可以给人带来机遇。所以人们的求美之心日益强烈，不仅是合情合理的，在某种程度上还值得赞美，因为他们追求完美。

这三个片段的文字通顺、清晰，考生能够把自己对美容整形现象的思考，表达清楚明白，达到了作文考查最基本、最主要的要求。同时，三个片段说理论证的过程起伏有致，循着文字，我们信服了他们的见解。而最需要提及的是，三个片段的文字表达显现了学生不同的自身语言积累。片段一兼具形象和朴实的特点，说理透彻，既容易为人接受，又能引人深思；片段二引经据典，用语贴切，富有文采，但又不乏思考力、分析力；片段三虽平实无华，但于论述中却显现了语言的准确和严谨。

这三个片段显示了学生的书面表达能力，他们获得认可的关键还在于言之有物、言之有理。这样健康的书面表达之风，是现今作文教学特别需要的。当然，教师在强调提高书面表达能力时，还要注意引导学生尽力追求思维的深刻性和情感的丰富性，因为，只有思想认识上去了，语言表达才会随之提高。2011 年北京市高中语文春季会考作文题，给不同学习程度的学生提供了认知事物的平台，学生们都能有感而发，但“发”之如何，这是区分学生写作能力的关键之处。这样的作文题对于改变目前学生作文中存在的浮华文风可以起到一定作用，对于教师带领学生回归到写作的本质规律上具有一定导向作用。

2011 年北京市高中语文会考作文试题彰显课程理念，引领高中作文教学回归生活、回归语文，强调语文与生活的结合，注重语言表达与思维水平的统一。这些都会使广大语文教师进一步领悟新课程的基本理念，在作文教学中走出一片新的真天地。

（本文发表于《北京教研》，2011 年第 4 期）

第三部分

选修课程研究

认清方向　走出新路

——从选修教材看现阶段选修模块教学的有效实施

刘宇新　亓东军

从2004年第一批实验区进入课改实验至今，新一轮的课程改革已经走过了6个年头。随着对课程理念理解的逐步深入和课程改革实践经验的逐渐丰富，一线教师对新课程的整体实施有了较为明确的认识。但是，对于此次课程改革的最大"亮点"——选修课程的教学仍存有一些困惑，例如，选修课与必修课的区别到底在哪里？为什么在实际教学中看不出二者的区别所在？选修教材的编写有质量也有特色，为什么在使用中不能得心应手？如果这些问题不能得到很好的解决，新课程的"亮点"就黯淡，课程改革就会留下遗憾。要消除困惑，让选修课程"亮"起来，说到底，还是要解决怎样认识高中的选修课程，怎样有效实施高中选修课教学，怎样创造性地使用好选修教材这些问题。鉴于此，本文就以人民教育出版社(以下简称"人教社")编辑出版的高中新课程选修教材为例，从以下四个方面对选修课教学的有效实施做一点尝试性的探讨，力求在认清方向的基础上走出一条新路。

一、从教学层面看选修课的基本定位

1. 新课程设置语文选修课的背景和依据

新课程设置语文选修课，这是顺应了世界课程改革的潮流。20世纪初，在世界范围兴起了课程选修制，以改变基础教育内容过于集中，形势过于死板，不利于人才培养的状况。一些教育集权制国家，如法国、日本、俄罗斯，都对以往过于强调必修课、忽视选修课做了历史性反思。日本在新一轮课程改革中，初中就设置了选修课程，高中增加了选修课的学分①；1999年1月1日芬兰颁布的《芬兰高中教育法》规定：所有高中都要采取个性化的修习制度，

① 钟启泉等主编：《为了中华民族的复兴　为了每位学生的发展：基础教育课程改革纲要(试行)解读》，华东师范大学出版社，2001年版。

学生可以制订适合自我发展的课程学习计划，学生最低修完75门课，其中必修45门，选修30门[①]。

开设选修课，不仅是为了满足不同学生的学习兴趣、爱好和不同需求，实现有个性、有差异的发展，其实也是在尊重学生个人发展的同时，适应新世纪对不同人才的需求。最近，温家宝总理在连续召开研究教育发展的座谈会。他在会上强调：我们教育的目的是培养德智体美全面发展的优秀人才，特别是拔尖人才。“拔尖”人才的培养，需要有坚实的基础，但更需要有不同于常人的教育和自我的发展。从这一点上来说，设置选修课程就更有其特殊意义。

开设选修课，不仅是为了丰富学生的学习内容，增加学生的选择空间，也是为每一个学生打下适合自身发展的语文基础，在必修与选修的相互配合下，实现对于一个学生来说最有价值的“语文”整合，进而发挥语文学习对于一个学生的最大综合效应。

开设选修课，不仅是着眼于学生应完成的学业和应达到的能力水平，也是为学生未来语文水平的提升奠定基础，让学生在选修课上去发现自身语文发展的前景并为之做好必要的准备，变被动地接受学习为主动地寻求发展，保证学生的语文素养在以后的学习和生活中不断获得进步。

开设选修课，不仅是落实新课程的理念和要求，也是为了语文教学的发展，是从内容和形式上丰富并改变已有的对于语文教学的一些认识及做法，进而促进语文教学的发展乃至语文学科的发展。

开设选修课，也是为了促进教师的专业发展。面对新的理念、新的内容、新的教法，教师需要全身心地投入，只有不断研究理念、钻研内容、改进方法，才能够胜任选修课教学任务，而这个过程正是促进教师专业发展所需要的。

2. 高中语文选修课的开课设想与现实的矛盾

《普通高中语文课程标准（实验）》（以下简称《课标》）将语文选修课设计为五个系列。系列1是诗歌与散文；系列2是小说与戏剧；系列3是诗歌新闻与传记；系列4是语言文字应用；系列5是文化论著研读。按照高中新课程实施方案，要求在这五个系列下开设可供学生选择的选修课，由学生自主选择，采用走班形式实施选修课教学。而现实存在的矛盾是：国家、省市、学校均不大可能按照五个系列开出能够满足学生选择的选修课；人教社也只编

---

① 钟启泉等主编：《普通高中新课程方案导读》，华东师范大学出版社，2003年版。

出了15本选修教材。选修资源已经极其有限，但是，考虑到现实的教学要求、教学进度以及考试等限制因素，许多省市还是提出了“限选”要求。北京市规定《中国古代诗歌散文欣赏》、《中国现代诗歌散文欣赏》、《中国文化经典研读》、《文章写作与修改》为“推荐选修”。教材选择的有限性和教学管理的限制性，与新课程倡导的学生自主选择学习内容形成目前难以解决的矛盾。

“走班”，这对于多数学校来说更成为脱离现实的一种“理想”模式。目前虽然有学校在实验，但就北京而言，没有拿出具有推广价值的实验结果。教材、教学、教师、教室，简单说，教学的“软件”和“硬件”都与当初“走班”的设想形成矛盾。

选修课的开课设想和现实实施之间的矛盾，其实是选修课设置和管理层面的问题。如果把这些矛盾转嫁给教师，转嫁给课堂教学，那是不公平的，也是解决不了问题的。即便有朝一日，这些矛盾不存在了，能开课，也能“走班”了，那么开设选修课的初衷是否就完全实现了呢？那也不一定。如果还是按照以往的那一套，甚至按照必修课的模样进行选修课教学，那么，选修课教学仍然没有自身的特点，也就仍然没有“选修”的味道。从这个意义上讲，现实矛盾掩盖下的深层矛盾，即解决选修课的教学问题，这才是一线教师的当务之急。

3. 对高中语文选修课不成功的设想和不成熟的实验

为缓解选修课实施理想和客观现实之间的矛盾，有些省市和地区提出了一些大胆的设想，有的还进行了课题实验。

有人提出在网络上“走校”，“利用网络开展跨区县、学校的网上选课”，还预言“农村的学生可以到北京四中选课，城里的学生也可以选农村校教师开设的课程”。然而，课程支持、教师支持、网络支持，学生学业的管理等一系列问题如何解决？某个课题组甚至提出学生在校际间“走班”。有的区县还提出由教师“走校”。这些大胆的设想或方案有的只停留于“设想”，有的也只是停留在拿出一个“方案”或做一两次“展示”，到目前为止，没有看到谁在坚持一直做下来。

在教材内实现选修。有个课题组提出：“学生可以选择每册教材中的两个专题修习，即视为完成一个选修模块的学习”。北京的一所学校在做试验：将年级的原有班级打乱，按照学生所选“单元”分班上课，教师每人负责一个单元的教学，还专门有一个教师负责辅导学生。这个实验可视为“单元选修”。但是，有问题：按照课程设计，一本教材就是一个模块，10周完成，2个学分。学生只学习部分内容，课时怎样安排，学分怎样计算？一个班或一个年级的学生分选不同的单元，最后的结业考试怎样进行？更为严重的是，作为试验用的教材只有一个"报告文学"单元，假如学生不选这个单元，那就在选修课上没有机会再学习"实用类"文本了。如果高考有这类文本，这些学生岂能应对？

北京有一所学校尝试"选修"，做法是从人民教育出版社、江苏教育出版集团、语文出版社等诸家出版社出版的选修教材中选取选修内容。这些版本的选修教材加起来有70余本，选择的范围的确扩大了。但是各版教材的编写思路和体例设计是不完全一样的，而且虽说有70余本，但重复的内容占了多数，例如，人教版有《新闻阅读与实践》，山东版有《新闻采写与编辑》，广东版有《新闻阅读与写作》，江苏版有《新闻阅读与写作》。况且，这个"选修"最终是学校选定，而非学生自选，其结果可想而知。

最为严重的是，现有选修教材的使用，几乎都是按照"必修"的套路进行教学。"目前的选修课教学，只是课程内容与必修课有所不同，在教学方式和学习方式上没有明显差异，仍然是以教师讲授为主。"①既然采用的是必修课的授课方式，那就不是完整意义上的选修课。可见，选修课实施表面上看是"选课"和"走班"的问题，其实，深层次的问题是对"选修"的认识不到位，选修课实施没有体现"选修"的特征。

4. 对高中语文选修课的认识和实施定位

(1)正确认识选修课的定位。

《课标》规定："高中语文选修课是在必修基础上的拓展与提高，有的侧重于实际运用，有的侧重于鉴赏陶冶，有的旨在引导探索研究。""选修课程的设计，必须以课程目标为依据，充分考虑学生的需求和实际水平。不能把选修课上成必修课的补习课和应考的辅导课，也不能简单地照搬大学里的选修课。"

"拓展与提高"和"以课程目标为依据，充分考虑学生的需求和实际水平"是原则性的话。但是，"拓展与提高"说明选修课的内容要求应当与必修课有所不同；而"以课程目标为依据"，说明选修课仍然要坚持以"提高学生语文素养，使学生具有较强的语文应用能力和一定的审美能力、探究能力，形成良好的思想道德素质和科学文化素质，为终身学习和有个性的发展奠定基础"作为教学目标；"充分考虑学生的需求和实际水平"，是说选修课要适应学生的发展，而不是某一方面的专业进步。

"不能把选修课上成必修课的补习课和应考的辅导课，也不能简单地照搬

① 王鹏伟：《语文教育距离课标有多远》，《中学语文教学》，2009年第7期。

大学里的选修课”，则是从反面强调选修课与必修课在内容要求上的不同和基础教育与专业教育的区别。当然，作为《课标》没有提出，也不太可能提出既不同于必修课又不同于专业课的选修课应当是什么样子的课，因为《课标》只负责提出原则性的要求。而《北京市普通高中新课程语文学科教学指导意见（试行）》（以下简称《教学指导意见》）则明确要求：开设选修课“要突出选择性，但不能忽视基础性；要落实‘知识和能力’、‘过程和方法’、‘情感态度和价值观’三维目标；要继续将‘阅读与鉴赏’、‘表达与交流’作为选修课学习中的重要内容”；选修课的教学目标“主要不在于建构某个门类的知识体系，而在于进一步拓展视野，发展思维，培养学生应用能力、审美能力和探究能力”，“通过更加丰富并有所深化了的语文教学内容，来进一步改善并充实学生的知识结构，以丰富学生的文化积累，强化学生语文能力，促进学生认识水平及逻辑思维能力的提高，保证高中课程目标提出的基本能力得以发展”。《教学指导意见》对《课标》做出了比较深入的解读，基本上解决了选修课的认识定位问题，即高中选修课的教学目标是继续提高学生的语文素养，充实知识结构，丰富文化积累，强化语文能力，促进思维发展，而不是在某一方面的专业深造；教学内容还是“阅读”与“写作”这两大项，只是这两项内容的呈现不再是某种“文体”或某种“能力”，而是某类“体裁”或某个“专题”。人教版 15 本选修教材和每册教材中的单元确立，体现出来的就是这样的认识。

（2）正确理解选修课的实施要求。

对于选修课的实施，《课标》提出：“选修课和必修课的教学存在一定的差别”，“不同类型的选修课之间存在着课程目标和教学方法上的差异……所以选修课特别需要注意寻求与课程内容相适应的教学方法”。

《教学指导意见》进一步解释：“选修课中，教师要注意根据不同类型的选修课采用不同的教学方法。”

根据《课标》和《教学指导意见》中对于选修课的认识定位和教学实施的要求，可以确定选修课的实施从内容的选择上应当具有“专题”的特点，而不同于必修课的以单一“文本”为单位。选修课更多的应当是借助若干文本完成某一个“专题”的学习。这种“专题”的确立可以是教材已有的，也可是依据教材另外确定的；文本的组合既可以是教材内的，也可以是教材内外相互结合的。

从教法的选择上，应当体现“自主、合作、探究”的教学理念，尝试各种有益的教学方法，例如，教师答疑、问题讨论、成果交流、语文活动，以及教师的讲解和必要的讲座，等等。尤其是改变单一的“就文本说文本”的教学方法，尝试建立既立足文本又跳出文本，既解读文本又拓展文本的教学思路，在不断提升“上位”认识的过程中实施选修课的教学。

5. 高中语文选修课定位的现实意义

第一，在实现“拓展与提高”的过程中提升学生的语文素养：开阔视野、丰富积累、发展思维，提高三种能力。第二，在专题的确立和研究的过程中实现学生的个性化选择，在某种意义上解决“选课”的问题。第三，使高中的语文教学呈现出与义务教育的显著区别，提升高中语文教学的档次，进而按照新课程的设想改变高中语文教学现状。第四，使高中的语文教师具有不同于义务教育阶段语文教师的知识涵养、教书机智和教学风范。

二、从教材编辑看对选修课教学的规定性

比较各个版本的课标教材，人教版教材鲜明地体现了这样的两个特点：一是人教版的教材积极实践《课标》的设计理念，为教师更好地实施选修课教学提供了一个广阔的平台；二是人教版的15本选修教材为师生的选修提供了一定的选修空间，特别是每一册丰富而饱满的内容，给教学带来了较大的整合空间。

下面就以人教版选修教材为例，来看教材对选修教学的规定性。

1. 人教版选修教材框架设计的主要特点

人教版选修教材设计呈现出如下特点。第一，在坚持较高文化品位的同时关注对学生语文基本能力的培养。改变了过去只是以文章学知识为基础发展语文能力的做法，力求让学生在“文化”熏陶中发展语文能力。第二，每册选修教材的每个单元都有明确的专题，除去《中国民俗文化》之外，这些专题往往不是泛指某个领域，而是指向一个具体的知识内容，例如《中国文化经典研读》中的“儒道互补”等单元；或者指向一个能力点，例如《文章写作与修改》中的“材料的使用与处理”。第三，单元的内容是按照学习的过程进行设置，例如《新闻阅读与实践》的单元就是按照“引子(知识讲解)”→“阅读”→“实践”顺序编写。第四，强化相关阅读，如有比较阅读、链接阅读，使专题的学习既做到比较到位，又可以达到扩大视野、丰富积累、加深探究、梳理整合的目的。第五，“思考探究”(练习题)设题的范围更广泛，更灵活，更具有探究(讨论、欣赏)的价值。

2. 人教版选修教材的单元框架体系

虽然人教版选修教材仍然以选文为依托，采用单元形式成册，但因15本选修教材涉及的领域不同，需要达到的教学目标并不相同，所以，各册选修教材的框架体系也存在差异。但是，无论哪一册教材在单元框架的设计上都依照“导向性”、“自主性”、“趣味性”和“适用性”的思路，给出学习的内容，提供获取知识的材料，设计有效的练习，从而保证学生有所学、有所依、有

所练。

例如，《中国古代诗歌散文欣赏》单元设计了“赏析指导”、“赏析示例”、“自主赏析”、“推荐作品”四个板块；《外国小说欣赏》单元设计了“阅读”、“话题”、“思考与实践”、“链接”四个板块；《中外传记作品选读》单元设计了“阅读提示”、“思考与探究”、“拓展与实践”、“有关资料”四个板块；《文章写作与修改》单元设计了“话题探究”、“知识导引”、“例文鉴赏”、“写作实践”四个板块；《中国文化经典研读》单元设计了“经典原文”、“相关读物”、“阅读指南”、“思考·讨论·练习”、“大视野”、“知识链接”六个板块。

3.“推荐选修”教材的框架优势

依据北京地区的教学特点和学生的学情，北京市从 15 本人教社选修教材中选择了《中国现代诗歌散文欣赏》、《中国古代诗歌散文欣赏》、《中国文化经典研读》、《文章写作与修改》四本教材，作为推荐选修。这四本选修教材之所以更适合北京地区使用，是因为：第一，专题的文化知识性更强，教材内容是基于相关领域内的文化知识（如《中国文化经典研读》），这样可以保证学生的学习内容达到一个新的高度。第二，单元组元更注重学生的自主学习，阅读引导、知识背景、相关读物均比较充实。第三，单元设计更注重语文学习的实践性，不但有实践要求，有的还提供实践材料（如《文章写作与修改》）。第四，单元的组合比较灵活，以单元内容的落实为目的，例如《中国文化经典研读》的单元安排就比较灵活：第一单元“入门四问”，只安排两篇“相关阅读”；第二单元“儒道互补”，是先给出两篇“经典原文”，再给出对应的两篇“相关读物”，然后是“大视野”；第三单元“春秋笔法”先给出一篇“经典原文”，再给出一篇解释“春秋笔法”的“相关读物”（刘知几的《直书》），然后是“大视野”；第七单元“天理人欲”，所选的“经典原文”（《朱子语类》三则）侧重讲“存天理克人欲”，“相关读物”则是李贽的《童心说》，倡导尊崇人的本性，二者呈对比的关系；第八单元“科学之光”，所选“经典原文”是《天工开物》两则（《稻》、《冶铁》），专讲古代科学，“相关读物”是《麻叶洞天》（《徐霞客游记》片断），讲进洞探密（科学探险），两个角度，形成对专题的“互补”；第十单元“人文心声”，所选“经典原文”是王国维的《人间词话》十则，“相关读物”是王国维的《红楼梦评论（节选）》和黄遵宪的《人境庐诗草自序》，两部分内容从古今两个不同文化角度进行文学批评。

4. 四本选修教材对课堂教学的规定性

四本选修教材都要求进行专题学习。专题教学，改变了单一文本学习的方式，要求围绕“专题”建立单元内各文本之间的联系，整合单元内容，优化学习过程，形成内容专一、过程序列化的教学。专题教学，改变了单一的以知识为中心、用文本做解证(说明)的教学设计惯例，要求从运用、审美、探究的角度切入教学。专题教学，改变了仅限于词句理解的语言学习，要求把语言学习放到篇章乃至文化的范围内去学习、掌握。专题教学，改变了只能够按照既定内容进行教学的模式，要求实现开放式教学，即可以对原有的专题做出调整，可以做适当的拓展学习，可以补充相应的学习材料，甚至可以在现有专题的基础上生成新的专题。专题教学，有助于实现在教师指导下的学生自主、合作学习。有专题，有阅读指南，有方法指导，甚至有的教材本身就有“自主赏析”和“推荐作品”(《中国古代诗歌散文欣赏》)，完全可以实现学生自主阅读；有的教材还提供了学习过程(《文章写作与修改》：“话题探究”→“知识导引”→“例文借鉴”→“写作实践”)，这就更有助于学生自学。

三、“专题式教学”的实施途径

2008—2009学年度，北京教育科学研究院基础教育教学研究中心中学语文教研室先后在(原)崇文区广渠门中学、大兴区北师大大兴附中、丰台区丰台二中组织了三次人教版选修教材教学研究课，共有8位教师上课。这八节课均较好地呈现了“专题式教学”的实施效果，下面以这些课为例，探讨选修课“专题式教学”的实施途径。

1. 依据学生实际，落实教材“专题”

依托选修教材，根据学生实际，确立教学内容，这样一个过程本身就有“选”的因素，就是在实现“选修”的价值。这就如同面对一桌宴席，要想把所有的好东西都吃到嘴里，即便有可能也会消化不良。要有选择。对于教材确定的“专题”，根据需要做适当的处理，这可以看作是在选修课上落实“选修”。

(1)选取恰当的“专题”切入点。

应当承认，北京市推荐选用的人教版选修教材都够得上“大餐”。北京市选用这些教材也正是基于它们具有较高的品质。然而如何使用教材，而且体现出“选”的味道，教师们首先想到的是选取恰当的“专题”切入点，从某一点走进教材提供的“专题”。

以《中国文化经典研读》的第二单元为例。这个单元的专题是“儒道互补”。“儒道互补”是一个比较宽泛的专题，它涉及思想、政治、文化等诸多方面，而且对于没有多少“儒道”知识的中学生来说，让他们了解二者的“互补”，可能有点勉为其难。何况，这个单元的“经典原文”只编选了《〈论语〉十则》和《〈老子〉五章》，“相关阅读”也只有《孟子见梁惠王》和庄子的《胠箧》。要在这样的基础上让学生了解“儒道互补”，就需要选取一个恰当的切入角度。

大兴区北师大大兴附中的方梦坤老师整合这4篇课文，选取“义利”这样一个角度切入，完成“儒道互补”这个专题的教学。

方梦坤老师这节课的课题就定为“从义利之辨看儒道互补”。这节课的教学过程大致是这样的：

教师首先介绍研究“儒道互补”的角度，即从儒道两家各自的“义利”观，来探究儒道互补。教师同时介绍“义利之辨”产生的历史背景。

接下来，教师组织学生分别从《〈论语〉十则》、《〈老子〉五章》、《孟子见梁惠王》和《胠箧》中选择有关“义利”的内容，在此基础上，引导学生明确孔子、孟子、老子和庄子他们各自的“义利”观。之后，让学生比较归纳儒家和道家在“义利”观上的区别。学生发现，儒家认为义利之辨是人生修养的统摄与核心。对于义利之辨的根本，儒家认为就是爱心与物欲的对立，大公与一己之私的对立。因此他们讲求“重义轻利”，甚至“舍利取义”。而道家是从事物相对性的角度出发，看到了一味追求“仁义”的局限性，因此他们讲求淡泊于“仁义之名”和“物欲之利”，甚至完全抛弃“义”和“利”。经过比较，学生明白了：儒道并不矛盾，只是在对待“义利”问题上各有自己的角度。

为了加深对“儒道互补”及其意义的认识，教师又引导学生思考儒道各自的“义利”观对中国文人的影响。经过讨论，学生们认识到，中国文人面对社会责任与个人利益冲突，表现出担当责任不计个人得失的“义”：例如诸葛亮、杜甫、李白、范仲淹等；中国文人面对死亡威胁，又表现出为了国家和民族舍“生”取“义”：例如文天祥、于谦、林则徐、谭嗣同等。

一节课下来，学生们从“义利”的角度了解了“儒道互补”。选择这个角度，即扣住了专题，又符合学生的接受水平。既实现了择其精华而教，又给学生留下了继续学习的空间。

(2)对原有“专题”做适当的切分。

同样是“儒道互补”专题的学习，丰台二中张海岩老师以“学《论语》、《老子》，看儒道互补”为题，对原有专题进行适当的切分，化大为小，立足学生，追求实效。张海岩老师这节课的教学过程式这样的：

张老师在讲课前先展示了2008年北京奥运会开幕式画面，以此说明中国文化中的儒道互补现象，引导学生了解儒道思想在中国文化史上的传承。

接下来，张老师从几个方面引导学生解读“儒道互补”。先是研究“互补之于人”。学生通过研读课文，探讨儒道在人格追求上的差异。学生在阅读、研讨后得出结论：《论语》中描述的“君子”，有德、有仁，能够克己复礼、奋发有为；《老子》中描述的“圣人”，无辨、无争，能够顺应自然、不去妄为。同样不满于社会现实，同样怀有救世的理想和热情，孔子的主张是做“加法”，即加强修养，推行仁德；老子的主张是做“减法”，即丢弃扰乱自然天性的东西。之后，再研究“互补之于文化”。教师以苏轼为例，用苏轼《江城子·密州出猎》和《定风波》，启发学生思考：苏轼思想复杂，常常儒道互补。那么这两首诗中哪些诗句体现了儒家思想？哪些又反映了道家思想？通过对苏轼人生的分析，学生认识到苏轼的人生是典型的“儒道互补”模式。儒家的入世和有为，引导他热爱生活和人生；道家的清静和无为，又使他淡泊名利，在逆境中显得从容自如。最后，研究“互补之于现实”。教师请学生用一句话(名言警句)概括“儒道互补”思想对自己的启迪。学生当场写作，教师选取佳句，读给大家。学生写的有：“治学立志修身身正强国平天下，顺道返璞归真真心入世等建功”、“人生如不竭之河，缓缓流过。旅程中，志在林泉，胸怀廊庙。以动继言，以真言境。功名不可盈满，做人恰到好处。天地放宽于心，恩泽流长于世”。

这节课教师将“儒道互补”分为3个小专题：“互补之于人”、“互补之于文化”、“互补之于现实”。这种切分将“儒道互补”具体化，便于学生理解；经过切分，也更便于学生自主学习，而且形成循序渐进的学习过程。

(3)扣住“专题”内容，整合单元篇目。

《中国现代诗歌散文欣赏》的单元体例是“精读”、“略读”、“思考与探究”、“单元提示短文”。其中散文部分第四单元的专题是“现代散文的虚与实”，北师大大兴附中李海霞老师执教这节课，他在让学生在充分预习的基础上，围绕散文的“实”与“虚”将单元内的三篇文章做了整合处理。李老师这节课的课题是“如真似幻的梦境——现代散文的虚与实”。

这节课的教学过程是这样的：

首先是教师以问题导入，检查预习情况。目的是引导学生研究每一篇文章的“虚实”特点。教师提出的问题如下：

问题1：《森林中的绅士》中的“虚”是什么？有人说加上下面的议论文字，能更清楚地表达作者的想法，你的看法呢？

问题2：《云霓》中，“云霓”除了指自然景象，还有什么样的特殊含义？文章结尾部分这段议论的存在有没有必要，说说你的想法和理由。

问题3：《埃菲尔铁塔沉思》中作者登塔过程中的思绪是如何展现的？作者登塔顶后的感悟是怎样的？对你有什么启示？

接下来，教师以图表的形式，比较三篇散文虚实关系及效果的异同。目的是引导学生对三篇文章表现出来的虚实特点做横向比较。

之后，教师带领学生鉴赏《森林中的绅士》的精彩文段。教师引导学生从“写作对象是谁”、“由此想到什么”、“两者关系如何”三个思维角度对文段进行赏析。目的是以此为例指导学生做散文“虚实”特点的赏析。

最后，教师布置作业：按照学案中老师所给的提示，选择一个自然段(从三篇课文中)自己最喜欢的文字，写一篇鉴赏“虚实结合”的文章。

这节课，既有单篇文章的学习，又有三篇之间的比较学习，这是一种扣住“专题”内容，实现单元篇目整合的教学设计。

(4)依托一个文本，将“专题”内容融会贯通。

选修教学仍然是依文本教学，充分利用选修教材的文本，有机整合单元内各部分内容，无疑是专题实施的最佳路径。丰台二中的陈巧梅老师在《中国文化经典研读》第三单元“春秋笔法”的教学中，以“经典原文”《晋灵公不君》为学习重点，辅以“相关读物”中《直书》的学习，同时也兼及“大视野”中《怎样研究中国历史》一文和“阅读指南”的理解。

这节课的课题是：“守礼据实——感悟春秋笔法，秉笔直书——彰显史家精神”。陈老师的教学过程如下：

教师首先帮助学生理解“直书”的概念。教师设置的问题是：什么是“直书”？(请同学们自读 p26/注解(23)、P29[阅读指南]三)

接下来，教师引导学生理解董狐的“直书”。教师设计的问题是：“如果按照刘知几对‘直书’的理解，那么董狐的‘赵盾弑其君’是直书吗？为什么？”并要求学生迅速默读《晋灵公不君》的最后一个自然段和《直书》的第二自然段、第四自然段，看看他们是怎样评价董狐的。

最后，教师专门分析《晋灵公不君》中的直书。教师设计了如下的问题。

问题 1：朗诵全文，比较《左传》作者与董狐在叙事上有何不同？

问题 2：通过《晋灵公不君》一文，你认为，晋灵公是怎样的人？赵盾又是个怎样的人？

问题 3：刘知几《曲笔》中说：“史氏有事涉君亲，必言多隐讳”。孔子在《春秋》中也有“为尊者讳，为亲者讳，为贤者讳”，《左传》作者是怎样写晋灵公的呢？

问题 4：《左传》作者是怎样表现赵盾良大夫的形象？

这节课，陈老师依托文本《晋灵公不君》，借助刘知几的《直书》和“阅读指南”，完成了“春秋笔法”的专题教学。在进行概念的理解、董狐的直书、刘知几“直书论”的内涵等内容的教学时，教师恰当地联系单元里的其他材料；在理解这些内容时，又是从《晋灵公不君》的最后一个自然段入手，进而深入全篇。整个教学设计呈现出依托单元中仅有的一篇“经典原文”——《晋灵公不君》，合理使用单元其他材料，实现专题内容的融会贯通。

2. 围绕教材内容，学生自主确立“专题”

从开发课程资源、丰富专题内容、为学生提供更多选择的需要出发，并且考虑到教材中的一些专题对于程度较低的学生来说，的确具有一定的难度，在选修课教学中，我们提出“围绕教材内容，确立新的专题”的设想。

(1)确立“选修专题”的基本原则。

落实《语文课程标准》的相关要求。“专题”应是各种能力的整合点，有助于实现《语文课程标准》提出的目标要求，尤其是语文课程总目标的要求：“积累·整合”、“思考·领悟”、“感受·鉴赏”、“实践·运用”、“拓展·创新”。确立专题必须紧紧围绕这20个字的总目标，保证选修课程在发展学生语言运用能力、审美能力和探究能力，进而提高学生的语文素养方面所应发挥的作用。

要依据选修教材的内容和目的要求。“专题”应是教学的切入点，是在教材的基础上确立适合学生学习的专题，目的还是为了完成教材规定的学习内容。例如，《中国古代诗歌散文欣赏》这本选修教材“诗歌之部”要求达到的知识目标主要有四点：

第一，了解古代诗歌中常见意象；第二，准确把握诗歌的主题和抒发的情感；第三，了解《湘夫人》中即景起兴的手法；第四，了解古代诗歌的不同体式(歌行体、骚体、五言、七言等)。据此，在第一单元，可以设计的专题是：“具有特定意象的词语在古典诗歌中的使用”、“主观感受和生活体验在诗歌理解中所起的作用”；在第二单元，可以设计的专题是：“丰富的人生阅历对诗人创作产生的影响”、“变换的世风升沉与诗人创作之间的关系”；在第三单元，可以设计的专题是：“诗词声韵与诗意理解”、“古典诗词的诵读与感悟”。学生通过这些专题的学习，可以更好地掌握本单元的学习重点。

要关注学生的现有水平和实际需求。“专题”应是学生能力的生长点。例如，《中国古代诗歌散文欣赏》，在“散文之部”，教材有“散而不乱，气脉中贯”的专题。但若要以“气”论文，对于学生来说恐怕就有一定的难度。为此，可以设计这样的专题：“散文中的情理脉络”、“散文中蕴含的作者心性”。为促使学生形成鉴赏不同风格散文的能力，可以设计这样的专题：“‘文无定格’中的鉴赏规律”、“清新的语言与鲜活的情趣”、“不同情趣散文的不同笔法”、“自由创作中的共同规律”。

要兼顾“必修”与“选修”二者的关系。以杜甫诗为例，学生在“必修”时就学习过杜甫的诗歌。作为“共同基础”，学生对杜甫诗歌的基本思想和创作特点已经有了基本的了解；要促进“个性发展”，就可以联系“必修”学习过的杜甫诗歌，就他的思想或创作中的某一个方面做专题研究。可以设计这样的专题：“从《蜀相》看杜甫之‘忧’”、“杜诗沉郁顿挫风格的具体呈现”。

要鼓励学生自主确立选修专题。教师可以布置任务，提出问题，提供材料。学生根据任务、问题和材料，确定自己感兴趣并符合自身语文发展需要的一些专题；学生自主设立专题，不仅是丰富“专题”的问题，而且是在这个过程中提升语文素养、增强语文能力。

(2)“专题式教学”的实施要求。

对于每一个选修模块要有总体的专题设计。专题不是越多越好，而是要保证确立的每一个专题都能够为实现教学目标服务。这样，就需要在每一个选修模块都有一个对专题的总体设计。例如，《中国文化经典研读》，可以考虑将“不避强御、胸怀天下的人文传统”作为一个大专题。围绕这个专题，精读第三、六、九三个单元的“经典原文”(《晋灵公不君》、《求谏》、《〈日知录〉三则》)，了解文章所传达的思想观点。在此基础上，按照“春秋笔法”、“家国天下”、“经世致用”三个单元专题再去设计小的专题，如“‘春秋笔法’下的春秋人物”、“‘进谏’与‘纳谏’的历史得失”、“学问家的社会责任”，等等。

对于专题的研究要有一个比较合理的流程。以往课堂，大多一节课为一个“板块”。而“专题式教学”一般是以几节课为一个“板块”，即用几节课来完成一个专题的学习。例如，就一个专题，应当先安排学生搜集相关资料，之后围绕专题分析材料，接下来拿出研究的结果，然后与同学交流，最后完成专题作业。

(3)确立“专题”教学举例。

(原)崇文区广渠门中学韩琨老师的《创造形象，诗文有别》(《中国古代诗歌散文欣赏》)一课，即是指导学生自主确立“专题”。这节课的课题是：“‘专题’的二次选择与确立”，这节课的教学过程如下：

首先是导入新课。韩老师说：前一段时间，学习了《中国古代诗歌散文》的第四单元。这个单元的专题为“创造形象，诗文有别”这一部分的学习了采用一种全新的语文学习方式——专题式学习。在教师的辅导下，同学们各自初步拟订了研究专题。这节课我们将就其中一些专题进行分析、比较、选择，希望借此引导同学们学会选择确定研究专题。

接下来，韩老师出示了学生的13个选题，请设题同学阐释设题依据。选题如下：

1. 从《项羽之死》看司马迁刻画人物的手法
2. 一个千古留名的悲剧英雄——项羽形象解读
3. 品《阿房宫赋》，赏比喻夸张
4. 从《过小孤山大孤山》看中国古代诗人的山水志趣
5. 历代文人评价项羽的诗文
6. 从《过小孤山大孤山》学习写景方法——移步换景

7. 赏《过小孤山大孤山》，学习游记中景物描写的手法

8. 从《阿房宫赋》看秦朝灭亡的原因

9. 从《阿房宫赋》和《过秦论》体悟文人的忧思

10. 从《庖丁解牛》走进庄子与他的寓言世界

11. 从别姬时项羽的流泪看"英雄泪"

12. 悲歌虞美人——英雄也柔情

13. 乐观面对平凡，平和度过一生——解读《庖丁解牛》

之后，是教师评价。韩老师说：这几个选题或来源于文章，或来源于鉴赏指导，或借助于课后探究讨论，均依据教材内容设题，从不同角度体现了单元鉴赏重点。这些选题，有的从形式入手，如"选题 1"、"选题 3"，希掌握一些写作手法，为我所用；有的从内容出发，如"选题 2"希望深入理解人物形象，感受其魅力，获得启示；有的由文及人，希望了解作者的精神世界，如"选题 4"。都围绕单元重点设题，希望从不同角度探究单元主题，研究方向都非常明确的。

教师同时也指出问题，请同学们分析"选题 5"的问题(问题：范围过大)。同学们帮助设题同学初步修改论题并明确设题的依据和理由，如："从吟诵记述项羽的诗文看'创造形象，诗文有别'"、"读关于项羽的诗文，解读项羽性格多面性"。再请同学们分析"选题 6"的问题(问题：范围过小)，"选题 8"的问题(就文论文，就事论事)，"选题 11"的问题(语言不够简练)。

最后，教师总结：好的专题是研究成功的开始。专题的设立与确定应当"依据文本，方向明确；深浅适宜，大小适度；语言凝练，兼具文采"。

在下课前，教师布置练习。教师说：刚才出示的题目若已令你心有所属，你不妨采取拿来主义；也可对自己所设专题以及样题进行必要修改、调整、润色；还可以结合个人兴趣，依据标准另起炉灶确定新的专题。最终要求：初步确定一个专题，写一篇推介词，包括选题理由、依据、研究方式、成果预期等，也可以有所侧重。力求富于文采，充分展示选题的独特魅力。

这节课，韩老师立足于指导学生依据教材，确立新的研究专题。教师首先展示学生先期拟定的专题，以此为例，分析得失，指导确立专题的方法；然后让学生或修改，或自拟专题，并写出更替理由。这节课固然是一节指导确立新专题的课，但是，文本阅读、能力训练、文化积累、鉴赏评价，无不在其中。归根结底，还是在完成提高学生语文素养的任务。当然，选修课的基本元素在这节课中也尽得体现。

综上所述，专题教学的内容是丰富多彩的，教学形式也是变化多样的，就内容而言，可以有专题确立、专题鉴赏、专题写作，等等；就形式而言，

可以是专题讲座、专题讨论、专题总结、专题报告、专题交流、专题展示，等等。当然，这样的“专题式教学”对教师提出了更高的要求。它要求教师要切实转变教学观念，提高对高中语文教学的认识，尤其针对选修课的认识；要求教师要放弃“照本宣科”的幻想，深入做好教材的二度开发，设计序列化的“专题”教学方案；要求教师要了解学生的实际水平和选修教材内容的契合点，因学生的现有水平与发展来施教；要求教师要探索选修课的教学方式，建立灵活、有效、适应学生兴趣、个性需要的教学机制；要求教师要创建有助于考查学生“拓展提高”程度，有助于促进选修课发展的评价方式。

高中新课程正在健康地向前发展。选修课作为新课程的“亮点”，只要在实际实施中能有新的突破，高中新课程就一定会结出新的硕果。

（2009 年 9 月）

浅谈“专题式教学”中的“专题”确立

——从韩琨老师的“创造形象，诗文有别”一课说起

刘宇新

北京市广渠门中学韩琨老师在 2008 年 11 月 5 日作了一节市级研究课，课题是“创造形象，诗文有别”（人教版《中国古代诗歌散文欣赏》第四单元）。这是一节选修课，目的是探索在“专题式教学”中如何指导学生确立研究专题。

设置选修课，这在我国普通高中的历史上是一次“前所未有的突破性改革和超越”[①]，是高中新课程的一个“亮点”。因此，在高中新课程的实施过程中，能否上好选修课，已经成为高中课程改革能否取得实质性成效的大问题。开设选修课，其目的在于“进一步切实提高学生的语文素养，针对不同的学生有侧重地培养语文应用能力、审美能力和探究能力，促进学生特长和个性的发展，以适应及满足其兴趣和潜能、未来学习和就业的需要”[②]。这其中提高学生的语文素养和满足学生的需要是关键。

“专题式教学”，正是基于选修课的有效实施，为提高学生的语文素养和满足学生的需要而提出来的。目的是能够使学生选修课的学习在必修课的基础上有进一步的拓展和提高，能够为学生的选修课学习提供比较充足的选择内容，能够最大限度地适应每个学生的学习兴趣和需要。韩琨老师的“创造形象，诗文有别”一课，就是想在这些方面有所尝试。这节课，韩琨老师主要是想解决“专题”的确立问题。这个“专题”不是教材所给定的“创造形象，诗文有别”，而是在这个大专题下，学生自己拟定的小专题。这节课，韩琨老师从学生课前拟定的专题中挑选出 13 个有代表性的题目，经过对这些题目的探究，指导学生设立专题要“依据文本，明确方向；深浅适宜，大小适度；注意表述，修饰语言”。这节课是这样开始的：

师：前一段时间，我们共同学习了选修课本《中国古代诗歌散文欣赏》的

① 倪文锦主编：《高中语文新课程教学法》，高等教育出版社，2004 年版。

② 巢宗祺等主编：《〈普通高中语文课程标准（实验）〉解读》，湖北教育出版社，2004 年版。

第四单元。单元主题是“创造形象，诗文有别”。单元中的每一篇文章都以其鲜明的形象深深地吸引着我们。我们或陶醉于小孤山大孤山的山光水色，或惊叹于阿房宫的富丽奢华，或为庖丁出神入化、臻于艺术境界的解牛之术而折服，或为西楚霸王的穷途末路而扼腕。这一单元的学习，我们采用的是“专题式”学习方式，就是我们试着在“创造形象，诗文有别”这个大专题下，设立若干小专题。课前，同学们各自初步拟订了适合自己研究的专题。这节课我们将就其中一些专题进行分析、比较、选择，希望借此引导同学们学会如何确定研究专题。

这段课前“导语”，一是说明“专题式教学”的基础还是文本学习。在这节课之前，韩琨老师用了4个课时完成了第四单元中《过小孤山大孤山》、《庖丁解牛》、《项羽之死》、《阿房宫赋》四篇文章的通读通解。在这个基础上，学生再来拟定个人研究的专题。二是说明学生所拟定的专题，首先反映的是文本学习的实际效果，即学生只有在对文本有了一定的了解之后，才有可能提出具有深入研究文本价值的专题；其次，反映的是学生的兴趣和爱好，即学生所拟定的专题一定是他个人在文本学习中所感兴趣的内容。由于“专题式教学”是建筑在文本学习的基础之上，所以体现了高中课程基础性的一面；又由于“专题式教学”要求学生有自己的研究专题，所以又体现了新课程选择性的一面。这就准确地体现了高中语文选修课的基本特点，即“在保证学生语文学习共同基础的同时，给学生提供多样化的选择，以拓宽学生的视野，发展学生的潜能，全面提高学生的语文素养，促进学生个性特长的形成和发展”①。

在这节课上，韩琨老师列举了学生提出的13个专题。这13个专题如下：

1. 从《项羽之死》看司马迁刻画人物的手法
2. 一个千古留名的悲剧英雄——项羽形象解读
3. 品《阿房宫赋》，赏比喻夸张
4. 从《过小孤山大孤山》看中国古代诗人的山水志趣
5. 历代文人评价项羽的诗文
6. 从《过小孤山大孤山》学习写景方法——移步换景
7. 赏《过小孤山大孤山》，学习游记中景物描写的手法
8. 从《阿房宫赋》看秦朝灭亡的原因
9. 从《阿房宫赋》和《过秦论》体悟文人的忧思
10. 从《庖丁解牛》走进庄子与他的寓言世界

① 王云峰：《把握好高中选修课的特点》，《中学语文教学》，2003年第8期。

11. 从别姬时项羽的流泪看“英雄泪”

12. 悲歌虞美人——英雄也柔情

13. 乐观面对平凡，平和度过一生——解读《庖丁解牛》

这13个专题就是韩琨老师指导学生学会确立专题的基本素材。在指导之前，韩琨老师先请学生说出自己设题的理由：

师：首先请同学们看第1—4个专题(PPT)，我认为这4个专题确立得比较恰当。下面我们先请设题同学分别阐释设题的依据与理由。

生1：我设此题(第1题)的原因是我十分喜欢项羽这个英雄形象。我认为司马迁笔下项羽的形象是十分成功的。他的成功一方面是来源于形象本身的魅力，但是刻画的成功也是必不可少的。教材第66页“赏析指导”的第2段第3行写道：“传记能通过语言行动表现人物思想性格。”我想司马迁就是通过语言和行动来刻画项羽这个人物的。所以我提出了这个题目，想要研究学习司马迁刻画人物的方法，提高自己的写作水平。

师：请坐。杨雪同学设这个题，一方面是对这个形象感兴趣，另一方面也受到“赏析指导”的启发。我们在请同学们设题之前已经发给每人一张表，其中一栏就是让你阐述设题的依据。所以同学们阐述的时候尽可以结合你填表的内容来阐述。

生2：我确立的题目是“一个千古留名的悲剧英雄——项羽形象解读”。项羽在28岁时杀数十百人，表现出项羽的英勇善战。拒渡乌江又体现出项羽的正义知耻，而这样一代楚霸王，最终以自刎乌江的悲剧收场，这些让我想要深入了解项羽的形象。

师：嗯，请坐。项羽是一个内涵非常丰富的人物形象。王跃同学设题的主要依据是咱们学习的课文。第3个专题是“品《阿房宫赋》，赏比喻夸张”。我们也请设题的同学谈谈想法。

生3：我确立的专题题目是“品《阿房宫赋》，赏比喻夸张”。我在欣赏课文后，感受到了阿房宫的雄伟壮丽。对它的豪奢感到震惊。我叹服作者在文章中运用的描写手法。同时，教材第78页第一题提到作者用简练夸张的笔法对阿房宫进行总括性的描写。在反复阅读后，我发现作者也用了比喻的修辞手法，所以我想设“品《阿房宫赋》，赏比喻夸张”这个专题，进一步对作者使用的手法进行欣赏与感悟。

师：刚才这个同学说得快了一点，同学们没有来得及翻到第78页的“探究·讨论”部分。但可以了解到这个专题的一部分灵感是来源于课文后的“探究·讨论”。

生4：我设的题是“从《过小孤山大孤山》看中国古代诗人的山水志趣”。我觉得《过小孤山大孤山》这篇课文，虽然是游记，但是作者陆游却可以在对山光水色的描写中，体现自己寄情山水，喜欢山光水色的快乐。所以我觉得读这篇课文，那种四季的景象能生动地浮现在我眼前。而且作者还运用了一些诗词歌赋，为这篇文章增色。所以我选这个专题。

师：嗯，曹文悦同学由文及人，希望以这篇文章为媒介，去了解作者陆游为代表的一群人，了解他们的一种精神世界。四个同学分别阐述了他们设题的依据，那大家有没有发现他们设题的一个共同点？

生 5：他们都非常注重形象。

师：对。他们都非常注重形象，请坐。都是围绕形象来设题的。也就是说他们在设题的时候方向非常明确。就是希望通过这些小专题的研究来探究我们这单元总的专题——“创造形象，诗文有别”。刚才我们请同学阐述了依据，有的源于“赏析指导”，有的是源于“探究·讨论”，但是无论源于哪里，他们共同的依据都没有脱离课本。其实我们也鼓励同学们在设题的时候拓宽视野。但我想首先还是应立足于文本，这样才利于我们真正地把握这个单元的要点。所以“明确方向，依据文本”是我们提出的设立、选择和确立专题第一个要考虑的因素。(教师板书：依据文本，明确方向)

四位同学确立专题有的依据“赏析指导”，有的依据课文内容，有的依据“探究·讨论”，这就扣住了本单元的内容；所确立的专题又都是围绕“形象”，或人物，或景物，这就扣住了本单元“创造形象”的主题。“依据文本，明确方向”，这是指导学生确立专题的第一要务。事实上，学生在阅读文本后，可能会对一些节外生枝的东西感兴趣，但是，在选修课上“不能因其拓展性要求而片面追求新奇深奥，脱离课程目标和学生实际”①。对于游离于文本的内容，不应当作为课内的研究专题。

在“依据文本，明确方向”这一点上，教师的任务应当是带领学生深入开掘文本提供的教学资源，对教材做二度开发。一方面专题的确立应当源自教材，但另一方面确立的专题又应当是对教材的综合和提升。一个好的专题应当具备四个特点，即专业点、切入点、集结点和提升点。“专业点”，是说确立的专题应当是学生所必须掌握的语文内容；“切入点”，是说确立的专题应当是学生深入学习文本的最佳下手之处；“集结点”，是说确立的专题应当是单元学习面对的共同问题；“提升点”，是说确立的专题，经过学生的研究，有助于自身语文素养的提高。若用这样的标准来衡量学生提出的四个专题，

① 中华人民共和国教育部制订：《普通高中语文课程标准(实验)》，人民教育出版社，2003 年版。

就还有改进的余地。例如，“从《项羽之死》看司马迁刻画人物的手法”这个专题，若改为“《项羽之死》与《咏项羽》中的项羽形象再现”，就有可能更凸显本单元“创造形象，诗文有别”的主题。

为了使学生以进一步明确设立专题的基本要求，韩琨老师也举了一个反例，就是“历代文人评价项羽的诗文”专题。下面是对这个专题的课堂讨论。

生6：我觉得这个题目不符合老师的要求。“历代”和“文人”这两个范围实在是太广了，实际上是不可能把所有涉及的内容都研究到。

生7：我觉得这个专题的方向是研究项羽。问题是项羽这个形象是个多面的，专题不明确的是没有说清要研究项羽形象的哪一方面。我觉得这个题目应该是依据教材第76页提供的历代文人评价项羽的诗。不同的诗作体现了项羽不同的形象。如果不明确，那包含的范围就太大了。

师：好，请坐。两位同学都提到“范围”问题。那我们来看看这个题目。它是个偏正短语吧，大家都有短语知识，通过它的中心语，我们看到这位同学似乎要研究“诗文”，是想去看一看古人是如何对项羽这个形象进行评说的。看来这个专题的研究范围是大了一些。甚至让人家以为是要做一些诗歌的鉴赏评价呢。那么下边请同学们依据我们自己对文本的理解，帮助他明确一下范围，对它做一点修改。

生8：我觉得可以改成“从不同的诗文解读项羽性格的多面性”。

师：请你大一点声。

生8：根据书上提供的那些诗，可以看出每位诗人对项羽的评价都是不同的，可能是因为他们的年代和经历不同吧，所以他们对项羽都有自己的看法。再说，就项羽这个形象，他的性格本身也是多面的，像他的柔情，他的霸气，我觉得都是值得我们去研究的。

师：项羽的形象，的确不是个单一的形象，而是内涵非常丰富的，具有多面性的。那咱们看一看，咱们这个单元的题目是“创造形象，诗文有别”。咱们是不是就可以从这些诗入手，来确立专题呢？所以，这位同学要解读项羽形象的多面性，我认为这是一个不错的选题。（教师板书：深浅适宜，大小适度）

韩琨老师用这个例子为学生明确：所设立的专题范围和深浅要适宜。其实，专题的范围和深浅的把握，也决定于学生的认识水平。而提高学生的认识水平正是高中语文教学的重要内容之一。从这个意义上说，确定专题的范围和深浅，既是对学生已有认识水平的要求，也是对学生发展认识水平的要求。例如，在这节课上，韩琨老师让学生比较“从《过小孤山大孤山》学习写景方法——移步换景”（第6专题）和“赏《过小孤山大孤山》，学习游记中景物描写的写法”(第 7 专题)。学生的发言如下：

生 9：这组题是我设立的。在第一次设立专题时，因为平时较少接触写景文章，较少关注写作方法，所以觉得移步换景很新颖，想要研究它。后来进一步了解了这篇文章，发现一篇好的写景文章运用的方法是多样的，而且多种方法相辅相成。只研究移步换景有些片面。所以决定改为现在的第 7 专题，这样既可以学习移步换景的方法，还可以学习其他方法。

从学生的发言中可以看出，专题的修改，其实正是学生认识提升的过程。在这个过程中，《语文课程标准》提出的“积累・整合”、“感受・鉴赏”、“思考・领悟”、“应用・拓展”、“发现・创新”的总目标得到了积极而有效的落实。所以，只有当教师把指导学生确立专题看作是提高学生语文素养的一个过程，“专题式教学”才有实际意义，选修课实施也才能够达到目的。

在这节课上，韩琨老师还让学生比较了“从《阿房宫赋》看秦朝灭亡原因”(第 8 专题)和“从《阿房宫赋》和《过秦论》体悟文人的忧思”(第 9 专题)两个题目。课堂实录如下：

生 10：我选择第 9 专题。因为第 8 专题研究的是秦朝灭亡的原因，这在文章中已阐释得很清楚了。而第 9 专题将两篇文章做对比，更有研究价值。

生 11：我也选择第 9 专题。两篇文章都是借古讽今，表达了一种忧国伤时的情怀。

师：如这位同学所说，两篇文章都借前朝之事讽当今时政，都表现出作者的忧国情怀，一种宝贵的忧患意识。第 9 专题好就好在不仅停留于文字本身，而是由文及人。透过文字我们可以与作者的心灵产生碰撞。因此，第 9 专题比第 8 专题更具深度，更有研究价值。

从这一组专题的比较中，可以看出学生不但对文本有了一定的研究，而且还有了自己的发现和体会，真正实现了“在必修课程基础上的拓展与提高”。拓展的是由作品本身的内容理解，到对作者写作时的内心感受；提高的是由对一篇作品的理解，到对志士仁人忧患意识的认识。确立这样的专题，其实也是对学生探究能力和创新意识的培养。尤其是对于语文基础比较好的学生，让他们去设计一些具有探究价值的专题，可以更好地激发他们的兴趣和潜能。这样的选修课才是真正的“激发学生的兴趣和潜能，促进学生的特长和个性发展，最终提高学生的语文素养”[①]的选修课。

关于“从《庖丁解牛》走进庄子与他的寓言世界”这个专题，教师认为作为

① 王云峰：《把握好高中选修课的特点》，《中学语文教学》，2003 年第 8 期。

研究专题还需要细化。于是老师让学生分组讨论修改这个专题。下面是课堂实录：

生 14：我们组拟了两个题：一个是“《庖丁解牛》中庄子对人物形象的塑造”，一个是“庄子之道对君王治国的影响”。

师：前一个专题是从写法入手，后一个专题是从内容入手，虽然还有不完善之处，但已经细化了。

生 15：我们组拟的专题是“《庖丁解牛》的其他意义分析”。因为不同人读这篇文章会有不同理解，课本第 67 页的“探究 · 讨论”提出相关问题，我们也由此得到启发。

师：这一组希望从多个角度对文章进行多重解读，也是一个可以立得住的专题。想提醒同学们的是，在进行多重解读时一定要紧扣庖丁形象分析，以免发生偏差。我们课上做的修改还是比较初步的修改，有的甚至略显粗糙，但是这几个专题还是有一定典型意义。它们告诉我们，只有选定深浅适宜、大小适中的专题，我们才能通过研究促使自己更广泛、更深入地了解作品。

通过对专题的修改，学生可以进一步掌握确立专题的要求，在借鉴和比较中确立最适合自己研究的专题；学生可以进一步实现与文本的对话，加深对文本的理解；学生可以进一步相互交流，在合作中取长补短。这样看来，韩琨老师安排的专题修改这个环节就可以说是一箭双雕了。

既然确立专题的过程也是一个语文学习的过程，那么语言文字的推敲就是必不可少的。况且一个专题的表述也是应当认真对待的事情。韩琨老师利用第 11、12、13 专题，专门来说专题确立的第三个要求：“注意表述，修饰语言”。这一部分的课堂实录如下：

师：在确定专题时还要注意语言表达，因为毕竟是学习语文。请同学们看下面选题。第 11、12 专题显然是一个选题，你会选择哪个？

生 16：选择第 12 专题，因为这道题的表述富于文学性。

师：第 11 专题有何欠缺吗？

生 17：这个题目表述时两次用了“流泪”，不够简洁。

师：是的，不够简洁。

第 13 专题表述还是不错的，有什么特点？

生 18：使用了对仗。

师：尽管不是严格的对仗，但可以说比较工整，运用了整句，言简意赅，比较富于文采。（教师板书：注意表述，修饰语言）

推敲语言的过程，就是使思想表达条理化的过程。虽说只是简单的几个修饰词，但却包含着对语文教学本质的认识，即语言的学习在任何情况下都是不能放松的。当然，韩琨老师在说到这三个题目的语言使用问题时，显得有些简单。试想，韩琨老师若不仅指出“从别姬时项羽的流泪看‘英雄泪’”这题目语言上有重复之嫌，而且在与“悲歌虞美人——英雄也柔情”这题目的比较中，还让学生看出前一个题目的意思也不如后一个题目明确，那么，学生对语言的学习就可以真正落实到意义层面上了。

下面是韩琨老师为这节课做的小结：

师：好的研究专题是成功的开始。我们希望通过对上述题目的分析、比较和选择，让同学们对如何确立专题有一个比较清晰的认识。可能某个专题已令你心有所属，你不妨采取“拿来主义”；你也可以对自己原来所设的专题进行修改、调整、润色；当然你还可以结合个人兴趣，依据确立专题的标准另起炉灶，最终确定你的研究专题。

韩琨老师的这节课，其实就是要回答一个问题：在教学管理和选修内容尚未完全到位的情况下，如何上好选修课。作为选修课，最突出的特点就是要有选择性，“专题式教学”正是体现了这种选择性。而且，“在专题式教学中”，学生对学习内容的选择完全是依据现实学习的需要和兴趣。这也避免了“选修”仅限于选课的局限，使“选修”渗透到学生的课堂学习之中，甚至成为学生的一种学习方式。这样的选修才更能够体现开设选修课的目的，即“关注学生的经验，尽可能为学生提供丰富多样的选择机会，以满足不同学生的发展需要”①。这种“专题式教学”还较好地解决了基础性与选择性相互结合的问题。高中语文课程是为了“进一步提高学生的语文素养，使学生具有较强的语文应用能力和一定的审美能力、探究能力，形成良好的思想道德素质和科学文化素质，为终身学习和有个性的发展奠定基础”②。高中语文的这种性质，决定了语文教学在任何时候都不能够偏离“基础”。从目前看，高中开设选修课，不是要为学生未来的专业发展提供支持，而是为学生的全面发展打好语文基础。让学生扣住文本选择专题，又通过专题的学习深化对文本的解读，这就是基础性与选择性相互结合的标志之一。这种“专题式教学”从选定专题，到研究专题，再到专题研究成果的评价，是一个系列过程。韩琨老师的这节课，只是为指导学生“选题”而上的一节课。在以后韩琨老师又安排了课堂讨论和专题小论文交流等教学活动。

“专题式教学”不但要为学生的学习确立合适的专题，而且还要考虑逐步

---

① 钟启泉等主编：《〈普通高中新课程方案〉导读》，华东师范大学出版社，2003年版。

② 中华人民共和国教育部制订：《普通高中语文课程标准（实验）》，人民教育出版社，2003年版。

建立起一个比较完整的专题系列。这个专题系列是针对一个选修模块而言，即根据学生的实际水平，依照模块的单元内容，设立既各有侧重又相互联系的一组专题。这样的一组专题可以在同一内容上有几个不同难度、不同要求的专题。一旦建立起这样的专题系列，学生学习的选择性也就会随之增加，选修课应当满足学生不同兴趣爱好的目的也就可以更好地得以实现。而且，更重要的是对一个选修模块内容的研究会更加深入，教学也会更贴近学生的实际需要。

“专题式教学”是为解决高中新课程选修课的有效实施而提出的一种设想，在实际教学中还需要不断地去完善，最终目的是使新的教学理念在课堂教学中得到彰显，使新课程的课堂教学充满活力，使在新课程下学习的高中生有更好的发展。

（本文发表于《中学语文教学》，2009 年第 3 期）

让校本选修成为新课程的宠儿

——通州区潞河中学校本选修课程开题会上的发言

刘宇新

各位领导、老师、来宾：

开设选修课，不仅是高中新课程的一个"亮点"，也是世界各国高中课程发展的共同趋势。校本选修，又是选修课中最具特色的内容，也是世界各国高中选修课程中的主打内容。选修课为学生的发展开辟了自由的天地，校本选修更是为学生在自己所熟悉的生活和学习领域中开辟出可以激发起学生学习热情的一片园地。因此，从这个意义上说，校本选修应当是最符合新课程、最受学生欢迎的，它应当成为新课程的宠儿。

今天，通州潞河中学举办"刘绍棠现象与新时期校园文学研究"课题开题报告会，这是一件非常有意义的事情，其意义就在于让校本选修在新课程中占到它应有的位置，就在于为新课程选修课的建设和发展提供了难得的借鉴和支持。

"刘绍棠现象与新时期校园文学研究"，这个课题选得非常之好。它不仅突出了通州运河文化的特色，而且可以提升学生对于"京味"文学的认识和鉴赏水平；更重要的还在于这个课题将潞河中学所拥有的得天独厚的文化积淀，以及前辈们留下的价值无限的教育资源，继承下来并传承下去，使潞河中学的校本课程具有了更浓厚的"校本"色彩。

潞河中学选定的这个课题，由于研究的内容十分丰富，预期的结果具有价值，因而为这门课程的建设提供了有力的保证。课题的研究内容不仅涉及刘绍棠先生的文学创作，而且还涉及以刘绍棠为代表的通州作家群、涉及刘绍棠在潞河中学的生活足迹以及他的个人生平。这就大大丰富了这门课程的内容。不仅如此，课题组还准备编写《刘绍棠在潞河中学》、《刘绍棠与通州乡土作家作品选读》两本校本教材，这就使得课程基础更为坚实。这种从内容到形式，全面构建校本课程的思路和做法是十分值得肯定的。

当然，任何一门课程的建设都不是一朝一夕的事情，何况是基于白手起家、并且是依靠学校教研组来建设一门课程，就更有相当的难度。这其中首先是对于课程核心内容的把握。本课题的研究方向是刘绍棠现象与新时期校园文学，关注点在于“刘绍棠”与“校园文学”之间的联系。但从确立的研究内容看，刘绍棠与潞河中学之间的关系、相互之间的影响也应当成为课题的内容。这里可以研究刘绍棠与潞河中学、刘绍棠与运河文化、刘绍棠与“京味”文学、刘绍棠与人生追求。当然，对于课题核心内容的把握，也会随着课题研究的不断深入而有所调整，这应当是正常的。其次，是对于课程组织实施的客观保证。课题组在课题实施计划中提到准备编写《“刘绍棠与乡土文学”校本课程教学大纲》，这是为课程的实施提供具体的保证。这个《大纲》越早出台，课程的实施就越有保证。再次，是课程的组织形式。今天的三节课各有特点：第一节课，由韩丽老师指导学生欣赏王梓夫《漕运码头》片段，了解通州乡土作家和作品，类似于作品赏析课；同时进行的还有一节由郑铉老师执教的作文课《意象的选取》，是以刘绍棠小说中的意象为例，培养学生从生活中发现美、创造美的意识，类似于理论指导课。第三节课，由刘晓蕾老师和文学社的同学们一起围绕“走进刘绍棠学长”展开交流学习，类似于活动课。三节课内容不同，目的不同，课型不同。这应当是校本选修课程在课程实施中所追求的特点之一，就是采用不同的丰富而灵活的课堂形式组织教学。而这其中不同课型的功能、组织形式以及相互配合，就是一个很好的研究内容。

古老通州、蒲柳人家孕育了独具特色的运河文化；新的时代、新的理念呼唤出充满希望的新的课程。当运河文化与新的课程在“刘绍棠现象与新时期校园文学研究”这个课题上形成交汇的时候，就是我们看到课程改革希望的时候。古老大运河承载千年文化，今朝新课程负担民族未来。衷心祝愿通州潞河中学的校本课程健康发展，走在北京高中新课程的前列。

（2010 年 4 月）

校本选修课程的一朵奇葩

——《运河·潞园文化》前言

刘宇新

通州运河边的风土人情，潞河校园内的不朽记忆，汇聚到《运河·潞园文化》中，成了最为鲜活的、最有价值的语文教学素材，这不能不说是高中新课程带来的丰硕成果，不能不说是潞河中学的老师们艰辛付出后的回报。

《运河·潞园文化》是潞河中学语文组的老师们自己编写的校本选修教材。这本教材的问世，顺应了高中开设选修课程的需要。设置选修课程，这是本次课程改革的一个突出变化，也是课程改革最大的"亮点"。设置选修课程，目的是为了适应社会对人才的多样化需求和学生对语文教育的不同期待，为具有不同需求的学生提供更大的发展空间。然而，设置选修课程，最需要解决的是学校如何根据当地的课程资源和学生的需求，按照课程标准的要求自主开发、自主管理和有效实施选修课程。对于这个问题，坦率地说，之前还未看到有谁能拿出很好的解决办法。现在，潞河中学语文组同仁，经过精心设计和精心编写，终于拿出了带有大运河气息和潞河校园色彩的校本教材——《运河·潞园文化》。

《运河·潞园文化》这本选修教材分为三编：运河岸边、通州人物、潞园记忆，教材的内容完全取材于学生熟悉的环境和熟悉的生活，体现了校本选修以"校"为本的特点。而坚持以"校"为本，是对以学生为主体的新课程理念的最好体现。因为，教材中的主要内容是与学生在当地的社会生活相联系的乡土语文，而"乡土语文"可以帮助学生更好地在生活实践中学习语文，运用语文。坚持以"校"为本，是催生一些特色课的重要基础，因为，只有利用学校及其所在地区具有的某种特殊条件开设的选修课程，才是最具有特色的课程。

《运河·潞园文化》这本选修教材，在设计编排上没有依循"选文—练习"这样一个传统的教材编写思路，而是体现出以"生"为主的特点。教材中的每一个阅读文本都配有"阅读提示"和"阅读延展"，有的还设计了"语文学习实践活动”或“综合性学习建议”。可以看出，教材的编写者是把有助于学生的自主学习作为了教材编写的基本原则。既然开设校本选修课程是为了促进学生的自主学习，那么，教材的编写当然就要为学生的自主学习提供必要的保证。由此可以得出这样一个认识：校本选修的实施应当是以“生”为主。

《运河·潞园文化》这本选修教材，不但有名家名作，也有潞河中学老师们的创作，体现了校本选修就地取材、不拘一格的特点。其实，名家名篇固然是好，但老师们自己的创作更可以为校本选修增添生机和活力。试想，老师们把自己的东西拿给弟子学习，弟子们学习自己老师写的东西，彼此之间一定会有更多的对话内容，教与学相互促进，实现教学相长。

《运河·潞园文化》这本选修教材，凝聚了潞河中学语文组老师们的心血。一分付出，一分收获。这本教材的诞生，说明校本课程的开发主要依靠的是教师，教师既是校本课程的实施者，更是校本课程的建设者。在校本课程实施的过程中，教师的专业水平一定会得到迅速的提升。

悠悠运河水，绵绵潞园情，就地取资源，展现新图景。随着校本课程的有效实施，潞河中学的语文同仁一定会在北京市高中课程改革的进程中走在最前列。

（2011年5月）

先行者的有益尝试

——评吴欣歆老师的“京味小说”教学

刘宇新

2008年4月15日，顺义一中吴欣歆老师作了一节区级研究课，课题为“京味小说”。这一课题是语文新课程选修课中的一个内容。吴老师的这节课作为北京市选修课预实验研究的一部分，为日后选修课的开设做出了有益的尝试。从吴老师对这节“京味小说”的教学设计和教学过程来看，顺义一中课题组的老师们已经走到了新课程改革的前面，而且将来会走得更好。

吴老师的这节课，在以下三个方面带给人们以有益的启示：

一、实现了选修课与必修课的自然衔接

依据新的语文课程要求，开设选修课的目的，是要在关注学生共同基础的同时，根据学生的需要发展学生的个性特长。这种“共同基础”和“个性特长”，其实就体现了必修与选修的相互关系。吴老师的这节课就是在把这种“共同基础”和“个性特长”很好地衔接在一起。在“京味小说”这一专题的教学过程中，吴老师运用了北京版教材必修(一)至(五)中讲到的小说的相关知识，例如小说的一些基本要素以及人物的描写、情节的安排等。“京味小说”的教学设计是在前面必修课完成对小说一般规律认识的基础上，进一步向小说的特色发展。所以说这节课的实施，是在必修课打下的基础之上，继续提升学生对于小说特色的认识。这种“衔接”在将来推进选修课的时候是必须要坚持的。

二、有效地落实了语文学科的三种能力

在吴老师的“京味小说”这个教学设计中，我们可以看到在选修课中可以更好地落实《普通高中语文课程标准(实验)》提出的三种能力，即一定的语言运用能力、审美能力和探究能力。这既是高中教学的基本目标，又是高中课堂教学的基本定位，同时也是高中教学质量的保证。吴老师在教学中，让学

生自己设计研究专题。这无疑是在培养学生的一种探究能力；而学生从几篇“京味小说”中去品味人物和语言，这无疑又是在培养学生的一种审美能力；最终让学生自己撰写小论文，就更是在培养学生的语言运用能力。从这个教学设计中，我们可以看到选修课在培养学生这三种能力上确实更有效。

三、恰当地体现了教师的角色定位

我们从吴老师的教学设计中，可以看到教师在选修课教学过程中的新的角色定位。这种定位主要体现在三个方面：一是教师在进入教学过程之前很好地设计了一个围绕“京味小说”这个专题的教学流程。吴老师把对这个专题的教学设计为十节课，从第一节课指导学生了解作品，到第十节课让学生进行论文交流，每一节课都有明确的学习任务。教师的这样一个合理、科学的教学设计，正是选修课对教师提出的新的要求。二是教师对学生学习这个专题全过程的要求和组织更加细致、更加到位。这比必修模块的教学要求更高了，这个教学设计展示的不仅仅是一节课的内容，而且关注到了整个学习过程的前前后后，甚至关注到了对学生今后学习可能产生的一些影响。三是在课堂上，教师不是简单地去组织学生讨论，而是在组织学生讨论交流的过程中发现一些问题，解决一些问题，进而达到一定的鉴赏目的。

在选修课的课堂上，教师到底要做些什么，要怎么做，这是大家始终关心的一个问题。教师们普遍的困惑是：一旦采取了“专题”学习的形式，以学生自主探究、自主展示学习成果为主体，那么教师在课堂上干什么？在学习“京味小说”的课堂上，学生展示是主要形式，如果把课堂变成学生讨论发言的场所，那么跟我们所认识的教师在课堂上应该发挥的作用恐怕就有点距离了。

当我们看到吴欣歆老师这节课的成功之处时，同时也应当看到这节课还有值得发掘的新的生长点。

第一，教师如何帮助学生提升。在这种以学生自主探究，甚至是学生自主立题、自主学习为主体的教学过程中，教师如何帮助学生去提高探究内容的质量，去帮助学生最终提升探究、审美的能力，是我们应当继续研究的问题。

既然是教学，整个过程不能是学生完全自发完成的。以“京味小说”的人物形象认识为例，学生能够概括出来京味小说中人物的三个特点——“好讲究”、“要面子”、“讲礼数”，还是相当不错的，而且他们在小说中找了很多的例子来分析这些特点，这说明学生的研究还是比较深入的。但这终归是学生一种自发的，自己确定主题、确定专题以后研究所达到的程度。对学生这种探究成果怎样去做提升，从而帮助学生更好地形成探究能力，对此，教师还可以再做一些努力。教师可以帮助学生从这样的角度去提升：从不同的方面看北京人，“好讲究”主要是对自己有不切实际的要求，“爱面子”主要是指在一定的场合里不失身份，“讲礼数”主要是与人交往时不亏待他人。到这个程度还不够，还要提升，北京人为什么要这样？这是北京人自怜、自爱、自尊的表现。这种优越感和自我意识又是怎么形成的？这与北京人特殊的生存环境有密切关系。这样一层一层深入下去，是对学生自主探究的一种提升、一种归纳，是在帮助学生学会如何寻源溯本。像这样，在学生自主学习、自主展示的过程中如何帮助学生提升，是我们今后重点要解决的问题。

第二，如何使汇报交流的方法更适合课堂教学。汇报交流是学习成果的展示方法，我们还要继续研究如何让它更适合课堂教学。这里有两个问题。一个问题是：学生分组完成了小论文的撰写后，如何使课堂的交流更加有效？因为每个人在学习过程中准备的是自己的专题，现在要到课堂上交流，做小论文的人对相关的内容比较清楚，其他人恐怕还不是很清楚。所以我们还需要设计一些学习活动，比如让听众向做论文的人提一些问题，或者做论文的人向听众提一些问题或者做一些解释，等等，目的是让学生真正在一定的层次上形成交流。

另外，每篇小论文都是集体完成的，是每个组员学习成果的整合，小组成员可以在汇报交流学习成果的过程中跟大家汇报一下完成论文的过程。因为单看这篇小论文本身意义不是很大，更为重要的是看完成论文的过程，是看这个论文呈现的认识是怎么形成的。这样，在汇报的过程中我们就能够发现学生在探究过程中存在的问题，对全班同学也都有帮助。

第三，如何使汇报和交流的形式更加丰富。选修课上的学习成果汇报和交流的形式还可以再丰富一些。宣读小论文，采用问答的形式或其他的汇报形式都可以，也可以让学生对小论文再做一些评注，然后大家来谈谈读这篇小论文的感受。虽然一节课不可能采用多种形式，但我们应该在这方面做一些探索。

第四，如何建立起选修课的专题序列。研究选修课的学习专题，或者说建立起一个适合学生学习、教师教学的专题序列，已经成为迫在眉睫的事情。实际上，学生自己设计的问题就是他学习的小专题。然而，怎么能围绕教材，围绕《课程标准》提出的能力要求，围绕教学目标，把学生或教师设计的专题梳理出来，确定下来，这是我们在开设选修课之前要研究的主要内容。

作为选修教学的预实验，吴欣歆老师的“京味小说”的教学思路是正确的，应该继续深入下去，不断总结实践经验，不断发掘教学过程中新的生长点，进一步增加教学的实效性，让即将开始选修课教学的老师们看到新的希望。

（2009 年 6 月）

推进新课程需要信念，需要实践，需要思考

——在门头沟区大峪中学研究课上的发言

刘宇新

北京市高中语文学科实施新课程，已经完成了必修课程的教学任务，马上就要开始选修课程。从全国实施高中新课程的现状看，按照《普通高中语文课程标准(实验)》的要求，选修课程的实施尚未达到预期的效果。分析其中的原因，有对“选修课程”理解上的偏差，有选修课程设课的局限，有就选修课程提出实施办法的不足。就北京市语文学科来说，在平稳地结束必修课程之后，面对即将开始的选修课程，如何继续推进高中新课程，这个问题已经摆在了我们的面前。是进，还是退？是借课程改革促进学生、教师和语文课程的发展，还是举着选修教材回到从前的老路上去？现在是我们做出选择的时候了。我们认为，实施高中新课程，必须向前推进。而推进的标志就是：做好选修课程与必修课程的衔接，实现选修课程“在必修课程基础上的拓展与提高”，利用现有教材实现选修课程的教学目标。今天我们组织门头沟大峪中学的研究课，就是想在这些方面做出一点尝试，给大家提供一点思路。

门头沟区大峪中学的两节研究课，是想回答如何认识选修课程、上好选修课程的问题。两位作课教师在市、区教研员的帮助下，经过深入的研究，对选修课程的开设，提出了自己的认识，拿出了自己的课例。他们认为，选修课程应当去尝试一下“专题式教学”。因为，《普通高中语文课程标准(实验)》是按照诗歌与散文、小说与戏剧、新闻与传记、语言文字应用和文化论著研读五个系列设计的选修课程；目前北京市使用的选修教材也是按照“专题”编写的。今天作课的两位老师就想尝试一下如何以“专题”的形式进行选修课程的教学。王海涛老师作课的课题是“选修课程中的选题指导”。在她的课上，老师们会看到王老师提出的选题原则和依据。王蕾老师作课的课题是“选修课题结果的指导与评价”。在她的课上，老师们会看到王老师的“重过程评价”。在这两节课上，老师们可能会感受到两位王老师是如何利用现有教材，在教学中努力实现选修课程的“共同基础”与“个性发展”之间的相互结合，可

能会从这两节课中品咂出一点选修课程的“选修”味道。今天的两节课只是提出一点设想，供老师们参考，欢迎老师们提出批评意见。

在这次活动之后，我们教研室还准备再推出两次选修课程研究课。一次是在2008年11月5日，在(原)崇文区广渠门中学。我们准备了三节研究课，重点研究如何在单元已有的“专题”下，实施“专题”教学。另一次是在11月19日，在东城二中，也是三节研究课，重点研究如何发挥学校语文教学的传统优势，师生共同完成选修课程的专题学习。2009年上半年，我们还布置在两个区县做专题式教学经验交流。安排这一系列活动，就是想突破选修课程的实施难点，走出北京推进高中语文新课程的一条新路来。实践出真知，实践求发展，实践是检验真理的唯一标准。当然，实践的过程会是曲折艰难的，实践的结果也可能不如预期。但是，只要我们去实践，总会有实践的价值。

实践也需要理论的引领。理论更来自理性的思考。我们需要去了解世界课程改革的发展趋势，需要去认识社会发展对未来人才的需求，需要去把握高中语文教学在提升学生语文素养、造就未来合格人才方面所承担的职责，需要去分析影响语文教学质量的各种因素，分析教师、学生、教材、教法等一系列课程元素的内质和相互关系。总之，理性的思考应当成为实践的前提，应当成为实践过程中的一种自觉意识。应当说大峪中学的两节课，就多少含有这样的理性思考。而这种思考既不是囿于某种局限，也不是凭空想当然。相信今天来到这里的老师们会在这两节课中有所领悟。

全市高中语文学科实施新课程，就要进入选修课程阶段了。在现有的条件下，上好选修课程，应当考虑并着手解决这样一些问题：第一，选修课程教学的目标定位问题；第二，确立选修专题的课程依据问题；第三，实施选修专题教学的基本原则；第四，专题教学的总体设计构思问题；第五，选修课程的考评问题。这些问题，市里要考虑，区县、学校甚至每一位老师都应当从不同角度、不同层次去思考。有了大家的思考，集中了大家的智慧，再加上积极而有效的实践，北京市的高中语文学科就一定会在推进新课程中立于不败之地。“世之奇伟、瑰怪、非常之观，常在于险远，而人之所罕至焉，故非有志者不能至也”。[①] 我们相信：那些勇于在崎岖道路上攀登的人，一定会到达充满无限风光的最险峰！

(2008年10月)

---

① ［宋］王安石：《游褒禅山记》，《普通高中课程标准实验教科书·语文·必修2》，人民教育出版社，2006年版，第35页。

开好选修课　迈上新台阶

——在(原)崇文区广渠门中学研究课上的发言

刘宇新

人民教育出版社出版的高中语文选修课程教材，是按照《普通高中语文课程标准(实验)》所倡导的课程理念以及对选修课程的设计要求编写的。用好这套教材，既是对课程理念最有效的落实，也是对选修课程最有效的实施。今天，广渠门中学奉献给大家的三节研究课，就是想在用好教材，开好选修课方面给大家一点启示和借鉴，让老师们从这三节课中看到如何借助选修课让高中语文教学迈上一个新的台阶。

今天三位教师授课的内容都是《中国古代诗歌散文欣赏》的第四单元——“创造形象，诗文有别”。《中国古代诗歌散文欣赏》这本选修教材，分为“诗歌之部”和“散文之部”，每部分分别由三个单元构成。其中每一个单元都有一个“题目”。“创造形象，诗文有别”，就是第四单元的题目。我们理解，设置这样的“题目”，是从高中生的实际水平出发，帮助学生从大处入手，抓住与诗歌或散文本质属性有关的要点，进行学习。这样一些“要点”，其实就是学生学习诗歌或散文的切入点，就是学生语文素养的提升点。确定这样的“题目”，并围绕“题目”设计单元内容，这是对传统教材编辑的一种突破，是对落实新课程理念、开好选修课程的一种有益尝试。这样一些“要点”的确立，又是以学生对作品的鉴赏为前提，而提高学生的“感受・鉴赏”能力则是《语文课程标准》提出的课程目标之一。从鉴赏的角度设计教学，这是将高中语文教学推上了一个新的台阶。现在的问题是如何用好教材。教材编者在“前言”中指出：单元的编排是从学习的角度着眼，其中“赏析指导”是介绍相关知识和鉴赏方法；“赏析示例”是从学习的角度进行分析，提供示例供学生参考借鉴；“自主赏析”是提供阅读鉴赏的作品，并通过“探究・讨论”题目帮助学生打开思路、把握要点；“推荐作品”是供学生课外拓展提高。教材编者设计的这四个步骤，如何在课堂教学中实现，这就需要老师们深入理解编者的意图，准确把握单元的框架，创造性地用好教材。只有这样，才有可能避免把原本以“鉴赏”为目的的学习变成单一的文言文词句教学，把原本整体的设计肢解为单篇使用，把原本以发展学生个性为目的的选修课程还原到已经结束的必修课程上去。

今天，广渠门中学的三位作课教师在用好教材上各有自己的思考。韩琨老师的“选题指导”课，不是简单地让学生节外生枝，另立专题，而是针对“创造形象，诗文有别”这个学生把握起来可能有一定难度的题目做一次二度开发，采用殊途同归的办法，帮助学生达到对“形象”的鉴赏目的。张艳辉老师的“专题研究指导”课，是针对散文与诗歌在“人物形象”塑造上的不同，帮助学生达到对“人物形象”鉴赏的目的。张老师的这节课，是想从不同材料的使用入手，这就既解决了“诗文有别”的问题，又解决了教材提供的“相关链接”材料的使用问题。杨青老师的“对《庖丁解牛》的再认识”一课，是从一篇寓言入手，帮助学生进一步认识不同散文在创造形象上的区别。说到底，三位老师的研究课，是想从对教材的理解、把握、使用等方面给大家一点启示。而这点“启示”，往往又是来自他们自己在教材使用中的问题和困惑。其实，他们的问题和困惑，也就是多数教师的问题和困惑，所以，相信他们想带给大家的“启示”，对大家是会有益的。

北京实施高中新课程已经进入到选修课程阶段。面对新的课程、新的教材，每一位教师都面临着挑战。我们要接受新课程、新教材的挑战，在挑战中实现新的课程理念，在挑战中提升高中语文教学的品质。开好选修课，迈上新台阶，这是我们应当去做的事情，也是我们一定能够做好的事情。

（2008 年 11 月）

继续打开专题式教学的实施思路

——在北京二中研究课上的发言

刘宇新

高中语文新课程选修课的实施，首先要解决三个现实问题：第一，《语文课程标准》提出的选修课程的“课程设计思路”是：学校应按照“诗歌与散文”、“小说与戏剧”、“新闻与传记”、“语言文字应用”、“文化论著研读”五个选修系列的课程目标，有选择地设计模块，开设选修课。但从目前的情况来看，多数学校不太可能开设出可供学生任意选择的选修课。于是，北京市采取了推荐选修的办法。语文学科的推荐选修只有四门课程，分布在四个学段中完成。要用一本书去满足学生的不同需求，让学生获得更大的发展空间，也就是在现有条件下把选修课上出“选修”的味道，这是必须要解决的现实问题。第二，《普通高中语文课程标准(实验)》(以下简称《课标》)规定的五个选修系列，目的是要满足学生的不同兴趣和爱好。但是，高中教学仍然属于基础教育，高中语文教学的第一位任务是进一步提高学生的语文素养。所以，《课标》又提出“不能简单地照搬大学里的选修课”，而应“侧重于实际运用”，“着眼于鉴赏陶冶”，“旨在引导探索研究”，最终落实《课标》提出的“积累·整合、感受·鉴赏、思考·领悟、应用·拓展、发现·创新”的课程目标。既要关注兴趣爱好，也要关注共同基础，这就成为选修课要解决的又一个现实问题。第三个问题是教材的二度开发。目前，解决这三个问题的思路之一，是采取“专题式教学”的办法。

如何进行专题式教学，门头沟区大峪中学、(原)崇文区广渠门中学的两次研究课，从专题的选择、专题的确立、专题的评价等方面提供了一些值得借鉴的做法。今天在北京二中，展示给大家的三节研究课，力图从专题研究过程的指导方面再给大家一点启示。今天，成颖老师的“情浸翰墨，书写现实——优秀报告文学的成功因素”一课，意在尝试如何实现师生共同进行一个专题的学习；王锡婷老师的“无韵之离骚——《史记》的文学性探讨”和李楠老师的“国强朝盛看君王，文韬武略有谋臣——史传文学中的君臣形象”这两节课，意在尝试如何引导学生从教材当中去发现既扣住教材内容又适合自己研究的专题，并对学生进行专题研究方法的指导。北京二中是一所有着深厚文化积淀的学校，仅从学校钮校长还在用软笔写字办公这一个小小的细节中就可见一斑。2007 年 5 月，市教研中心中语室曾与东城教研室在二中举办文学教育研究课。当时我们就和钮校长约定：在新课程选修课实施以后，还要在二中举办一次研究课，专门研究如何利用学校的传统优势上好选修课。相信今天从三位作课教师的身上、从二中的学生身上、从今天的三节课上老师们会对此有所感受。

从大峪中学到广渠门中学，再到北京二中，三次研究课，八位老师上课，目的只有一个，就是为老师们打开专题式教学的实施思路。在前两次研究课以后，区县教研员中有的提出从学生的体验出发，设计研究专题；有的提出从鉴赏的角度，设计研究专题；有的提出将必修与选修的相关内容做整合，从中确立研究专题。相信今天二中的研究课会给大家在专题式教学方面继续打开思路。

“专题式教学”虽然是以专题研究的形式呈现，但作为研究的前提条件，教材中的每一个单元、每一篇课文的教学是不可缺少的。全市组织的三次研究课，每一节课都有单篇教学的基础。至于单篇教学和专题研究如何有机地结合，那就要因人而异、因文而异了。

“专题式教学”的专题是从文本中得来，研究的目的是为了更好地理解文本。这样的专题研究不同于生发开去的专题研究。应当说在学习文本的过程中，学生很可能会对一些现象或问题产生兴趣，进而离开文本，就自己感兴趣的内容去做专门的探究。这样的内容，这样的研究属于学生自己的兴趣所致，不能和以文本学习为目的的专题学习混为一谈。在专题教学中，要对这两种情况加以区别，要首先保证文本的学习，然后才是游离于文本的个人兴趣。否则，专题式教学，乃至选修课教学就成了断线的风筝，其教学效果一定会受到影响。

“专题式教学”是实施语文选修课程的途径之一，在研究选修课程的有效实施上，我们鼓励老师们去做多种尝试。但不论哪一种尝试，都应当是针对自己学校和学生最为有益的，最好还要能够在本校、本区，甚至全市具有一定的推广价值。从教研的角度来说，我们的研究是针对教师的教学和教材的使用，至于课程设置和教学管理则属于教育行政部门的职责范畴。大家在推进选修课的尝试中应该去做我们应当做而且能够做的事情，保证我们的试验能够取得实际的效果。

推进高中新课程，开好选修课程是具有决定意义的一步。只要坚定信念、坚持实践、深入思考，我们就有可能在选修课程的实施中走出一片新的天地来。

（2010 年 3 月）

扎实探索　走出新路

——三次市级高中语文选修课程研究课综述

刘宇新

2008年10月29日—11月19日，北京教科院基教研中心（以下简称"基教研中心"）中语室组织了三次市级高中语文选修课程研究课。第一次是在门头沟区大峪中学，第二次是在（原）崇文区广渠门中学，第三次是在东城区北京二中。三次研究课共有八位教师作课。北京教科院基教研中心王云峰主任、国家课标制定组召集人温儒敏教授、北京市著名特级教师王大堃老师分别在三次活动中做评课发言。全市19个区县的教研员和部分教师参加了三次研究课活动，总数达900余人。

在20余天的时间内，组织三次大规模全市研究课，这在北京市语文教研的历史上是少有的。这样密集地组织三次研究课，是因为高中新课程的实施到了一个关键的时期，就是语文选修课程的开设需要从认识到实践拿出实实在在的东西来。

高中开设选修课程，是这次新课程的一个"亮点"。但是，借温儒敏先生的话：在已经实施新课程的省区，选修课程并没有显出它应有的亮点。他说："起码我没有看到。"为什么《语文课程标准》设计的最能够体现新课程理念的选修课程，在先期进入课改试验的省区没有取得预期的效果呢？问题恐怕还是出在对于选修课程的认识和实践两个方面。基教研中心中语室组织的三次研究课，就是希望从这两个方面做一点扎扎实实的探索，力图走出一条新路来。

按照《普通高中语文课程标准（实验）》（以下简称《课标》）的设计，高中选修课是希望实现学生的自主选课。这里有两个问题是目前在中学里不好解决的。一是可以供学生选择的课程有限，一般学校不可能开设出一定数量的课程供学生选择，何况受到高考的制约，课程在一定程度上仍然要保证一定的统一性。正是基于此，北京市才提出了"推荐选修"的课程。二是可以供学生"走班"的教室有限，即便一个学科"走班"试验获得成功，要想实现各科同时"走班"，那也是不太可能的事情。

然而最重要的，还是要说对开设选修课程目的的认识。《课标》提出：选修课程的设计“不能简单地照搬大学里的选修课”。这即是说选修课程不能简单地以知识体系为依托，在高中开设选修课的目的还是要以提高学生的语文素养为目的，关注的还是学生的语文共同基础。当然，既然是选修课，学生的兴趣爱好、个性特长也必须给予关注。但必须明确，关注学生的“兴趣爱好”、“个性特长”，并非是要把学生引上专业发展的道路，而是要借此更好地发展学生的语文能力。应当承认，这一点正是《课标》设计选修课程所追求的，但同时又是没有完全解决好的，所以致使《课标》提出的选修系列多少带有大学选修课的痕迹。

选课、“走班”不太现实，就是真正实施，也主要是教育行政部门的事情。作为教研部门，应当研究的就是如何在现有的条件下，最有效地实现选修课程的设计目的，在“推荐选修”中上出选修课的味道来。三次市级研究课提出的解决思路，就是开展“专题式教学”。

三次研究课，明确了对“专题”的认识。所谓“专题”，应当具有一定的专业性，即属于语文的某一个专门领域；应当具有集结性，即集中了教材各部分的内容；应当具有生成性，即应当通过这个专题的学习，能够最有效地提高学生的语文素养。三次研究课，提出了“专题式教学”的实施途径。门头沟区大峪中学王海涛老师的“选修课程中的选题指导”一课，提出了“专题”的选题原则和依据。王蕾老师的“选修课题结果的指导与评价”一课，提出了对“专题”研究结果的评价方式。(原)崇文区广渠门中学张艳辉老师的“专题研究指导”一课，是针对教材设计的“创造形象，诗文有别”专题，通过比较散文与诗歌在“人物形象”塑造上的不同，帮助学生达到对“人物形象”鉴赏的目的。韩琨老师的“专题二次开发”一课，是引导学生将教材提供的专题再度分解，使之更适合学生的研究。杨青老师的“对《庖丁解牛》的再认识”一课，是从一篇寓言入手，帮助学生进一步认识不同散文在创造形象上的区别。东城北京二中成颖老师的“情浸翰墨，书写现实——优秀报告文学的成功因素”一课，是在尝试如何实现师生共同进行一个专题的学习；王锡婷老师的“无韵之离骚——《史记》的文学性探讨”和李楠老师的“国强朝盛看君王，文韬武略有谋臣——史传文学中的君臣形象”这两节课，是在尝试如何引导学生从教材当中去发现既扣住教材内容又适合自己研究的专题，并对学生进行专题研究方法的指导。

这八节研究课，从两个方面提出了专题式教学的实施思路。一方面是引导学生从教材中确立研究专题，一方面是利用教材提供的专题完成专题研究。前者是以北京版选修教材(以下称“京版教材”)为主要对象。京版教材是以某一个领域作为专题，例如，“史传文学”、“报告文学”、“毛泽东诗文”、“外国小说”，等等。这种“专题”由于只划定了文本类型，而没有提出学生研究的具体内容，尤其是因为没有明确的研究问题，使得专题研究多少有点无从下手。但是，京版教材大都是以相同类型的文章组成单元，这就为从同类文章中确立专题提供了方便。东城区北京二中成颖老师的“情浸翰墨，书写现实——优秀报告文学的成功因素”、王锡婷老师的“无韵之离骚——《史记》的文学性探讨”以及李楠老师的“国强朝盛看君王，文韬武略有谋臣——史传文学中的君臣形象”，就是在同类文章中确立起来的专题。有了这样的专题，学生就可以去做深入的研究了。后者是以人民教育出版社选修教材(以下简称“人教版”)为主要对象。人教版教材是以语文的专业问题作为专题，例如，“创造形象，诗文有别”、“一粒沙里见世界”、“春秋笔法”、“写作的多样性与独特型”，等等。这种“专题”研究的内容固然十分明确，但由于专题的专业性比较强，有的题目对于学生来说研究起来就比较有难度。因此，对于这样的专题也存在二度开发的问题。广渠门中学的三节研究课就是要解决这个问题。由此可见，两种思路，殊途同归，专题教学确有可为。

这两条“专题式教学”的实施思路，都共同涉及专题确立、专题研究、专题评价的问题。八节研究课呈现的正是这些方面的内容。当然，这八节课展示出来的东西是有限的，例如，作为专题学习的前期准备，尤其是如何为进行专题研究而完成单篇文章的学习，不可能都展示出来。但无论如何，这八节课起到了打开教师进行专题教学思路的作用。

进行“专题式教学”，不仅完成了选修课程的教学任务，而且实现了选修课程的设计目的。例如，在专题的确立过程中，学生完全可以根据个人的兴趣和爱好，自己确立专题；教师也可以拿出一些不同内容、不同层次的专题供学生根据自己的需要进行选择。

进行“专题式教学”，还特别有助于提升学生的语文素养，提高教师的教学能力。学生在专题研究的过程中，需要调动自己的知识积累，整合相关的学习内容；需要有自己的感受、思考和领悟；需要自己去发现创新；需要自己去把研究的结果呈现出来。在这些“需要”中，学生的各种能力必定会得到发展，学生的认识水平必定会得到明显提高。“专题式教学”对教师的教学提出了更高的要求。教师需要整体把握教材，以便为学生确立专题提供支持；需要有更为广博的专业知识，以便应对学生在专题研究中出现的各种问题；需要运用更多的教学方式，甚至创造一些新的教学形式，以有效地指导学生的专题学习；需要更深入地去了解每一个学生的兴趣爱好，保证每一个学生都能够在自己的专题学习中得到发展。在这些“需要”中，教师的专业素质必定会得到发展，教学水平必定会得到提高。从这个意义上说，“专题式教学”为实现学生和教师在新课程中的共同发展创造了极好的条件。

新课程为北京市的高中语文教学提供了一个良好的发展机遇。倘若“专题式教学”能够达到预期的结果，那么，选修课程，对于改变语文教学中某些落后的教学思维和教学方式，就有可能会起到意想不到的作用；选修课程也会作为新课程的“亮点”，更加耀人眼目。八位作课教师，北京市的新课改会记住你们！

（2008 年 12 月）

选修课实施的新思路

——在北师大大兴附中研究课上的发言

刘宇新

高中新课程实施已经进入选修课阶段。为了实现新课程预想的选修课教学目标，我们提出了“专题式教学”的设想。如何落实“专题式教学”，大兴区的做法是与区里的研究课题相结合，即与“体验式教学”课题研究联系在一起。这种将市里提出的设想与自己的研究课题相互结合，不失为推进选修课程的新思路。至于如何结合，一会儿大兴区教研员周平安老师会有专门的介绍。

我们今天展示给大家的两节课，就是探索在“体验式”基础上的“专题式教学”。“专题式教学”不能简单理解为“问题教学”。两者的区别在于：“问题”是要求回答或解释的题目，“专题”是用来研究或讨论的题目；“问题”常常是提出一个未知，“专题”常常是提供一个方向；“问题”研究是要有一个答案，“专题”研究是提供一个领域；“问题”是一般教学都要涉及的，“专题”是在较高的教学层次才具有价值。我们提出“专题式教学”，就是针对选修课的有效实施而言。今天，李海霞老师的《现代散文的虚与实》的研究课，研究的就是教材所提供的三篇文章在“虚”与“实”上各自的特点；方孟坤老师的《从义利之辨看儒道》，研究的是孔孟、老庄的义利观以及二者的异同。他们根据学生的学习需求和教材提供的内容，分别确立了自己课堂教学的研究专题。这两节课，就是要通过他们的教学，看一看他们是怎样确立专题的，他们是怎样组织学生完成专题研究的，他们是怎样体会“专题式教学”的，进而看一看他们的教学在实践新课程选修课教学方面是否能够带给我们一点启示。

今天研究课带给我们的另一个实施选修课的新思路就是对于教材的使用。人教版选修教材是一套非常具有文化品位的教材，是一套充分体现新的课程理念的教材，是一套在编写体例上完全不同于以往的教材，是一套难得的好教材。但遗憾的是，如何用好这套教材，还没有更多的成功的经验。在实际使用中，有些教师把按照主题编写的有一定联系的几篇课文一篇一篇地处理，甚或随意割舍，其结果是单元主题被破坏，被淹没；本来丰盛的一顿大餐，被弄得滋味减半甚至全无。这里有对教材理解的问题，也有使用的问题。今天，两位老师在这一点上给我们提供的解决思路是：根据学生的实际，对教材做二次开发。李海霞老师，为了让学生理解“散文的虚与实”，补充了相关的资料，而且选取了将三篇文章进行比较的办法，把学生不好理解的“虚实”问题放在具体的文章中去让学生体会。方孟坤老师也没有只盯住“儒道互补”，而是根据自己学生的实际水平，从儒道的比较切入，而且将二者的比较放在对“义”和“利”的不同态度上，这样，学生就有了一个认识儒道的“支点”，进而帮助学生建立起对“儒”与“道”的认识。李老师和方老师的做法，为我们用好人教社教材，上好选修课，提供了思路。至于他们今天的课是否能把这些内容都体现出来，还要看最后的结果。

老师们，新课程的实施，已经到了攻坚的阶段，能不能上好选修课已经关系到课程改革的成败。我们教研室从上学期开始组织了几次全市研究课，就是想为大家上好选修课提供一点帮助。这学期我们又组织两次这样的活动，下一次是在 2009 年 5 月 13 日，在丰台二中，还是三节选修课。我们希望老师们能和我们一道研究、解决选修课实施中的难题，一道把新课程推向前进。预祝李海霞老师和方孟坤老师今天的研究课获得成功。

（2009 年 4 月）

对高中语文选修课“专题式教学”的再实践与再认识

——在丰台二中研究课上的发言

刘宇新

北京市高中新课程实施已经进入了选修课程阶段，随之高中课程改革也就进入了攻坚阶段。高中语文教学要在新课程实施中提高质量，要在课程改革中有一个新的面貌，开好选修课，走出自己的路，就显得至关重要。今天，在丰台二中召开“高中语文选修课程专题式教学研讨会”，目的就是在以往专题式教学研究的基础上，继续深入研究“专题式教学”的实质和实施途径。

2008年10月，在课改进入选修课程初期，教科院基教研中心中语室在门头沟区大峪中学组织了第一次全市性“专题式教学”研讨会，展示了两节课，组织了研讨，重点研究了专题的确立和结果的评价问题。当时，基教研中心王云峰主任在评课时指出：专题式教学是围绕语文选修课推进的诸多探索中的一种探索。这个探索对语文选修课程的现实操作是有积极意义的。之后，11月，又分别在(原)崇文区广渠门中学和东城区北京二中组织了全市性研究课。在广渠门中学，展示了三节课，重点研究单元教学中的专题学习指导问题。国家课标制定组召集人温儒敏教授在评课中对北京研究语文选修课实施给予了积极的评价。在东城二中，也是展示了三节课，重点研究在一篇文章中的专题研究问题。特级教师王大坤老师在评课时对学生在专题学习中取得的收获给予了充分肯定。2009年4月21日，在首师大大兴附中，我们又组织了一次全市性研究课，展示了两节研究课，重点研究利用教材提供的“专题”结合学生和教师自身的实际上好选修课问题。人教社中语室王本华主任在评课时热情地赞誉：这是她在全国看到的最具选修课特点的真正意义上的选修课。半年时间，一路走来，算上今天将要展示的三节研究课，基教研中心中语室先后在五个区县拿出了13节选修课。这13节课，是在市区教研员坚定方向、执着努力中完成的，是在作课教师承受压力、夜以继日的苦干中完成的，是在领导、专家热情的支持和精心的指点中完成的。

这 13 节课，展示了基教研中心中语室开展“专题式教学”研究的发展轨迹。在前面研究“专题的确立”、“专题的评价”、“专题的指导”等一系列问题的基础上，今天三节课的目标定位，就是将教材中提供的高品位的学习内容，以“专题”的形式落实到选修课的课堂教学之中。

在此之前，我们研究过专题确立的原则，提出过专题评价的方式，分析过“专题”与“问题”的区别。今天的三节课，重点要研究的是专题的组合以及在单元教学中确立专题的问题。关于第一个问题，显示的是“专题”在确立和实施中的灵活性，提出的是“专题套餐”的设想。例如，今天李婷老师的“研读经典，感悟先贤”一课，就是从《〈论语〉十则》中确立“治学”、“立志”、“修身”三个小专题，以此引导学生认识孔子的“仁义”思想。张海岩老师的“儒道互补”一课，则是从“君子与圣人”、“儒道与文学”等几个小专题切入，引导学生认识教材确立的“儒道互补”专题。关于第二个问题，显示的是面对教材不同以往的单元编写体例、实施专题教学的有效途径，提出的是“专题教学”与以往“单元教学”的区别。例如，今天李巧梅老师的“守礼据实，秉笔直书”一课，就是在整合单元内容的基础上，以文本为依托实现“春秋笔法”专题的教学。

老师们，我们研究“专题式教学”，大前提是在现有条件下最大限度地实现新课程设计选修课的初衷。而就目前的教学现状而言，是解决把选修课当成必修课来上，用旧办法来上新课程的问题。其中还包括对于文化经典在高中教学中的位置认识不到位的问题。

改革是人们所期待的，改革是需要动手动脑的，改革是要承担一定风险的。就目前来看，基教研中心中语室组织的 5 个区县 10 节选修课总体上得到了教研员和听课教师的认可，许多区县已经在按照“专题式教学”的思路进行积极的尝试。相信今天的三节课也会给老师们带来新的思考。

今天，还有网络实时直播，我们已安排区县教研员布置本区县老师参与今天的活动。我们期待老师们在网络互动中提出问题。限于今天的活动模式，老师们提出的问题我们会安排合适的机会给予答复。

“东方欲晓，莫道君行早，踏遍青山人未老，风景这边独好。”老师们，洒出我们的汗水，贡献我们的智慧，以我们昂扬向上的心去描绘高中新课程在我们这里的一片靓丽风景。

（2009 年 5 月）

认准的事情就应当做下去

——在北京一〇一中活动中的发言

刘宇新

各位领导、专家、老师们：

我今天开场白的题目叫作“认准的事情就应当做下去”。

设置选修课程，这是高中新课程中的一个“亮点”。从世界课程改革趋势看，既保证核心课程内容的学习，又为选修学科提供更多的机会，已经成为许多发达国家追求的一种课程框架。而在选修课程的设置上，教育部《普通高中课程方案(实验)》要求学校要“提供丰富多样的课程，为学校有特色的发展创造条件”。

丰富多样的选修课程可以来自“地摊式”的选课，即利用现成资源开设“课程”。这样的选修课程，可以说要多少就有多少。但这样的课程容易脱离学生的实际需要，容易偏离以提高学生语文素养、为学生终身学习和发展奠定基础的高中语文的教学目标。更为要紧的是，假如一切条件具备，学生可以自由选课，自由“走班”，但在教学内容和教学方式上没有实质变化，那么，“选修”也就成了“必修”的搬家，很难达到在必修基础上的拓展与提高，很难适应学生的兴趣爱好和个性发展的需要。所以，丰富多样的选修课程应当再开辟一条渠道，就是校本选修。《北京市普通高中新课程语文学科教学指导意见》中指出：“各类不同学校应当从实际出发，充分估计所具有的现有条件，包括师资和学校所能利用的各种资源，确定并设计选修课。”这种“校本选修”应当说才是新课程亮点中的亮点。这种校本选修，首先是基于学生的实际需要，其次是源于教师的自主创造。这样的校本课程才体现为学生的发展服务，才体现课程建设的真正价值，才体现教师在课程开发和实施上的专业化水平。

今天，我们在北京一〇一中举办“高中新课程选修课实施研讨会”，就是基于一〇一中在语文学科校本选修方面付出了努力，取得了可以为他人借鉴的经验。

今天的四节课，有三节是由一〇一中的老师执教，有一节是由北大附中的王来宁老师执教。这四节课的教学内容均来自老师们的独到设计，四节课设计的共同思想，是在必修的基础上实现拓展与提高，更好地落实“积累·整合、感受·鉴赏、思考·领悟、应用·拓展、发现·创新”的课程目标。这种基于必修实现拓展与提高，基于课程目标实现学生个性爱好发展的思想，在选修课的实施中是值得提倡的。四节课在教学方式上也力求有所突破，更注重自主、合作、探究，更注重活动、对话、交流。这四节课也想说明这样的问题：即选修课不能抛开“基础”讲“拓展”，不能抛开“语文”讲“选修”，不能抛开“校本”讲“课程”。

老师们，2007 年 9 月 19 日，我们曾在一〇一中举办了北京市高中新课程语文学科第一次研讨课，打响了北京市高中语文学科实施新课程的第一枪。今天，我们又汇聚在这里，共同研究校本选修，共同解决关乎新课程发展的关键问题。既然校本选修是最大的亮点，既然校本选修大有可为，那么，我们就应当扎扎实实地做下去，做出个样儿来，对学校、老师、学生有个交代。

最后，衷心感谢一〇一中为全市语文教研再次提供机会，感谢海淀教师进修学校语文组的通力支持与合作，感谢每一位付出辛苦的老师，感谢与会的各位嘉宾和老师们。希望大家留下宝贵的意见。

（2009 年 10 月）

第四部分

考试评价研究

2007年北京市高级中等学校招生统一考试语文试题解析

试卷命题组

第一部分：命题说明

一、命题指导思想

2007年北京市高级中等学校招生统一考试(以下简称“中考”)，是全市在完成第一轮义务教育课程改革之后的第一次统一的升学考试。这次中考，既是考查学生三年学业水平、决定学生升学去向的考试，更是对北京市第一轮课程改革结果的检测。鉴于此，这次中考命题的基本指导思想就是：有效检验第一轮课程改革的实际结果，引领全市初中语文课程改革在健康的道路上发展。当然，中考本身也是属于课程改革的范畴，所以，在试题命制过程中，要尽量体现《全日制义务教育语文课程标准(实验稿)》(以下简称《课标》)的基本理念，符合《课标》提出的目标要求，这是此次命题必须遵循的一个基本原则。

命制一份体现《课标》理念、符合《课标》要求的中考试卷，必须要在试卷的内容和结构等方面做出新的安排。那么，哪些内容更为适合，这就要有一个标准。命题组提出的标准有四个：第一，体现《课标》提出的语文课程的基本理念。例如，全面提高学生语文素养的理念，着重培养学生语文实践能力的理念，提倡综合性学习的理念，鼓励学生创新思维产生独特体验的理念，等等。第二，符合《课标》规定，即凡是《课标》提出的，试卷都要尽量有所体现。例如，《课标》中有“综合性学习”的内容，那么试卷中就要最大限度地落实这项内容。第三，符合全市三年来课程改革的实际，即凡是在教学中得到落实的内容，就列为试卷考查内容。例如，现代文阅读中的综合性阅读，老师们在实际教学中已经进行了积极的尝试，市级教研部门也就此组织过较为成功、影响较大的专题研究活动，那么就把它作为考查的一项内容。第四，对下一轮语文课程改革的发展具有积极的导向作用，让老师们从这张试卷中了解到课程改的基本途径，看到课程改革发展的希望。

基于上述认识，2007 年语文中考命题的具体指导思想主要概括为以下几个方面：

第一，严格遵照义务教育《课标》和《考试说明》。无论是考试范围、内容要求，还是试卷结构、题型设计都严格遵照《课标》和《考试说明》。其中有些命题材料就来自《考试说明》。

第二，坚持全面考查学生初中三年语文学习的实际效果，重点考查学生基本的语文素养，力求从知识和能力、过程和方法、情感态度和价值观三个维度考查学生语文学习的状况。

第三，在考试内容和试题形式两个方面都要体现《课标》的要求，既要保持语文测试中一些基本的内容和形式，也要有所创新，增加符合《课标》要求、体现《课标》理念的新的内容和新的题型。

第四，兼顾现行的各套教材，坚持求同存异的原则。对个别教材存在的缺漏，该补的要补上；对由于教材品质而影响语文教学质量的地方，要力争通过试题有所弥补。

第五，试题的命制要有利于教师明确语文课程改革的方向，保证课程改革在提高教学质量中所发挥的应有的作用；要有利于促进学生学业水平的不断提高，保证学生语文素养的整体提升；要有利于推动新一轮课程改革，保证课程改革能够顺利健康地向前发展。

第六，试题的命制要体现中考的选拔功能。试题要有一定的区分度，尤其是在语文基本能力的高低和语文能力发展潜能的大小方面，要有所顾及，以保证把优秀的考生选拔出来。

第七，试题从选材到命制，要具有一定的文化含量，对考生具有积极的思想教育意义和文化熏陶作用，同时注意形成北京特色。

考虑到北京是第一次实行全市课标考试，在今年的试题命制中力求平稳过渡，保证老师和考生对试卷都能够认同、接受，进而为今后的课标试卷的命制摸索经验，做好准备。

二、试卷的主要特点

2007 年中考语文试卷的基本特点是，体现《课标》的基本理念，落实《课标》的目标要求；注重考查学生在语文基本素养方面所表现出来的水平差异，尤其是在语文基础知识和基本能力方面的学业表现，特别注重对影响学生学业长期发展的潜在语文综合能力的考查；注重考查学生思维的条理性和规范性，特别注重对学生拓展性和创新性思维的考查。

试题答案的准确性和合理性、试卷的整体效果，尤其是试题的选材和题目的配置等方面，力求比较完美，具有北京特色。

1. 注重考查学生的基本语文素养

《课标》明确要求“语文课程应致力于学生语文素养的形成和发展”。按照《课标》的解释，语文素养的基本内容包括语文的积累、良好的语感，以及良好的思维品质。而语文能力，无疑是学生语文素养中最重要的内容之一。

试卷中对学生语文积累的考查是比较突出的。例如，在保持以往考查作家作品和古代诗文积累的前提下，今年又增加了对文学名著积累情况的考查。而文学名著的考查又不是简单地考查对人物和情节的记忆情况，而是将对人物和情节的记忆与对整部作品的了解紧密结合在一起，这就加大了积累的内容，并且对形成学生的语文素养具有积极的作用。

对学生的语感和思维的考查，在今年也加大了力度。例如，《晶莹的泪珠》一文，让学生体会女教师的心理变化，这就需要学生通过文章中对女教师的言行描写，去感悟女教师的复杂内心；又如，《水资源危机》一文，要求学生从对两个句子的比较中，得出自己的结论，这其中有理解，也有判断，对学生的思维要求是比较高的。

试卷中对基本语文能力的考查更是比较深入的。例如，辨识字音、区分字形、修改病句，这些最基本的语文能力在试卷中都做了比较深入的考查。例如，辨析字形，不是就字说字，而是让学生从对表意部首的辨识中，区别字形的正误，这就提高了对字形辨析的能力要求。又如，考查修改病句，不是让学生简单判断句子的正误，而是给出病句修改的式样，让学生去分辨。这样一种考查病句修改的形式，既考查了辨别句子正误的能力，又考查了掌握语法的水平。还比如，对学生写作能力的考查，强化了审题和构思能力的考查。这次的作文题目是“动力 ”。命题的用意就是在考查学生运用语言进行表述的同时，更要考查学生的审题和构思。对学生语文基本能力的考查，既是检验义务教育阶段语文教学落实语文基本能力的状况，更是关系到能否保证学生的终身学习和发展的需要。

2. 注重考查学生的语文综合能力

《课标》提出语文教学要“努力体现语文的实践性和综合性”。其中语文的综合性是实现语文运用能力的重要保证，因此，加强对学生语文综合能力的考查，已经成为落实语文素质教育不可缺少的内容。在这一点上，试卷做了比较充分的体现。例如，在“综合性学习”中，要求学生阅读一段文字，根据要求写一段开场白，这就同时考查了学生的阅读和表达能力。又如，在《水资源危机》中，要求学生根据提供的两则材料，去理解这两则材料"可以分别解决第②段所反映的哪两个问题"。这就对学生的综合阅读能力提出了要求。学生既要分别阅读原文和两则材料，又要对他们进行对比，还要由材料去看原文反映的问题，阅读、分析、比较、判断等语文能力在这里被综合到一起。而这种综合能力，恰恰成为解决实际问题所必需的一种语文能力。

3. 注重试卷选材的文化特色和整卷的主题效果

北京的试卷总是要在完成语文考查任务的同时，追求试卷的文化特色和主题效果。今年这份语文试卷在选材上注意突出传统文化特色，其表现在于：试题材料的选择尽量体现汉语言的文化特点，例如，辨析字形试题，就利用了汉字特有的表意功能；又如，古典文学名著的积累，也为试卷增加了文化色彩。

今年的试卷追求的主题是语文学习的时代性。在"综合性学习"部分，使用的是关于"阳光体育运动"的材料，"阳光体育运动"是教育部、国家体育总局和团中央近期开展的一项关系到中小学生健康成长的运动，这个材料的时代性是非常明显的。在阅读的三个文段中，分别选用了农村儿童求学、水资源危机、开拓创新这样一些当今的热门话题，这就形成了一个明显的中心话题，即关注社会、关注发展。这样的内容对参加中考的学生一定会起到终身影响的教育作用。

第二部分：试题分析

2007年北京市高级中等学校招生统一考试语文试卷分为两卷。第Ⅰ卷内容包括基础知识、语文积累、综合性学习、阅读(含文言文阅读和现代文阅读)；第Ⅱ卷包括作文。全卷分为五个部分，共23道题，总分为120分。

第Ⅰ卷四道大题，共22道小题。第一大题考查的是语文基础，共4道小题(第1—4题)，均为选择题，8分。第1题考查汉字读音，涉及12个词语(成语4个)，重点考查对汉字声、韵、调的掌握情况。第2题考查汉字字形，涉及4个词语，重点考查对汉字表意部首的掌握情况。第3题考查病句修改，涉及4个句子，重点考查对常见错误类型病句的修改情况。第4题考查文学常识，涉及6个古代作家，重点考查掌握作家及所属朝代的情况。

这四道题的考查范围绝大部分在《考试说明》规定的范围之内。这些内容都是初中学生应知应会的，属于最基础的部分。在试题设计时，注意突出文化、综合、实用的特点，体现《课程标准》提出的"致力于学生语文素养的形成和发展"的要求。

第Ⅰ卷第二大题考查的是语文积累。共两道小题(第5—6题)，均为填空题，8 分。第 5 题考查古诗文背诵，涉及两首古诗和一段古文。试题注意考查学生的理解性背诵。第 6 题考查文学作品的积累情况，涉及作品中的人物和情节。试题注意在考查学生对作品了解程度的同时，促使学生建立起对整部作品的认识。

第Ⅰ卷第三大题考查的是"综合性学习"内容。"综合性学习"是《课程标准》中规定的一项学习内容，作为测试内容，在北京的课标试卷中是第一次出现。试题是以"主题班会"的形式呈现，共有三道小题(第 7—9 题)，两道简答题，一道填空题，8 分。第 7 题是依据提供的材料写一个开场白，考查的是综合运用信息的能力。第 8 题是要求针对要说明的问题，从所给的材料中提取信息；所给的两个材料一个是图表材料，一个是文字材料。这道题考查了学生从不同形式材料中提取信息，支持观点的能力。第 9 题是要求从一份"锻炼计划"中筛选出不符合要求的内容。这道题考查了学生理解和筛选信息的能力。这种以提供情景材料为特征的"综合性学习"试题，是以语文实践活动为载体，考查学生的语文综合运用能力。

第Ⅰ卷第四大题考查的是文言文阅读。试题材料为学生课内学习过的文章《桃花源记》(节选)。共有四道小题(第 10—13 题)，一道选择题，三道简答题，共 9 分。第 10 题考查对词义的理解，要求在古今词义的比较中把握文言词语的特殊含义。第 11 题考查文言词语的解释，注意词义的"通假"现象和特殊义项。第 12 题考查文言语句的翻译，注意对关键词语的翻译和原句中的省略现象。第 13 题考查对文章内容的理解，注意对内容的归纳性理解，而不是简单的复述或原句的摘抄。文言文考查首先立足于《课程标准》要求的"理解基本内容"，其次考查文言词句的积累和掌握情况。这就把对文言文的考查与对学生的语文积累和阅读能力的考查结合在一起，在一定程度上实现了考查学生语文素养的目的。

第Ⅰ卷第五大题考查的是现代文阅读。共有三个文段：记叙文《晶莹的泪珠》，说明文《水资源危机》，议论文《创新不言败》，共 9 道小题(第 14—22 题)，27 分。

记叙文《晶莹的泪珠》，共 3 道小题(第 14—16 题)，一道填空题，两道简答题，12 分。第 14 题是填空题，要求用词语概括出女教师在给"我"办休学证书过程中的心理变化。女教师的心理变化在文章中有直接写出来的，但也有需要从女教师的言谈和行为中去体会的。这就落实了《课程标准》提出的"体验"、"品味"的阅读要求。而"用词语概括"，则考查了语言表述的能力。第 15 题是简答题，要求分析父亲在弥留之际对"我"所说的话有什么作用。这既是考查对父亲所说的话的理解，也是考查对全文的整体把握情况。这就落实了

《课程标准》提出的“培养良好语感和整体把握的能力”要求。第 16 题属于开放型简答题，要求说出对作者的感受“带给你的启示”。这道题一方面是考查学生的阅读理解，落实《课程标准》提出的“领悟作品的内涵，从中获得对自然、社会、人生的有益启示”的要求；一方面也是考查学生的独立思考，落实《课程标准》提出的“对作品的思想感情倾向，能联系文化背景做出自己的评价”的要求。

记叙文是初中阅读教学中的一个重点。在试题设计中，注意考查学生对整篇内容和文意的把握，注意考查学生的阅读体会和独特感受，注意考查学生阅读的思维过程。此外，还特别注意在阅读过程中考查学生掌握语文知识的情况。例如，要求答出女教师的心理变化，就需要有记叙文人物描写的知识和文章线索的知识。

说明文《水资源危机》，共 3 道小题(第 17—19 题)，均为简答题，8 分。第 17 题考查学生检索信息的能力。这道题是从因果关系的角度提出问题：说出“‘全球水资源总量很大’，但‘人类可直接利用的淡水资源量却很少’的原因”。这就在考查学生检索信息能力的同时，也考查了学生推理判断的思维能力。第 18 题考查学生的综合阅读能力，要求学生阅读文章链接的两则材料，分析这两则材料提供的信息可以解决文段所反映的哪两个问题。第 19 题考查学生的理解判断能力。要求比较“全球已经有 1/4 人口面临着一场为得到足够的饮用水、灌溉用水和工业用水而展开的争斗”和“预计到 2025 年全世界将有 2/3 人口因严重缺水而面临动荡不安的局面”这两个句子，从中得出一个结论。说明文的三道试题，彻底改变了以往以说明文知识作为固定考点的命题思路，转而以说明文的“说明”过程和对所“说明”的内容的理解和判断作为考查的重点，同时尝试着将综合性阅读理解作为说明文的一个新的考查内容。这样，既落实了《课程标准》提出的“领会作品中所体现的科学精神和科学思想方法”的要求，又实现了对学生综合阅读能力的考查目的。

议论文《创新不言败》，共 3 道小题(第 20—22 题)，均为简答题，7 分。第 20 题考查学生整体把握文章的能力。题目要求回答作者“是从哪两方面论述‘创新不言败’的”。这道题是从发现材料与观点之间的联系的角度设题，而这正是《课程标准》对阅读议论文的具体要求。第 21 题要求学生“根据上下文，为第③段横线处填写一个常用语(成语、俗语等均可)”。这道题带有综合考查的性质。回答这道题，先要能够准确概括文段的内容，之后，是从自己的语言积累中选择能够准确表达文段内容的词语。这样就把阅读与积累、概括与表达综合在一起了，既落实了阅读的要求，也落实了表达的要求。第 22 题是考查学生把握文章论证过程的能力，要求“简要分析第⑤段的论证过程”。这道题不是简单地考查学生了解文章内容的情况，而是考查学生在了解文章内容的前提下，梳理文章脉络，理清句子之间相互关系的阅读能力。

阅读部分的三段选文，按照《课程标准》的要求，比较全面地考查了学生的阅读能力。选文的内容既有教育意义，又有时代主题；既贴近学生的实际生活，又反映当今的社会现实。例如，《晶莹的泪珠》描写的是农村孩子的求学经历，“求学”这是学生所共有的，而“农村孩子求学”又是当今全社会都关心的话题；《水资源危机》既与学生的生活息息相关，又与全人类的生存与发展密不可分；《创新不言败》既是学生追求的目标，又是时代的主题。三篇选文的难度和长度也完全符合考试命题的需要。

第Ⅱ卷为作文，一道题(第23题)。作文的题目是“动力来自______”，是一道半命题作文。题目设置，首先考虑的是要贴近学生的生活实际，让学生有话可说。其次，要让学生在解题上动一点脑筋，就是要想一想自己要写的“动力”什么，来自何处。再次，题目补足的部分要有文体的倾向，例如“动力来自那枚硬币”，就适合写记叙文，“动力来自团结”，就适合写议论文。最后，补全的题目要有新意，有韵致，例如，“动力来自妈妈”，题目就比较空泛，缺少灵气，“动力来自母亲的眼神”就显得灵光。这道作文题在引导学生关注生活现实，思考生活意义，激发对生活的热爱和追求等方面都是十分有益的。又由于题目有较大的取材空间，加之不限文体，使学生的表达更为从容，因而更能够考查出学生的真实的写作水平。

从整体上看，试卷比较充分地体现了《课程标准》的基本理念和语文学习要求，全面地考查了识记、理解、概括、分析、综合、表达等多方面的语文能力。全卷与以往试卷相比，在考点增加的情况下，试题数量反而有所减少，全卷共有23道小题，是近几年试卷中题量最少的一份试卷，体现了减轻学生负担，突出考查重点的命题思想。全卷的总平均分为96.15，难度值为0.8，与命题蓝图基本一致，是一份经得起各种检验的有效试卷。

（执笔人：刘宇新，2007年9月）

2008年北京市高级中等学校招生统一考试语文试题解析

试卷命题组

第一部分　命题说明

一、命题概述

2008年北京市高级中等学校招生统一考试(以下简称"中考"),是在北京市教委的领导下,由北京教育考试院负责组织完成的。北京市教科院基础教育教学研究中心中学语文教研室参加了语文学科的试题命制工作。这样的一个组织系统,与北京市初中课程改革的需要是相一致的。北京市初中课改在市教委的领导下,已经完成了两轮;北京市中考在市教育考试院的组织下,完成了由大纲试卷向课标试卷的转变;课程改革中的课堂教学在北京市教科院基教研中心的指导下,正在稳步向前推进。这样的一个组织系统也保证了今年中考语文学科命题能够顺利进行。

2008年语文学科中考是全市实施课程改革以来的第一次真正意义上的"统考"。今年全市统一按照《全日制义务教育语文课程标准(实验稿)》(以下简称《课标》)命制试题,即全市一张试卷。但是,由于各区县在使用课标试卷的时间上有先后之分,也就造成了对课标考试的熟悉程度有所不同。例如,海淀区作为国家课改试验区,四年前的中考就开始使用课标试卷;而燕山区由于进入课改较晚,加之采用"五四"学制,今年才第一次使用课标试卷。一张试卷要适应全市各个区县的需要,这是今年语文学科中考命题面临的一个问题。

为了完成好今年的中考命题工作,命题组在试题命制过程中注意解决好四个问题。第一,课标试卷要能够全面体现、落实课标精神;第二,课标试卷要能够反映北京对课程改革和课标命题的独到理解;第三,课标试卷要能够在不断探索的过程中保持相对的稳定;第四,课标试卷要对初中语文教学产生积极的导向作用。

二、命题指导思想

2008年语文学科中考命题的基本思想是：积极落实课标精神，在原有课标试题的基础上继续完善体现新的课程理念、推进课堂教学改革的命题思想和方式，在探索的过程中逐步稳定对课标试题的一些基本认识和基本的命题范式。具体而言，2008年中考命题的指导思想可以表现在以下几个方面。

第一，试题命制要体现义务教育所倡导的"素质教育"要求。《课标》指出："九年义务教育阶段的语文课程，必须面向全体学生，使学生获得基本的语文素养。"2008年中考《考试说明》在确定中考性质时，取消了以往所用的"选拔考试"字样，突出了中考作为"衡量学生是否达到课程标准所规定的学习水平"的要求。这即是说中考应当以对学生"学业水平"的检测作为主要目的，而这正是与义务教育所倡导的"素质教育"相一致的。为了体现"素质教育"的要求，今年的试题在两方面做出尝试：一是要让所有完成义务教育初中阶段学业的考生，在作答这张试卷时都能够获得应有的成就感；二是要让每一个考生通过考试能够明确继续提高自身语文素养的努力方向。

第二，试题命制要体现探索与稳定并重。义务教育课程改革已经进行了两轮，但要继续推进课程改革，还必须加大探索力度，尤其是考试改革方面的探索。这种探索包括两层含义：一层是指命题思路的探索，一层是指命题内容及题目形式的探索。这种探索需要不间断地进行下去。在探索的同时又需要某种稳定，因为教育不是立竿见影的事情，尤其是考试，倘若总在变化，教师的教学就会不知所措，而且也不利于考试改革。为此，要在探索中不断完善命题思路，形成相对固定的认识，乃至使一些试题在经过考试检验后逐步定型。

第三，试题命制要凸显对学生语文素养的考查。即在经过三年语文学习之后，学生应知应会的内容应当作为考查的重点，学生应具备的语文能力应作为考查的重点。例如，语文基础与积累的考查，语文实践能力的考查，探究和创新能力的考查。特别是综合运用所学知识分析和解决实际问题能力的考查要适当加大力度，因为这最能反映学生的语文素养。

第四，试题命制要有首都意识，要具有首都水平。这主要是说在命题的过程中，要尽量反映北京推进义务教育课程改革的实际成效，要尽量呈现北京对中考课标试题的研究成果，要尽量集合各地课标试题的闪光点并形成高出一筹的明显优势。

三、试卷的主要特点

2008年中考语文试卷的总体特点是：在坚持考查学生语文核心能力的前提下，强化对学生思维能力和综合运用能力的考查；既考查学生的实际语文水平，又考查学生语文发展的潜在能力。具体而言，2008年中考试卷主要具有以下几个特点：

第一，体现语言文字与汉语言文化的紧密结合。在对学生掌握汉字水平的考查中，不应当忽略汉语言文化因素。这是因为，汉字既是汉语言文化的承载形式，同时本身也是汉语言文化的重要组成部分。况且，只有在了解汉语言文化的基础上才有可能更好地掌握语言文字。今年中考试卷的第2题，就是体现语言文字与汉语言文化紧密结合的一道试题。这道题是要求找出对句子中加点成语使用的错误，分析不正确的一项。试题是从成语的本来意思出发，分析成语“使用错误”的原因。这就需要考生了解成语的“典故”，溯本求源。这样既考查了学生对成语文化内涵的了解程度，又考查了学生运用成语的实际能力。而这种结合，正是《课标》在阐述义务教育阶段语文课程性质时所刻意强调的。

第二，体现对语文核心能力的考查。试卷中有对字词句的考查，有对文化积累的考查，有对提取信息、归纳概括、分析理解、语言运用等语文基本能力的考查。在对语文核心能力进行考查时，注意与实际运用相结合。例如，中考试卷的第3题，考查的是句子的使用。考查的方式是设置语境，让考生在具体语境中辨析句子的使用是否得当。又如，中考试卷的第18题是将阅读与运用相结合的一道试题。题目要求考生在阅读“小品建筑”一文后，回答所给的介绍“宁寿宫”的材料中哪一个建筑属于“小品建筑”，并说明原因。这就把对文章内容理解的考查与解决实际问题结合在一起。这种在实际运用中考查学生掌握语文核心能力的方式，不但是有效的，而且更是有用的。

第三，体现对语文综合能力的考查。《课标》指出要“突出语文课程评价的整体性和综合性”。今年的试卷仍然保留了“综合性学习”试题。这种试题是借助提供的情景，以活动为依托，以任务为目标，完成对学生语文综合能力的考查。其综合的能力主要包括提取信息、理解分析、归纳概括、语言表达等。今年的综合性试题，是以“5·12”汶川大地震为背景材料，考查学生提取信息、理解分析、归纳概括、语言表达的综合能力。例如，试卷的第7题提供了两份材料，一份是文字材料，一份是图表材料。试题要求考生概括这两则材料的主要信息，并向前来参加募捐活动的同学做介绍。这就把提取信息、理解分析、归纳概括、语言表达等语文能力综合到了一起。又如，试卷第20

题，要求阅读文段，根据上下文，分别选择 3 个恰当的词语填空。这道题是把词语的理解与文段的理解以及对文段表达风格的把握结合在一起。这也是对综合能力的一种考查。

第四，体现对学生文学鉴赏能力的考查。《课标》特别强调要提高学生的“审美情趣”。在今年的试卷中这方面内容得到了进一步的加强。例如，试卷第 14 题，题目是“第④段对‘路上’景象的描写生动形象，富有情趣，试举一例进行分析”。这道题就是让学生自己鉴赏“路上”的景象描写是怎样的生动形象，富有情趣。又如，试卷第 15 题，题目是“从文中看，庙会以哪些主要内容‘点缀’了‘质朴而平和的乡村生活’？你怎样理解作者今天对‘庙会’的认识”。这是让学生谈自己的认识，做出自己的评价。

第五，体现科学、公正的命题原则。试卷的整体结构、试题材料、设问角度等进一步做到科学、规范。一些能够体现课改理念的典型试题的逐步定型，就可以说明这一点。例如，综合性学习的图表类试题，从内容到题型已经基本形成套路。又如，试卷第 21 题，要求分析文段论证过程的试题也已经基本定型。尤其值得一提的是开放型试题的答案，没有“言之成理即可”、“意思对即可”的字样。这类开放型试题，或给出答案要点，或做出答案示例，总之，是有明确的标准。

第六，在试题的选材上体现较强的时代气息和北京特色。汶川地震、北京奥运会等 2008 年发生的重大事件，在试卷中均有所体现。说明文“小品建筑”，更是以北京故宫为素材。作文“向前，向前，向前!”不但彰显时代精神，同时也对考生的情感态度价值观产生积极的影响。

2008 年语文学科中考试卷是一份探索新课程考试改革的试卷。尽管试卷还存在某些不足，例如，在综合性学习中对语文核心能力的考查力度还不够，试卷个别题目难度的掌握还不尽如人意，但是，这份试卷的确是一份“举牌子、探路子、做样子”的试卷。相信这份试卷会对今后的课标试卷产生有益的影响。

第二部分　试题分析

课标试卷的总分为 120 分，最高分为 120 分，平均分为 95.95 分 ，难度为 0.80 。试卷数据统计说明，试卷难度适中，区分度较好。

第Ⅰ卷共四道大题，21 道小题。第一大题考查的是语文基础，共 4 道小题(第 1—4 题)，均为选择题，共 8 分。第 1 题考查汉字读音，涉及 12 个词语(成语 4 个)，重点考查对汉字声、韵、调的掌握情况。第 2 题考查成语，涉及 4 个成语，重点考查对成语本意的理解和使用。第 3 题考查语句衔接，涉及 4 个句子，重点考查在具体语境中的句子运用。第 4 题考查文学常识，涉及 6 个古代作家，重点考查掌握作家及所属朝代的情况。

这四道题的考查内容均在《考试说明》规定的范围之内。这些内容都属于语文基础，是初中生起码应当具备的语文素养。在试题设计时，注意突出文化、综合、实用的特点。尤其是对句子的考查，走出以往单考句子的模式，转而在具体语境中考查语句的衔接。这就把句子与阅读结合起来，考查学生实际运用句子的能力。

第Ⅰ卷第二大题考查的是语文积累。共两道小题(第 5—6 题)，均为填空题，共 8 分。第 5 题考查古诗文背诵，涉及 3 首古诗和一段古文。试题既注意考查记忆性的背诵，也注意考查理解性的背诵。第 6 题考查文学作品的积累情况，内容为《西游记》中的情节和人物。试题命制的出发点是力图让学生形成对《西游记》整部作品的一个基本认识。

第Ⅰ卷第三大题考查的是“综合性学习”。试题是以学校为“5·12”汶川地震灾区捐款为背景材料，共有 3 道小题(第 7—9 题)，两道简答题，1 道填空题，共 8 分。第 7 题是：募捐现场的一块展板上有两则材料，一则是文字材料，一则是图表材料，为了向前来参加募捐活动的同学做介绍，团委书记请你概括这两则材料的主要信息。这道题考查的是提取信息、整合信息、语言表达的综合能力。第 8 题是：募捐活动中，学校广播站小记者采访你，请你对在地震中失去校园的同龄人说几句安慰和鼓励的话(用上“素不相识”、“自强不息”两个词)。这道题考查的是根据语境合理表达的能力。这道题也是将知识与能力、过程与方法、情感态度与价值观三维整合起来的一道试题。第 9 题是：募捐活动结束后，学生会宣传委员准备写一份这次活动的纪实报道。下面是围绕“情系灾区”这一主题所写的报道草稿，请你将其中不必要的两个句子挑出来。这道题要求从一份“纪实报道”中筛选出不符合要求的内容。它考查的是学生理解和筛选信息的能力。这种“综合性学习”试题，是以情景材料为依托，以语文实践活动为载体，考查学生的语文综合运用能力。

第Ⅰ卷第四大题考查的是文言文阅读。试题材料为学生课内学习过的文章《岳阳楼记》(节选)。共有 3 道小题(第 10—12 题)，均为简答题，共 9 分。第 10 题考查对词义的理解，主要把握古今词义的区别，结合语境理解文言词语的特殊含义。第 11 题考查文言语句的翻译，注意对关键词语和描写语句的准确翻译。第 12 题考查对文章内容的理解，注意对语句内容的对位理解和准确判断。考查文言文阅读，首先是看能否“理解基本内容”。所谓“理解”有疏通语句的理解，但也有阅读后简单的理性理解；其次，是考查文言词句的积累和掌握情况，尤其是结合语境理解词句的情况。因为，初中的文言文学习不能当作古代汉语来学，还是要作为“文章阅读”来学，目的还在于提高学生的阅读水平。

第Ⅰ卷第五大题考查的是现代文阅读。共有三个文段：记叙文《乡间的庙会》、说明文《小品建筑》和一段议论文，共 9 道小题（第 13—21 题），共 27 分。

记叙文《乡间的庙会》，共 3 道小题（第 13—15 题），一道填空题，两道简答题，共 11 分。第 13 题是填空题，要求概括本文的行文思路。在概括的时候要用上“庙会”二字。这既是要求扣住题目进行概括，也是要求合理组织语言提炼内容。《课标》要求“在教学中尤其要重视培养良好的语感和整体把握的能力”。这道题考查的就是整体把握能力，这是读懂一篇文章的基础。第 14 题是简答题，要求举实例说明文章第④段对“路上”景象的描写生动形象，富有情趣。以往这类考查是给出具体的描写语段，让学生说表达效果。这一次是给出表达效果，让学生举实例来说明。这样做的目的是要改变过去用套话说“表达效果”的现象，转而让学生在具体的描写中去体会“表达效果”。这样学生才有可能说出自己的真实感受，才能达到《课标》所要求的“欣赏文学作品，能有自己的情感体验”，才能在实例的分析中加深对“表达效果”的理解。第 14 题属于开放型简答题，要求分析庙会以哪些主要内容“点缀”了“质朴而平和的乡村生活”，你怎样理解作者今天对“庙会”的认识。这道题既考查对文本的理解，也考查学生的认识水平。文章中虽然用了“点缀”一词，但并没有具体说出用于“点缀”的都有什么。这就要求学生在阅读时要完成由具体的描写到所起的作用的阅读转换，在转换中完成对文本内容的理解和对所起作用的理解。至于学生的认识水平，是根据《课标》提出的“对作品的思想感情倾向，能联系文化背景做出自己的评价”的要求，进行考查。记叙文是初中阅读教学的主要内容。试题命制，注重考查学生整体把握的能力，注重考查学生阅读的思维过程，注重考查学生的阅读体会和独特感受。此外，也特别注意在阅读中考查学生掌握语文知识的情况。例如，考查“行文思路”、“表达效果”，就需要有记叙文文章线索的知识和景物描写的知识。

说明文《小品建筑》，共 3 道小题（第 16—18 题），均为简答题，共 9 分。第 16 题是问：“文章开头从一种文体的名称：‘小品’写起，有什么作用?”考查的是学生对文章写法的理解。这个理解的过程应当是：小品文与小品建筑有共同之处，以小品文起笔，意在引出小品建筑。题目考查的不仅是对文章开头写法的理解，也考查了学生推理判断的思维能力。第 17 题考查的是第②段的说明层次。阅读文章捋清层次是最基本的要求。捋清层次，关键在于把握语句之间的关系并做出合理的归纳。这道题看似简单，其实考查的是最基本的阅读能力。第 18 题是一道链接材料的试题。题目要求：阅读介绍“宁寿宫”的材料，借助文章中的相关知识，说出“宁寿宫”中哪一个建筑属于“小品建筑”，为什么？这道题考查的是学生运用所学知识解决实际问题的能力。这是一次新的尝试，目的在于引导学生不但能读懂文章，而且还会运用从文章中学到的知识解决实际问题。学以致用，这是语文学习实践性的一种体现。

议论文，共 3 道小题(第 19—21 题)，均为简答题，共 7 分。第 19 题要求回答全文的中心论点是什么。题目考查学生把握文章中心思想的能力。文章中有中心论点，也有分论点。考中心论点是什么，就是看学生能否将二者区分开来，并且看出二者之间的联系。这样，考的是中心论点，其实也考出了学生对全文把握的情况。第 20 题是要求阅读文章第②段，根据上下文，从括号内选择恰当的词语分别填空。这三组词语分别是：“从容”和“敏锐”、“大方”和“大度”、“骨气”和“气势”。这道题看似考的是词语使用，其实是一道带有综合考查性质的试题。因为，三组词语的选择，既要比较出每两个词语之间的不同，又要根据文意做出选词判断，这就把词语积累与阅读理解结合在一起。第 21 题是考查学生把握文章论证过程的能力，要求“简要分析第③段的论证过程”。这道题不是简单地考查学生了解文章内容的情况，而是考查学生在了解文章内容的前提下，梳理文章脉络，理清句子之间相互关系的阅读能力。这道题已经成为议论文考查中比较经典的一道试题。

阅读部分的三段选文既有教育意义，又有时代主题，还体现北京特色；既贴近学生的生活实际，又具有一定的知识性。三篇选文的难度和长度也符合考试命题的需要。从阅读能力考查的实际效果来看，既考查了阅读的基本能力，又考查了联系实际综合运用的能力，尤其是加大了对学生思维水平的考查力度。题目在稳定的前提下又富于变化，一些新的命题角度对今后的阅读命题一定会有较好的启发。

第Ⅱ卷为作文，一道题(第 22 题)。作文的题目是“向前，向前，向前!”，是一道命题作文。题目设置，首先考虑的是在贴近学生生活实际的同时要有时代的特色。2008 年的上半年是不平凡的，南方的冰冻灾害、汶川的特大地震、迎接北京奥运会……面对这一切，需要的是一股“向前”的力量。这道作文题单看题面就给人以激情，给人以力量，让人有一种不吐不快的感觉。其次，要让学生在破题上动一点脑筋，就是要想一想自己怎样理解三个“向前”，乃至中间的标点符号；要想一想用什么材料才能够表现出自己对“向前，向前，向前!”的理解。再次，要与初中的作文教学，尤其是学生的作文备考相一致。初中作文以记叙文为主，这道题完全可以“叙”，当然也可以“议”；学生备考准备的一些素材，应当能够派上用场，当然这不是指抄袭，而是指能够灵活变通，以适应题目要求。这道作文题在引导学生关注生活现实、思考生活意义，激发学生对生活的热爱和追求等方面都是十分有益的。又由于题目有较大的取材空间，加之不限文体，使学生的表达更为从容，因而更能够考查出学生的真实写作水平。

从整体上看，2008 年语文中考试卷比较符合《课标》提出的学科基本理念和目标要求，比较全面地考查了识记、积累、理解、概括、分析、综合、表达等多方面的语文能力。这份试卷应当是一份经得起各种检验的有效试卷。

（执笔人：刘宇新，2008 年 9 月）

2009 年北京市高级中等学校招生统一考试语文试题解析

试卷命题组

第一部分　命题说明

一、命题概述

2009 年北京市高级中等学校招生统一考试（以下简称“中考”）语文学科的命题工作，是在严格遵循 2009 年《北京市高级中等学校招生统一考试语文考试说明》（以下简称《中考说明》）的情况下完成。由北京教育考试院组织研制的《中考说明》，对 2009 年语文学科中考的考试性质做出了明确的规定，指出中考“既是高级中等学校招生的重要依据之一，也是衡量学生是否达到课程标准所规定的学习水平的参考依据”；提出中考应当“在体现社会发展对人才培养要求的同时，力求处理好考试与教学的关系，努力对中学素质教育和课程改革的实施发挥正确的导向作用”。《中考说明》提出的“衡量学习水平、促进素质教育”，成为本次命题的重要思想基础。

2009 年语文学科中考是实施课程改革以来的第三次按照《全日制义务教育语文课程标准（实验稿）》（以下简称《课标》）进行的全市“统考”。在总结前两次全市课标试卷命制经验的基础上，2009 年的课标试卷，力争有所突破，为基本完成语文课标试卷的“定型”做出努力。为此，命题组在试题命制过程中注意处理好四个关系：第一，处理好试卷考点与提高学生语文素养的关系；第二，处理好落实课标要求与试卷合理布局的关系；第三，处理好考查学生实际学习水平与语文发展潜能的关系；第四，处理好试卷导向与课堂教学的关系。

在试卷命制过程中，语文学科命题组得到了北京市教育考试院各级领导的关心和指导，从而保证整份试卷达到了预期的水准，圆满地完成了命题任务。

二、命题指导思想

2009 年语文学科中考命题的基本思想是：认真贯彻科学发展观，以学生语文的实际水平和发展潜能为考查目标，重在考查学生的语文基本素养；积极体现《课标》的理念和目标要求，在保持试题基本稳定的前提下，尝试完成试卷的基本定型，为语文课标试卷的发展奠定坚实的基础；主动引导初中语文教学，着重从综合能力和创新能力的培养等方面起到有效的引导作用。2009 年中考命题的指导思想，在实际命题时主要表现在以下三个方面：

第一，在实际运用中考查学生的语文素养。具体而言，就是要在语言的运用中，考查学生的语文基本能力。例如，对于句子的考查，不再以对句子的认知程度作为考试内容，而是把句子放到具体的语境当中，在实际的运用中考查掌握句子的能力。

第二，尽量在试卷中落实《课标》提出的各项要求，在保持试卷整体基本稳定的前提下，探索能够落实《课标》要求的新试题。例如，《课标》提出“了解基本的语法知识，用来帮助理解课文中的语言难点”，命题组在命题中，就尝试命制利用语法知识解决阅读难点的试题。类似这样的试题，在经过考试检验后，可以逐步定型，最终实现北京中考整张语文课标试卷的基本定型。

第三，在体现综合能力培养方面，着重打造“综合性学习”试题，不但加大了试题对学生综合能力的考查力度，而且着力探求试题的基本形式，进而使教师在实际教学中明确综合性学习的教学方向；在体现创新能力培养方面，主要表现为让学生在作答试题时具有一定的选择性，例如，让学生阅读文本根据自己的兴趣自主选择鉴赏内容，进而使教师明确创新能力的培养要得益于学生的自我需求和自我表现。

三、试卷的主要特点

1. 体现语文工具性与人文性的有机结合

《课标》指出：“工具性与人文性的统一，是语文课程的基本特点。”在试卷中切实体现语文学科的这一特点，一直是命题组所追求的目标之一。汉语言文字的自身特点，为实现这一目标提供了可能。汉字、词语，既是汉语言的“建筑材料”，又承载着汉民族文化。因此，工具性与人文性的统一，在汉字和词语中是固有的事实，汉字的认读与词语的使用往往与其所承载的文化内涵有着密切的关系。所以，在考查汉字与词语的过程中体现其“文化”内涵，并借助“文化”内涵进一步考查对汉字、词语的理解，不但是应当的，而且是可能的。例如试卷第 2 题，判断选词填空一题，就是考查学生能否根据语素义判断词语中汉字使用的正误。字形与字义相联系，字义又与词义相关联，正是在“形”与“义”的结合中，实现了“工具性”与“人文性”的结合。

2. 在具体语境中考查语句运用的能力

从语言学的角度来说，句子是语言最小的使用单位。句子既然是“使用单位”，就应当在使用中考查对其掌握的情况。而以往对句子的考查往往是以考查“病句”的形式出现。其实，考查“病句”就是在考查语法，就是在考查病句类型，就是在考死的知识。在具体语境中考查句子的使用，就中考而言主要有两个考点：一是考查句子的衔接是否恰当，包括句式衔接和语义衔接；二是考查句子对相关文意的概括是否准确。这次命题，力求将句子的衔接与句子对相关语意的概括综合在一起。试卷第 4 题就是考查在具体语境中句子的使用的一道试题，所给的答案“在保留北京古都风貌的基础上，以建立现代轴线和未来轴线为标志”，前半句考的是对文意的概括，后半句考的是语义和语序的衔接。在具体语境中考查句子的使用能力，这类试题目前还在探索之中，这种探索是值得提倡的，因为它代表了一个方向。

3. “综合性学习”试题呈现了成熟的迹象

《课标》规定的“综合性学习”，是以实践活动为依托的语文学习。这种语文学习的突出特点是有明确的任务和目的，有实施的过程和方式，注重语文综合能力的运用和提高。试卷中的“综合性学习”试题，是依据《课标》对综合性学习的基本要求，按照以情景为依托，以活动为承载，以任务为内容，以综合为目的的命题原则命制试题。与《课标》所不同的是，试卷上的“情景”是虚拟的。而作为“综合性学习”试题的“综合”，可以是不同材料的综合，可以是不同能力的综合，也可以是不同考查方式的综合……，这样，就为综合性学习试题的命制提供了更为广阔的范围。今年的综合性学习试题，是以“上海世博会”作为命题素材，设置学校开展“宣传周”的虚拟情景，一共设置了三道试题。第一道试题是考查阅读提取信息的能力，以及用自己的话将所提取的信息概括地表达出来的能力。第二道试题是考查“对句”，类似于对联，但试题只要求“与前一句语意相关、句式一致、字数相等”。这道试题考查的要点是概括的准确性和表达的精炼性。第三道试题是将语段内容转化成对“城市，让生活更美好”的理解，考查的是“形成解释”的能力。这种“解释”不是自己所认为的解释，而是要根据文段内容做出客观合理的解释。通观今年的综合性试题，设置的“情景”相对完整，“活动”的安排前后勾连，在能力综合上有新的突破，在试题形式上有新的发展。这份综合性试题可以作为一个标志，为以后探索综合性学习试题的命制打下坚实的基础。

4. 对文言文内容理解的考查更为明确、到位

阅读文言文要做到"理解基本内容"，这是《课标》提出的要求。所谓"理解基本内容"主要包括两个方面：一是语段的概括，包括层次的概括，内容的概括，表达意思的概括，等等；二是重点语句的理解，语句的理解又以句子之间的相互关系，即内容之间的联系作为重点。这种关系可以是"补充"、"介绍"、"说明"，也可以是"因果"、"转折"、"递进"，等等。试卷第 12 题："阅读第②段，说出就'国'而言，'死于安乐'中的'安乐'指的是什么"。所给的答案是"无法家拂士，无敌国外患"。这道试题属于理解内容的试题。这种"理解"是以句子之间的关系为基础，只有弄清楚句子之间的关系，才能够找到正确答案。这样的"理解"就不再是简单的字面上的理解，而是深入到文意内里的一种理解。

5. 在关注阅读基本能力的同时体现《课标》的新要求

现代文阅读历来是语文试卷中最重要的部分。学生语文的基本能力在很大程度上取决于现代文阅读的水平。在实际测试中，学生现代文阅读部分的得分又往往是最低的。学生现代文阅读水平偏低，一是就阅读而言要求的语文能力相对较多，例如整体感知、提取信息、整合文意、形成解释、迁移运用，等等；二是在《课标》中，一些新的要求往往是针对现代文阅读提出来的，例如，"欣赏文学作品"、"利用语法知识解决阅读中的语言难点"、"阅读中能提出自己的看法和疑问"，等等。要提高学生的阅读能力，就需要试题命制，既考查阅读的基本能力又体现《课标》的新要求。例如，"整体感知"，作为阅读的基本能力之一，在考查时必须给予关注。其关注的具体表现，是要考查学生是否掌握了"整体感知"的基本方法。这些方法包括根据段意、根据层次结构、根据情节、根据人物心理变化、根据地点变化、根据关键词语、根据线索，等等，去整体感知文章。试卷的第 13 题是"文中写了作者的三次流泪，表达了不同的情感，阅读文章，填写表格"。这道试题就是考查学生的整体感知能力，看学生能否依据作者在不同时间、不同地点的所见所闻所感把握住文章的整体内容。

在体现《课标》的新要求方面，重点尝试"欣赏文学作品"和"利用语法知识解决阅读中的语言难点"。"欣赏文学作品"，对于初中学生，其基本要求应当是能够就文章中描绘的形象、具有意蕴的词句、写作的特点谈一点自己的感受；就文章表达的思想、作者的情感、现实的意义谈一点自己的看法。这样的"欣赏"在试题中往往是以一段文字的形式呈现。试卷第 15 题"文章中有许多句子写得很精彩，请你从文中自选一句，作简要赏析。（不超过 150 个字）"，就是一道"欣赏文学作品"的试题。试卷给出的"答案示例"是这样的：

"'(黄河)像一根不见首尾的系带，云中而来，雾中而去，千回万转，把我的无尽思绪缠入过去，引向未来。'作者把黄河比作'不见首尾的系带'，形象地写出了黄河蜿蜒绵长的流动之形；又用'缠'和'引'将黄河'云中而来，雾中而去，千回万转'之态与对往昔的回忆和对未来的畅想巧妙地结合，表达了作者的无限感慨。"这个"示例"，就鉴赏对象、表达效果、情感体验、语言表达等完成"欣赏"所需要的几个要点做出了规定，这对于考查学生学习欣赏文学作品的实际能力具有一定的作用。

"利用语法知识解决阅读中的语言难点"，是《课标》提出的要求，但在实际命题时始终未能找到有效的落实途径。本次命制试卷，力求以句子为依托，借助语法体会语言的完整性和准确性。试卷第16题"结合第①段画线句(浩瀚的大海蕴藏着各种丰富的资源，据专家测算，仅水产品一项，海洋每年就可向人类提供30亿吨，能满足300亿人的蛋白质需要)的内容，说出'仅水产品一项'这几个字不能删去的两个理由"，就是从"句子"切入，以"语法"为支点，考查对语段意的准确把握。所给的"答案示例"是："如果删去'仅水产品一项'，就无法与前面的'各种丰富资源'相呼应；同时也使后面的'提供'一词缺少了涉及对象。"这个"示例"既考查了语句成分之间的对应关系，又考查了语义之间的相互搭配，第一次实现了"利用语法知识解决阅读中的语言难点"的考查目的。

"阅读中能提出自己的看法和疑问"，是培养创新能力的需要。在试卷中，这种能力的考查主要通过链接材料的办法来实现。链接材料类试题是语文课标试卷中出现的新题型。这种题型的考查目的主要有三点：第一，对文本的深度解读；第二，对文本内容形成解释；第三，迁移利用文本信息。试卷第17题："阅读第②段，指出下面两则材料分别可以从哪一个方面说明'我国海洋农业具有十分广阔的发展前景'"，就是一道链接材料的试题。链接的材料有两则：一是"海水养殖业要合理布局。……因地制宜发展滩涂、浅海养殖，逐步向深水水域推进，形成一批大型名特优新养殖基地(摘自《全国海洋经济发展规划纲要》)"。二是"利用化学诱变技术和选育技术培育出来的'981'龙须菜，与野生种相比，生长速度提高了30%以上，亩产提高了3—5倍。'981'龙须菜的问世，不但使龙须菜成为我国第三大海藻养殖种类，也使我国龙须菜的养殖产量跨入了世界先进行列。(摘自《海南日报》)"。学生需要借助这两则材料，去发现"我国海域开发利用的潜力很大"和"科学技术的使用为海洋农业的发展提供了必要的保证"这样两个问题。经过近三年的努力，这种链接型试题正在走向成熟。

6. 作文命题更关注学生的思维水平及语言运用能力

今年中考的作文题目是"______并没有结束"。命制这样一道作文题，就是想在考查学生语言表达的同时考查学生的思维水平和认识能力。因为，思想是语言的内核，叶圣陶先生也说过，只有想明白了才能够写清楚。初中作文是以记叙文为主，但不能仅要求把事情叙述清楚，而应当要求在叙述中"表达自己对自然、社会、人生的独特感受和真切体验"，即要有自己的思想认识。其实，"把事情叙述清楚"本身，也不能仅停留在叙述过程的完整上，而应当看所要表达的意思是否在叙述中说清楚、说明白了。考虑到中考作文的考试功能，作文命题应当力求做到破题不难，但有较高的立意不容易；构思不难，但有一定的新意不容易；选材不难，但使用得当不容易；表达不难，但有一定的文采不容易。仅就题目而言，"志愿者的使命并没有结束"、"比赛并没有结束"、"学习并没有结束"，就比"梦想并没有结束"、"放弃并没有结束"、"挫折并没有结束"要好得多，因为前者表明学生对"并没有结束"的命题理解更准确、更到位。这次的作文题，其目的就在于引导学生写作要在立意、构思、选材、表达上不断有所提高。

2009 年语文学科中考试卷是一份在继续探索新课程考试改革的基础上，尝试完成语文课标试卷定型任务的一份试卷。尽管试卷还存在这样或那样的问题，但这份试卷的却起到了考核学生、引导教学、推动教改的作用，相信今后的语文课标试卷会在这份试卷的基础上继续得到完善和发展。

第二部分　试题分析

课标试卷的总分为 120 分，最高分为 120 分，平均分为 98.06 分 ，难度为 0.82。试卷数据统计说明，试卷难度适中，区分度较好。

2009 年中考语文试卷共有六道大题，21 道小题。第一大题考查的是语文基础，共 4 道小题(第 1—4 题)，均为选择题，共 8 分。第 1 题考查汉字读音，涉及 12 个词语(成语 4 个)，重点考查对汉字声、韵、调的掌握情况。第 2 题以选择填空的形式考查词语，涉及 4 个双音节词语，重点考查对词语语素、语义的理解，并在此基础上考查掌握汉字字形的情况。第 3 题考查俗语的使用，共涉及 4 个俗语。这 4 个俗语都是放在具体语境中来考查使用的正误。第 4 题考查语句衔接，涉及 4 个句子，重点考查在具体语境中的句子运用。

这 4 道题的考查内容均在《考试说明》规定的范围之内，涉及的词语均出自《考试说明》的词语表。考查的这些内容属于初中生应当具备的语文基础。这些试题在设计时，注意突出文化、综合、实用的特点。尤其是对句子的考查，走出以往单考句子结构的模式，转而在具体语境中考查语句的衔接和句子对文意的概括。这就把句子与阅读结合在一起，考查了学生实际运用句子的能力。

试卷第二大题考查的是语文积累。共 2 道小题(第 5—6 题)，均为填空题，共 8 分。第 5 题考查古诗文背诵，涉及 3 首古诗和一段古文。试题既注意考查记忆性的背诵，也注意考查理解性的背诵。第 6 题考查文学作品的积累情况，内容为《水浒传》中的情节和人物。试题命制的出发点是力图让学生形成对《水浒传》整部作品的大致了解，而不是对作品的一知半解，或仅限于教材选文中的内容。

试卷第三大题考查的是“综合性学习”。试题是以“上海世博会”为背景材料，共有 3 道小题(第 7—9 题)，共 9 分。第 7 题是：“在宣传周的启动仪式上，你要向同学们介绍世博会。请从下面的材料中提取两条主要信息，作为你介绍的要点。”两则材料都是文字材料。这道试题考查的是提取信息、整合信息、语言表达的综合能力。第 8 题是：“在宣传周里，学生会宣传部长准备在校园宣传栏内写一条宣传语。他根据下面的材料写出了宣传语的前一句，请你续写后一句。”这道试题考查的是根据语境合理表达的能力。试题将概括句意与“对句”表达结合在一起。第 9 题是：“学生会准备在宣传周出一期以宣传上海世博会为内容的校刊。校刊编辑请你根据下面的材料，在‘三言两语话世博’专栏里写出你对上海世博会主题的理解(不超过 25 个字)。”这道试题要求将语段内容转化成对“城市，让生活更美好”这一世博会主题的理解，考查的是“形成解释”的能力。这种“综合性学习”试题是以现实生活为素材，通过设置情景考查学生的语文综合能力。这类试题已经展示了较好的发展前景，成为代表中考命题方向的一类试题。

试卷第四大题考查的是文言文阅读。试题材料为学生课内学习过的文章《生于忧患，死于安乐》(节选)。共有 3 道小题(第 10—12 题)，均为简答题，共 9 分。第 10 题考查结合语境理解文言词语的含义。第 11 题考查文言语句的翻译，注意对关键词语和特殊句式的准确翻译。第 12 题考查对文章内容的理解。考查文言文阅读理解，首先是看能否“理解基本内容”。这道试题重点考查对语句内容的对位理解和判断是否准确。

试卷第五大题考查的是现代文阅读。共有三个文段：记叙文《又临黄河岸》、一段说明文和议论文《俯而学与仰而思》，共 8 道小题(第 13—20 题)，共 26 分。记叙文《又临黄河岸》，共 3 道小题(第 13—15 题)，1 道表格题，1 道填空题，1 道简答题，共 13 分。第 13 题是表格题，要求写出作者在不同地点面对黄河流出热泪的原因和表达的内心情感。这道试题其实就是一道概括行文思路的试题。《课标》要求阅读教学“要重视培养良好的语感和整体把握的能力”。这道试题考查的就是整体把握能力。第 14 题是填空题，要求说出第⑨段作为过渡段在文中“承上”和“启下”的具体内容。以往这类试题只是要求回答过渡段的作用，这一次是要求指明衔接的具体内容，这就改变了过去只注重形式而忽略内容的考法，把“过渡”的形式与衔接的内容联系在一起。第 14 题属于开放型简答题，是一道“欣赏文学作品”的试题，要求学生自己从文中选一个精彩句子，做简要赏析。让学生自主选择鉴赏语句，这既是对学生阅读感受的一种尊重，也是培养学生创新能力的一种尝试。这样的试题可以保证学生更有可能说出自己的真实感受，产生“自己的情感体验”。

说明文共 2 道小题(第 16—17 题)，均为简答题，共 6 分。第 16 题是问“结合第①段画线句的内容，说出‘仅水产品一项’这几个字不能删去的两个理由”。考查的是学生对文段语句的理解。这个理解的过程应当是：先要知道“仅水产品一项”是一个插入语，然后要知道“仅水产品一项”是与前一句中的“各种丰富的资源”相呼应，最后还要借助语句的搭配关系，看出缺少“仅水产品一项”这个短语会造成文意的不通畅。这道试题需要从语言理解入手，借助语法知识完成作答。这在以往试题命制中是不多见的，可以说是一次有益的尝试。第 17 题，要求“阅读第②段，指出下面两则材料分别可以从哪一个方面说明‘我国海洋农业具有十分广阔的发展前景’”。试题考查的是学生在阅读文章后发现问题和形成解释的能力。这道试题对于考查学生综合阅读能力和深入理解文章的能力具有积极的作用。

议论文，共 3 道小题(第 18—20 题)，1 道填空题，2 道简答题，共 7 分。第 18 题要求按照第①段的论证思路，将“科学的学习方法”、“常用的学习方法”、“联系实际的方法”三个短语分别填入文中【甲】【乙】【丙】处。这道试题，考查的是划分并概括层意和把握论证过程的能力。这种将阅读理解和把握论证过程结合起来的命题思路，对于改变以往单独考查论证过程的命题形式是一次有益的尝试。第 19 题要求说出“文中所说的‘俯而学’与‘仰而思’分别指的是什么”。这道试题考查的是提取信息的能力。要求学生在准确把握文本的基础上确定需要提取的信息。第 20 题要求“简要分析第③段中列举赵括与司马迁的例子各有什么作用”。这道试题考查的是对文章所采用的论证方法的实际作用的理解。在理解中考查“方法”，这是考查对知识的“活用”。语文学习不是不要系统的知识，甚至系统的知识有时也需要系统的讲解，问题是要做到《课标》提出的“随文学习”，即在阅读理解中学习，在实际运用中学习。本着这样的思路，命题时也要在理解中、在实践中考查掌握知识和运用知识的情况。

阅读部分的三段选文都是既有教育意义，又体现时代主题；既贴近学生的生活实际，又具有一定的知识性。三篇选文的难度和长度也符合考试命题的需要。从阅读能力考查的实际效果来看，既考查了阅读的基本能力，又考查了联系实际、综合运用的能力，尤其是加大了对学生思维水平的考查力度。题目在稳定的前提下又有了一些新的变化，这些变化对今后的现代文阅读命题一定会有很好的启发作用。

试卷第六大题为作文题(第 21 题)。作文的题目是“______并没有结束”，这是一道半命题作文。题目设置，首先考虑的是要贴近学生的生活实际，同时要有一定的写作价值。学生面对即将结束的初中生活，应当思考什么不会结束；况且在日常生活中，看似结束的事情后面总会有一些没有结束的东西。这就要求学生从“已经结束的是什么”和“并没有结束的又是什么”的思考中去确立作文的立意，去构思、选材和表达。这种含有一定思考价值的题目提升了作文题的品质，是对《课标》提出的作文要“力求表达自己对自然、社会、人生的独特感受和真切体验”的最好实践。

从整体上看，2009 年语文中考试卷符合《课标》提出的学科基本理念和目标要求，比较全面地考查了识记、积累、理解、概括、分析、综合、表达等多方面的语文能力，为北京市中考语文课标试卷的最终定型完成了相应的准备工作。这份试卷应当是一份经得起各种检验的有效试卷。

（执笔人：刘宇新，2009 年 9 月）

义务教育课程改革背景下的北京市语文学科中考改革发展研究

本课题组

第一部分　语文学科六年统一命题回顾

北京市中考从 2003 年起恢复全市统一命题。在过去的六年里，每一次语文学科中考试题的命题工作都是在既明确又科学的思想指导下完成的。而且，随着对中考试题改革认识的不断加深，试卷命制的指导思想也呈现了一条清晰的发展脉络。总结六年中考命题思想的形成和发展过程，对于完善中考命题工作，推进课程改革都有十分重要的意义。

一、确立中考语文命题指导思想的基本原则

北京市中考恢复全市统一命题，与初中《全日制义务教育语文课程标准（实验稿）》（以下简称《课标》）的颁布是基本同步的。这就决定了北京市中考命题指导思想的确立必须以《课标》为依据。在此基础上明确确立命题指导思想的基本原则。

1. 必须坚持初中语文课程改革的基本方向

初中语文课程改革的基本方向，就是有利于全面提高学生的语文基本素养。“语文素养”是一个集合概念，就不同层次来说，有着不同的内涵。但就初中学生而言，应当具备的“语文基本素养”主要是指：应当具备为日常生活所必需的语言文字水平；应当了解中外经典文化中常识性的知识；应当具有欣赏普及性作品的初级审美水平；应当兼有一般形象思维、简单逻辑思维的能力；应当能够借助语文丰富个人生活，涵养内心性情。中考命题要与初中语文课程改革的基本方向保持一致，就必须以考查学生的语文基本素养为基准点，对于学生应知必会的内容不但要考查，而且应当占到一定的比例。

2. 必须为学生奠定自身可持续发展的基础

语文学科提供的可持续发展，既包括学生身心修养和道德素养能够得到

不断提升，也包括学生其他学科学业水平能够得到不断进步。为此，语文学科为学生自身提供的可持续发展的内容，就应当是培养学生热爱语文、实践语文的浓厚兴趣，训练学生具备扎实的、实用的语文基本功，引导学生从不同领域、不同需要认识语文。为此，要用积极健康的思想去指导学生正确解读语文，要在语文的解读中影响学生的人生观和价值观，要让学生在语文学习过程中自觉吸收有益营养，要为学生的成长奠定良好的个性和人格基础。中考命题应当关注学生学业的可持续发展，这样才有可能在试卷中考出学生潜在的语文发展能力。

3. 必须明确初中语文教学目标的基本定位

初中语文教学的基本目标，包括培养学生具备合格公民应有的情感价值观，例如，爱国主义感情、社会主义道德品质、积极的人生态度，等等；包括培养学生具有初步的文化品位和审美情趣，例如，了解中华文化、尊重多样文化、关心文化生活、感受文化作品，等等；包括坚持在发展语言能力的同时发展学生的思维能力，例如，想象力、逻辑思辨力、创造力，等等；包括培养学生掌握汉语言基本知识并形成能力，例如，认识一定数量的汉字、掌握基本的语言使用规律、正确工整地书写汉字，等等；包括培养学生的阅读达到适应社会生活的水平，即能一般性理解、有独特的感受、会简单地运用，等等；包括培养学生的写作达到适应社会交流的水平，即能够具体明确、文从字顺地表述自己的意思，能够根据日常生活需要，运用常见的表达方式，等等。中考命题只有遵循初中语文教学的基本目标，才能对教学具有积极的导向作用。

正是本着上述原则，北京市的中考命题才有了一个明确的定位和清晰的发展轨迹。

二、中考语文命题指导思想的发展轨迹

1. 起步阶段，力求平稳，着眼未来

2003 年北京市中考语文试卷的命制处于起步阶段，命制的中考试卷还属于“《大纲》试卷”。虽然当时北京尚未完全进入义务教育课程改革试验，但由于《课标》已经颁布，所以，试卷就应当体现《课标》的基本理念。

2003 年是由各区县命题转向全市统一命题的第一年。所以，命题工作的出发点是平稳过渡。2003 年北京市爆发“非典”疫情，这样，试卷命制又不得不考虑“非典”带来的不利影响。基于此，当年提出的中考命题指导思想是：题高一筹，平稳过渡，着眼明年，打好基础。这一指导思想具体体现在以下三个方面。

第一，以《教学大纲》和《考试说明》为依据，求同存异，平稳过渡。各区县三年自主命题，各种版本教材同时使用，造成的结果是考试内容和考试要求的不一致。当年的《考试说明》，充分考虑到各区县三年自主命题和教材使用等诸多情况，最大限度地汲取区县命题改革的积极部分，最大限度地保留各套教材的共同内容，最大限度地保证与区县自主命题考试试卷的一致性。但是，又必须考虑到恢复全市统一命题以后，一定要有统一的要求，这样才能为2004年乃至以后全市统一考试打下一个良好的基础。

第二，以新的教学理念为指导，体现初中语文教学改革的发展方向。2001年在全国部分省市开始使用新的《课标》，拉开了新一轮义务教育课程改革的序幕。新课程理念要求：语文教学要全面提高学生的语文素养；要提升学生的思想品质、道德修养和审美情感；要重视熏陶、感悟和积累；要让学生在语文学习实践中形成终身受用的语文能力；要提倡自主、合作、探究的学习方式；要拓宽语文学习和运用的领域。这些新的课程理念应该适当地在试卷中得到体现。在2003年的试卷中，对学生灵活掌握知识和语文积累的考查，对学生联系实际运用语文能力的考查，对学生阅读中个人体验和感受的考查，都是对《课标》新课程理念的具体体现。

第三，以初中语文教学现状为依据，发挥中考对语文教学的积极导向作用。在课程改革大背景下的课堂教学开始发生一些变化。例如，不再过分强调系统的语文知识，而是要求学生在语言文字的实际运用中掌握相关的语文知识。这就要求中考命题不但要适应这种变化，而且要通过所命制的试题引导教师在自己的教学中自觉贯彻新《课标》提出的教学要求。

以下是体现2003年北京市中考语文指导思想的典型试题。

解释“人声鼎沸”中“鼎”字的含义。

分析：试题将“鼎”字放在“于是大家放开喉咙读一阵书”这个句子中来考查。这里“鼎”的含义是指“古代的一种锅”。“鼎沸”是指“锅开”，“人声鼎沸”是说人声(很大)像锅开了一样。“沸”是指“水开”，而“水”当然要开在“锅”里，所以“鼎”应解释为“锅”。在具体语句中考查对字义的理解，体现了在具体运用中掌握语言的新课程要求。

第二段文字，用________同近几十年来，海洋局部环境急剧恶化甚至发生严重污染灾害进行比较，以此说明海洋污染的严峻现实。(《海洋污染》)

分析：试题不考查“做比较”的说明方法，而是考查学生是否会联系上下文，找出做比较的内容。这就把说明方法的“死”知识，变成了阅读的“活”能力。这是对《课标》理念的一种体现。

第2—4段是怎样通过举例来证明中心论点的。(《毛估比不估好》)

分析："举例论证"这种论证方法学生是知道的。但是在文章中为什么要用"举例论证"，学生却不一定知道。选文运用"举例论证"，是为了从"教训"和"经验"两个方面来论证进行科学研究要学会"毛估"的观点。如果学生只知道"举例论证"方法，而不会从文章整体内容出发，理解运用这种方法的实际作用，那么，阅读仍未达到目的。从这个意义上说，这道试题对于引导教师转变为教知识而教知识的现象具有积极的作用。

请你写写阅读这篇文章的心得。(可以针对文章的内容、语言、写法进行评论也可以写自己的感受或联想。)(《月是故乡明》)

分析：这道试题是要求学生写一段150字的阅读感受。《课标》要求阅读要有自己的感受，试题要适当增加一点开放性。这道试题就是在做这种尝试。这道试题是以向文本内开放为主，注重学生的阅读体验，为后来开放性试题的发展奠定了基础。

2. 发展阶段，适应课改，追求创新

2004—2006年，北京市中考除部分区县使用课标试卷，大部分区县仍使用全市统一的《大纲》试卷。在这个阶段，《大纲》试卷开始依据课改推进的需要，提前探索如何在试卷中全面体现《课标》的精神。为了使探索更为有效，这三年的中考命题指导思想重在突出课程改革的要求。例如，2005年提出的中考命题指导思想是：在规范中求变化，在继承中求创新，在稳定中求发展。这就是说，2005年的中考语文试题要力求有变化，有创新，有发展。这种变化、创新和发展主要是在四个方面：第一，更注重考查学生基本的语文能力，尤其是关系到学生语文基本素养和长期发展的语文能力；第二，更注重考查学生的语文感悟，尤其是学生在阅读过程中的内心体验和独特感受；第三，更注重解题思路的条理性和规范性，尤其是试题答案的准确性和合理性；第四，更注重试卷的整体效果，尤其是试题的选材和题目的配置，力求内容照应，风格统一。

以下是体现2005年北京市中考语文指导思想的典型试题。

对下列病句的修改，正确的一项是(　　)。

分析：以往考查病句，大多是让学生判断句子是否有语病。这次是考"修改病句"。"修改"不是让学生从语法的角度指出错误原因，也没有要求学生做出修改，而是给出病句修改的式样，让学生做出判断。这道试题，把过去单一的考"病句"，变为以语感为基础的句子使用正误的判断，这就凸显了《课标》在语用中学语法的要求。

结合第③段，说说"叠山理水手法"在圆明园的园林建造中是如何体现的。(《万园之园——圆明园》)

分析：这道题的解题思路是：先找到相应的段落，然后在文段中找出说明圆明园园林建造的相关文字，再按照文中所说的“叠山理水手法”的定义，去发现明圆明园“园林建造”的哪些地方具有“叠山理水”的特点。这道试题是把词句的理解放在段落之中，考查学生在整体把握段意的基础上概括性地理解词句的能力。这既是考查理解词义，更是考查概括和提炼能力，而这种能力属于直接关系到学生语文水平发展的潜在能力。

“惜时，时间会给予意想不到的馈赠”是第④段的一个结论，结合第④段说出这个结论得出的过程。(《新年话惜时》)

分析：这道试题考查学生把握文章思路的能力。考的是论证过程，其实就是文章的层次。这道试题的创新点在于把议论文特有的“论证”与所有文章皆有的“层次”结合在一起。

到了 2006 年，北京市中考语文命题提出的指导思想是：在以往的基础上再向前迈进一步，为 2007 年全市第一次统一的课标考试做好准备。这一指导思想具体落实在四个方面。第一，适当加强试题的综合性；第二，适当加强试题的实践性；第三，适当加强试题的开放性；第四，适当加大对学生思维水平的考查。

以下是体现 2006 年北京市中考语文指导思想的典型试题。

下面文字介绍的是北京奥运会主场馆的设计。用一个词语评价这一设计，最恰当的是(　　)。

北京 2008 年奥运会主场馆“鸟巢”的造型，是中国筑巢引凤、对外开放形象的象征，场馆灰色的钢结构框架与红色的碗状看台吻合了灰墙红门的老北京胡同特色。

A. 惟妙惟肖　　B. 巧妙绝伦　　C. 妙手偶得　　D. 异想天开

分析：这道试题把词语理解和语段阅读结合在一起，而词语又含有近义词的辨析。这种带有综合性的试题，考查的是学生的综合能力。是从综合的角度考查词语的一次尝试。

根据下面文字的内容和表达的需要，在横线处补全标题，最恰当的是(　　)。

万里长江横巨坝＿＿＿＿＿＿＿＿

2006 年 5 月 20 日 14 时，随着最后一方混凝土入仓，三峡大坝浇筑到顶。毛泽东主席“更立西江石壁，截断巫山云雨，高峡出平湖”的伟大畅想变为现实。大坝建成后，防洪标准可以从 10 年一遇提高到百年一遇，千年一遇的洪水可以得到有效控制，发电和航运等综合效益也将得到全面发挥。

A. 锦绣大地笑颜开　　　　B. 银龙卧波美如画

C. 万吨巨轮通四海　　　　　D. 千秋伟业耀神州

分析：这道试题把阅读理解、新闻知识、对偶知识综合在一起。学生要在理解内容的基础上，根据新闻标题的要求，按照对偶的格式完成试题作答。试题既考查了学生多方面的知识和能力，又突出了综合性和实践性。

本文介绍了中华武术太极拳，其中对你启发最大的是什么？请说明理由。(《中华瑰宝——太极拳》)

分析：这道试题的突出特点在于开放性。试题不但允许，而且引导学生形成多种答案。学生可以从文本对太极拳发展的任何一个阶段的说明中去获得启发。这种源于文本，又回归文本的开放性试题，预示了这类试题命制的发展趋势。

阅读第⑤段和第⑥段，回答为什么"容人之短"和"容人之过"是做到宽容的关键。(《宽容与和谐》)

分析：把对文意的理解作为议论文的考查内容，是对以知识为内容的议论文考查的一种突破。通过勾连文意，形成解释，改变了以往阅读命题过于重视学生对文本的理解，而忽视学生自我感受的现象。

作文：劳动________

劳动，是人类创造物质或精神财富的活动。劳动伴随着人们的每一天，每一月，每一年。劳动带给人们的有许多许多……

请结合自己的经历或感受，写一篇文章。

分析：这道作文题体现了作文的开放性。这种开放是选材上的开放，是文体上的开放，是认识上的开放，更是构思上的开放。

3. 成熟阶段，完成探索，试题定型

2007年中考语文试卷是北京市第一张全市统一使用(除燕山外)的课标试卷。这次命题提出的指导思想是：有效检验第一轮课程改革的实际结果，引领全市初中语文课程改革在健康的道路上发展。2007年课标试卷的命题指导思想主要体现在以下四个方面。

第一，试题从选材到命制，要具有一定的文化含量，对学生具有积极的思想教育意义和文化熏陶作用。

第二，在考试内容和试题形式两个方面都要体现《课标》的要求，既要保持语文测试中一些基本的内容和形式，也要有所创新，增加符合《课标》要求、体现《课标》理念的新的内容和新的题型。

第三，坚持全面考查学生初中三年语文学习的实际效果，重点考查学生的语文基本素养，力求从知识和能力、过程和方法、情感态度和价值观三个纬度考查学生初中三年语文学习的状况。

第四，试题要有利于教师明确语文课程改革的方向；要有利于保证学生语文素养的整体提升；要有利于推动课程改革顺利健康地向前发展。

2007 年北京市的《课标》试卷是一份走向“成熟”的试卷，这是因为一些体现课改理念的试题在前面几年已经取得了预想的结果。2007 年的中考命题应当是将这些试题进一步完善。

以下是体现 2007 年北京市中考语文指导思想的典型试题。

根据解说，在横线处选填汉字不正确的一项是(　　)。

A. 云______

霄，“雨”(雨字头)，与雨或雪有关；宵，“宀”(宝盖)，与房屋有关。横线处应填写“霄”。

B. ______藏

贮，“贝”(贝字旁)，与财物有关；伫，“亻”(单人旁)，与人有关。横线处应填写“贮”。

C. ______山涉水

跋，“足”(足字旁)，与脚有关；拔，“扌”(提手旁)，与手有关。横线处应填写“跋”。

D. 张灯______彩

节，“艹”(草字头)，与植物有关；结，“纟”(绞丝旁)，与丝有关。横线处应填写“节”。

分析：汉字是汉语言文化的载体，汉字也是汉语言文化的重要组成部分。把对汉字的考查与汉字文化结合在一起，不仅实现了《课标》提出的注重“人文”教育的理念，而且还引导学生从汉字特有的文化角度、从汉字的识字规律上去把握汉字。“人文性”与“工具性”的结合，是这道试题的亮点所在。

《水浒传》是一部杰出的英雄传奇小说。它成功地塑造了宋江______、______等 108 位梁山好汉的形象(任意填写两个)，讲述了大闹野猪林、智取生辰纲、醉打蒋门神、______等一个个生动传神的故事(任意填写一个)。这些奇人奇事构成了一个异彩纷呈的艺术世界。

分析：文学名著的考查属于文化积累范畴，是《课标》特别要求的。文学名著的考查意在引导学生的课外阅读。这种阅读属于了解性的阅读、普及性的阅读，是以不增加学生课业负担为前提。题目本身也是在凸显文化积累。题目改变以往简单判断、填空或选择的形式，而是以叙述的形式，围绕整部作品组织一个语段，呈现了考查的内容。试题考的是“积累”，本身也在帮助学生完成积累。

根据下面要求，请你为主持人设计一段开场白。

要求：(1)开场白中要有“阳光体育”和“民族素质”这两个词语。(2)开场白中要有与“奥运”相关的内容，如五环旗帜、奥运口号、奥运健儿、奥运吉祥物等(涉及一项内容即可)。

分析：“开场白”有词语要求，但不同于造句，因为有语境限制；有内容要求，但没有限制过死，学生可以选择。题目考查的是语言表达，但却综合了阅读理解、词语使用、材料选择。

第一小组的同学收集了以下两则材料，准备在发言中用这两则材料引导全班同学认识开展阳光体育运动的迫切性。请你帮助他们从下面两则材料中各提取一条信息，让他们的发言具有针对性。

分析：从一个图表和一段文字中提取信息，是一次尝试。两个材料的内容不一样，类型也不一样，要考出学生从不同材料中提取信息的能力，关键在于要给出提取信息的指向：“引导全班同学认识开展阳光体育运动的迫切性”。这道题综合考查了文字和图表的阅读能力，根据要求从不同材料中筛选信息的能力，以及语言的表达能力。试题解决了不同类型材料、不同语文能力的有机综合。

为了更好地落实《通知》中“每天锻炼一小时”和“掌握至少两项日常锻炼的体育技能”的要求，第二小组的同学制订了一份体育锻炼计划。下面是这个计划的要点，请你找出其中有三项内容不符合《通知》中提出的这两项要求，请找出来，并将序号填在下面横线上。

分析：这道题把阅读理解和信息筛选综合在一起。

阅读第①—⑭段，请你用词语概括女教师在给“我”办理休学证书过程中的心理变化。

分析：这道题是一次改变对文章整体感知考查的尝试。以往整体感知是以概括文章段落层次为主。这道题考查的是整体感知，但却从人物的心理变化入手，而人物的心理变化又不完全写在纸面上，有的需要通过人物的言行去判断。最终还要用词语表示出来，而这些又并非都在文中可以找到。这道题考查的是整体感知，但却把简单的判断推理和词语积累都包含在内了。可以说是通过对“整体感知”能力的考查，实现对学生阅读能力的综合考查。

下面两则链接材料提供的信息可以分别解决第②段所反映的哪两个问题。(《水资源危机》)

材料一

目前，中国广大农村正在积极推广“地膜覆盖”、“滴灌”、“喷灌”等农业节水技术。采用这些技术，可以提高农业灌溉用水利用率。

材料二

我国政府已将“南水北调”工程列入国家重点建设项目。竣工后的“南水北调”中线工程，可为京津及河南、河北沿线的城市生活和工农业生产每年供水约 100 亿立方米。

分析：这道试题是北京市课标试卷第一次出现的材料链接题。设题的目的是想通过链接的材料，考查学生是否准确理解文本说明的内容。而所谓“说明的内容”，不是简单的原文复述，而是对原文内容的提炼。考查的是学生是否真的读懂了文本。这种材料链接，相当于提供的一条辅助线，让学生对文本做更深入的解读，在考查知识和能力的同时，也关注到“过程和方法”。

比较第③段中画线句子的内容，你得出的结论是什么？

全球已经有 1/4 人口面临着一场为得到足够的饮用水、灌溉用水和工业用水而展开的争斗。这场因为水资源而展开的争斗不仅发生在国家与国家之间，也发生在地区与地区之间，甚至村庄与村庄之间。预计到 2025 年全世界将有 2/3 人口因严重缺水而面临动荡不安的局面。

分析：这道试题的命制思路是：以相关知识为依据，以文本理解为目的，以能力考查为重点。文中的画线语句使用的是“列数字”的说明方法，这是考查的依据；比较两个句子，是借助两组数据考查对文意的理解；问“得出的结论”，是考查学生的判断能力。这道试题，即完成了一种新题型的创设，又达到了深入考查学生阅读能力的目的。

2008 年北京市的语文《课标》试卷是一份标志“成熟”的试卷，因为这份试卷是一份体现课改理念并且取得预期效果的试卷。2008 年的中考命题之所以是成功的，就在于试卷初步完成了一些试题的定型任务。为了完成试题的“定型”，命题组提出要注意解决好四个问题：第一，要能够全面体现、落实《课标》精神；第二，要能够反映北京对课程改革和课标命题的独到理解；第三，要能够在不断探索的过程中保持相对的稳定；第四，要对初中语文教学具有积极的导向作用。据此，2008 年提出的命题指导思想是：积极落实《课标》精神，在原有课标试题的基础上继续完善体现新的课程理念、推进课堂教学改革的命题思想和命题方式，在探索的过程中逐步稳定对《课标》试题的一些基本认识和基本的命题范式。这一命题思想主要体现在以下四个方面。

第一，体现“素质教育”要求。2008 年中考《考试说明》在确定中考性质时，取消了“选拔考试”的字样，突出了中考作为“衡量学生是否达到课程标准所规定的学习水平”的要求。这即是说中考应当以对学生“学业水平”的检测作为主要目的。为此，试题在两方面做出尝试：一是要让所有完成义务教育初中阶段学业的学生，在作答这张试卷时都能够获得应有的成就感；二是要让每一个学生通过考试能够明确继续提高自身语文素养的努力方向。

第二，试题要体现探索与稳定并重。义务教育课程改革已经进行了两轮，但要继续推进课程改革，还必须加大探索力度，尤其是考试改革方面的探索。这种探索包括两层含义：一是指命题思路的探索，二是指命题内容及题目形式的探索。这种探索需要不断地进行下去。在探索的同时又需要稳定，倘若总在变化，教师的教学就会不知所措，而且也不利于考试改革。为此，要在探索中不断完善命题思路，形成相对固定的认识，乃至使一些试题在经过考试检验后逐步定型。

第三，试题要凸显对学生语文素养的考查。即在经过三年学习之后，学生应知应会的内容和应具备的语文能力应当作为考查的重点。

例如，语文基础与积累的考查，语文实践能力的考查，探究和创新能力的考查。特别是综合运用所学知识分析和解决实际问题能力的考查要适当加大力度，因为这最能反映学生的语文素养。

第四，试题要有首都意识，要具有首都水平。这是说在命题的过程中，要尽量反映北京推进义务教育课程改革的实际成效，要尽量呈现北京对中考课标试题的研究成果，要尽量集合各地课标试题的闪光点并形成高出一筹的明显优势。

以下是体现2008年北京市中考语文指导思想的典型试题。

对下列句子中加点成语使用的错误，分析不正确的一项是(　　)。

A. 王老师不辞辛苦，三顾茅庐去看望生病在家的李晓明同学。

三顾茅庐：这个成语讲的是刘备三次到草庐中邀请诸葛亮出山的故事。后用于表示诚心诚意的邀请或拜访。

分析：王老师“看望生病在家的李晓明同学”是去关心他，没有“邀请”、“拜访”的意思，所以使用有误。

B. 在少年队的比赛中，用青年队队员参赛，简直是拔苗助长。

拔苗助长：这个成语讲的是宋人用拔苗的方法让禾苗长得更快，结果禾苗都死了的故事。后比喻不顾发展规律，强求速成，结果反将事物弄糟。

分析：“用青年队队员参赛”这是违反规定的行为，谈不上“不顾发展规律”，所以使用有误。

C. 对这件珍藏多年的文物，博物馆要采取亡羊补牢的措施，避免造成损失。

亡羊补牢：这个成语讲的是从前一个人丢了羊以后，及时修补羊圈，从此羊不再丢失的故事。比喻出了差错，设法补救，免得再受损失。

分析：“珍藏多年的文物”应该并未丢失，不存在“出了差错”，也就不存在“设法补救”的问题，所以使用有误。

D. 一味地照搬他人经验，发展本地区经济，无异于守株待兔。

守株待兔：这个成语讲的是农夫因偶然捡到触树桩而死的兔子，便守在此处，以期再有所获的故事。后比喻不主动地努力，存侥幸心理，希望得到意外收获。

分析：“一味地照搬他人经验”属于靠突发奇想而得到“意外的收获”，含有“侥幸心理”，所以使用有误。

分析：考查对成语的解释是否正确，而且是结合成语典故做判断，这是第一次。这道题集成语文化、成语使用、正误分析于一体，目的在于解成语明其道，用成语明其理。从文化的角度考查基础知识，这应当成为今后基础知识考查的一种趋势。

结合语境，填入横线处最恰当的一项是(　　)。

北京奥运会的圣火跨越了千山万水，传遍了五洲四海。无论哪个民族、哪种文化、哪种信仰的人们，都会从奥运圣火的传递中，感受到它彰显的进取精神，领悟到它承载的友谊信息，体会到它倡导的和平宗旨。“圣火”的传递，＿＿＿＿＿＿＿＿。

A. 让世界各地了解北京奥运，把世界人民汇聚到五环旗下

B. 表现了北京奥运会的特色，把世界人民汇聚到五环旗下

C. 让世界各地了解北京奥运，弘扬了和平与友谊的奥运理念

D. 表现了北京奥运会的特色，弘扬了和平与友谊的奥运理念

分析：这道试题结合语段考语句衔接，把阅读理解、概括归纳、句子使用综合在一起，这改变了以往就句子考句子的现象，真正做到把句子放在“使用”的层面上去考查。这种句子的考查形式是不多见的，也可以说是北京试卷的一个创新。

第④段对“路上”景象的描写生动形象，富有情趣，试举一例进行分析。(《乡间的庙会》)

分析：这道试题变换角度考查学生对文中词句的欣赏，是一次有益的尝试。以往考查学生对于词句的欣赏，大多是问“有什么效果”，学生的回答一定是“形象生动”；这次是把“形象生动”摆出来了，让学生举例来说明。这就要看学生是否能从文章的字里行间欣赏出“形象生动”来。试题考查的不是欣赏的结果，而是欣赏的过程。这与《课标》提倡的要重视“过程和方法”是一致的，这样的命题思路体现了北京对《课标》、对考试的独到理解。

阅读下面介绍“宁寿宫”的材料，借助文章中的相关知识，说出“宁寿宫”中哪一个建筑属于“小品建筑”，为什么？(《小品建筑》)

【链接材料】

北京紫禁城内的宁寿宫，是清代乾隆皇帝准备退位后当太上皇时居住和使用的。这是一组有相当规模的宫殿建筑群。这些建筑的布置很注意显示皇家气魄。主建筑宁寿宫建于单层石台基之上，与皇极殿相接。宁寿宫建筑群的入口是面向南的皇极门，皇极门气宇轩昂。皇极门的南面，立着一座很长的影壁，影壁上有九条用琉璃烧制的巨龙，这就是有名的“九龙壁”。

分析：用从说明文中获得的知识去解决实际问题，这是对说明文“链接类试题”的一种发展。这样命题是有道理的。一般来说，说明文主要是让读者获取知识，在获取知识后又能运用于实际，解决一些现实生活中的具体问题，做到学以致用。这正是《课标》倡导的“语文实践”的一种体现。利用连接材料考查“形成解释”和“迁移运用”能力，是北京对这类试题功能的独到发现。

阅读第②段，根据上下文，从括号内选择恰当的词语分别填入文中【甲】【乙】【丙】处。（议论文）

【甲】处应填（从容　敏锐）

【乙】处应填（大方　大度）

【丙】处应填（骨气　气势）

分析：这道试题既考查对文意的把握，又考查对词义的理解；既要求在理解文意的基础上，概括出人物的性格特点，又要求能从具有相同语素的词语中筛选出可以用于表示“性格”的词语。阅读考查从某种意义上说，已不再仅仅局限于文本的内容，而是需要学生整合已有的知识积累和生活经验，需要学生达到一定程度的思维水平。这其实就是在考查学生的“语文素质”。

回顾六年来中考语文学科命题指导思想的发展，可以清晰地看到，在每一个发展阶段，命题指导思想不但与当时的课程改革进程相适应，而且为下一个阶段的发展做好了准备。可以清楚地看到，试题的变化是一步一步完成的，而且在每一个阶段都有重点地突破一两个难题。例如，开始阶段，主要的突破在于由重知识向重能力的转变；在发展阶段，主要的突破在于由重单一能力向重综合能力的转变；成熟阶段，主要的突破在于完成“综合性学习”和链接类试题的命制。每一个难题之所以得到有效的解决，与每一次命题的指导思想都有着直接的关系。可以清楚地看到，每一次命题提出的指导思想都是以对课程改革的深刻理解为基础，而这种理解的交集点就是“语文素养”，就是素质教育。

三、六年来北京市中考语文试卷命制取得的主要成果

六年来，由于命题指导思想明确，北京市中考语文试卷命制主要取得了

以下成果：

第一，初步探索出试题命制中“工具性”与“人文性”的结合途径。

第二，解决了“综合性学习”命题的认识问题和操作问题，并且看清楚了日后的发展方向。

第三，在考查学生语文综合能力方面取得积极进展。不同语文能力的综合、不同语言形式的综合、不同阅读材料的综合、不同命题形式的综合都有所尝试，并且都取得较好的结果。

第四，在考查学生语文实践能力方面取得积极进展。在语言运用中、在解决实际问题中完成对学生语文水平的考查。

第五，在考查学生创新能力方面取得积极进展。对于学生的独特感受和体验更为关注，开放性试题的命题形式更为丰富。

第六，加大了对学生思维水平的考查力度，较好地落实了“在发展语言能力的同时，发展思维能力”的课程目标。

第七，命题材料的现实色彩、文化色彩、教育色彩更加明显，“北京特色”更为突出。环境保护问题、水资源问题、奥运会、太极拳、京剧、北京胡同、故宫、圆明园、农村子女上学……都成为语文中考的命题材料。

第八，题目更科学，更严谨。即便是开放性试题，也都有标准答案，而绝对没有“意思对即可”、“言之成理即可”等模糊的作答要求。

第九，重点考查内容的突破呈现了渐进的过程。例如，字词考查的渐进过程是：相同语素在不同词语中的理解→用字词概括→用字词描述→用字词判断；句子考查的渐进过程是：关联词→判断病句修改→语句衔接；阅读考查的渐进过程是：理解文本→形成解释→解决问题。

中考试题命制取得的这些成果，即是试题改革成功的一种标志，也为今后的改革奠定了基础。

第二部分　语文学科中考试题的改革及理性思考

一、语文基础部分

1. 关于字词句的考查

中考试题中语文基础知识的考查是对学生掌握知识与运用知识的综合考查。2005 年以前，北京市中考语文试题中的基础知识考查没有过多的变化，主要以考查学生在字词句方面、语法修辞方面、文学常识的积累情况为主，试题要求学生能够读准字音、写准字形，理解字义，能够区别几种常用的修辞格，会判断语病，等等。

从2005年开始，北京市在对学生进行语文基础知识考查的时候，除了要求学生具有一定的语文基础知识储备以外，更加注重对学生理解和运用这些知识解决实际问题能力的培养，注重对语文教学的引导。下面仍以前文列举过的2007年试卷为例：

根据解说，在横线处选填汉字不正确的一项是(北京2007年课标卷)

A. 云______：霄，“雨”(雨字头)，与雨或雪有关；宵，“宀”(宝盖)，与房屋有关。横线处应填写“霄”。

B. ______藏：贮，“贝”(贝字旁)，与财物有关；伫，“亻”(单人旁)，与人有关。横线处应填写“贮”。

C. ______山涉水：跋，“足”(足字旁)，与脚有关；拔，“扌”(提手旁)，与手有关。横线处应填写“跋”。

D. 张灯______彩：节，“艹”(草字头)，与植物有关；结，“纟”(绞丝旁)，与丝有关。横线处应填写“节”。

这道试题的最大特点是，从教学实际出发，按照教师施教情况拟定题目，不再是简单地考查学生判断错别字的能力，而是通过“解说”，让学生不但做出准确判断，而且知道为什么做出这种判断。这里既是知识点的考查，也是引导学生了解文字常识，受到汉字文化的熏陶。

下面再次列举前文提过的2006年的两道试题进行说明：

下面文字介绍的是北京奥运会主场馆的设计。用一个词语评价这一设计，最恰当的是(北京市2006年大纲卷)

北京2008年奥运会主场馆“鸟巢”的造型，是中国筑巢引凤、对外开放形象的象征，场馆灰色的钢结构框架与红色的碗状看台吻合了灰墙红门的老北京胡同特色。

A. 惟妙惟肖　　B. 巧妙绝伦　　C. 妙手偶得　　D. 异想天开

根据下面文字的内容和表达的需要，在横线处补全标题，最恰当的是(北京市2006年大纲卷)

万里长江横巨坝________

2006年5月20日14时，随着最后一方混凝土入仓，三峡大坝浇筑到顶。毛泽东主席“更立西江石壁，截断巫山云雨，高峡出平湖”的伟大畅想变为现实。大坝建成后，防洪标准可以从10年一遇提高到百年一遇，千年一遇的洪水可以得到有效控制，发电和航运等综合效益也将得到全面发挥。

A. 锦绣大地笑颜开　　B. 银龙卧波美如画

C. 万吨巨轮通四海　　D. 千秋伟业耀神州

前一题着重考查学生运用词语的情况，这就与以往的单纯地考查学生对词语含义的理解不同，学生首先需要对所给的几个词语有较为明确的理解，然后才能根据自己的理解，判断出哪个词语能够准确表现“鸟巢”造型的特点。后一题则是通过对题目的补充，考查学生对语段的理解、对修辞手法的运用。这两道试题在考查学生理解和运用词语方面有异曲同工之妙，同时又暗含了对语文知识运用的考查内容。

2. 关于古代诗文积累的考查

这部分内容的考查变化不是很大，北京市中考语文除了在试卷中对学生古代诗文积累的考查外，2005 年以后在进行理解基础上的记忆方面做了变动，这样拟定试题的出发点是，引导学生学会在理解诗文内容的基础上进行记忆，符合一般的记忆原则。

例题 5：

《出师表》中表明侍卫之臣和忠志之士义无反顾为国效力的原因的两句是“____________，____________”。（北京市中考语文 2005 年试卷）

例题 6：

《岳阳楼记》中“进亦忧”指的是“____________”，“退亦忧”指的是“____________”。（北京市中考语文 2006 年试卷）

例题 7：

《钱塘湖春行》中描写早春钱塘湖鸟儿的两句是：________，________。（北京市中考语文 2008 年试卷）

本着“稳中求变”的命题原则，北京市中考语文试题中基础知识的考查内容和形式都有一些变化，这些变化所依据的就是《课标》中“在具体语言环境中运用汉字的能力”要求，通过试题呈现语文教学的实际情况，引导学生在实践中学习和运用语文基础知识。

二、“综合性学习”部分

1. “综合性学习”的基本理念和评价标准

《课标》在第四学段的总目标中提出，“学生要能主动进行探究性学习，在实践中学习、运用语文”。北京市近年来中考语文试题中“综合性学习”内容就是秉承这一宗旨，在中考试题中着重考查学生语文“综合性学习”的实际水平，着重考查学生在语文实践中，运用自己所具有的知识解决实际问题的能力。试题注意设置活动场景和考查的项目，既发挥中考的考查功能，又鼓励学生运用多种方法解决语文实践中的实际问题。

《课标》第四学段对综合性学习的要求是：

(1)能自主组织文学活动，在办刊、演出、讨论等活动过程中，体验合作与成功的喜悦。

(2)能提出学习和生活中感兴趣的问题，共同讨论，选出研究主题，制订简单的研究计划，从报刊、书籍或其他媒体中获取有关资料，讨论分析问题，独立或合作写出简单的研究报告。

(3)关心学校、本地区和国内外大事，就共同关注的热点问题，搜集资料，调查访问，互相讨论，能用文字、图表、图画、照片等展示学习成果。

(4)掌握查找资料、引用资料的基本方法，分清原始资料与间接资料的主要差别；学会注明所援引资料的出处。

2. 近年来全国各地“综合性学习”试题举隅

2004 年的“综合性学习”试题首先在南宁、贵阳等地的中考语文试题中出现，但是由于“综合性学习”题型还处在试题设计与研究的初级阶段，大家对综合性试题的认识各有不同，因此，综合性学习的试题呈现了一种内容上似乎是语文试题，仔细追究起来却又令人困惑不已的特点。

(1)“综合性学习”题与“语言的积累与运用”题、“语文常识”题还没有多大区别。

例题 1：

名著知识填空。

①《威尼斯商人》是文艺复兴时期英国杰出的戏剧家__________的著名喜剧，剧中人物______________是外国文学人物画廊中典型的“吝啬鬼”形象。

②《与朱元思书》一文，作者善于抓住山光水色的特点描山绘水，其中突出水大流急的一句是：________________________。

例题 2：

根据文段内容，选择短语填空(只填序号)，并在小方格内加上标点。

有人说，宽容是一种润滑剂，________________；宽容是一种镇定，____________；宽容是一束阳光，_______________；宽容是一座桥梁，________________。

①消融彼此间的猜疑积雪　②可以消除人与人之间的摩擦

③可将彼此间的心灵沟通　④可以使人在众多纷扰中恪守平静

从上面的两个例题可以看出，命题者对语文“综合性学习”的理解只限于对语文知识中的字词句知识，文学常识，包括标点符号的理解，还没有对“综合性”有比较深刻地认识；我们认为，从《课标》要求的角度看，这些试题还不能称之为“语文综合性试题”，因为还没有体现“综合性”特点。

(2)以活动为载体，在活动中体现语文的学习过程。

例题 3：(陕西省 2005 年中考题)

学校举办“推广普通话活动周”，同学们都积极参与这项活动。

①请你设计一条富有感染力的宣传语。本题要求明确活动的意义、宗旨、特点等。只要涉及其中一个方面即可。

②你认为在活动周中应开展哪些语文活动？请列举三项。本题要求学生的回答符合背景要求，具有语文活动的特点，能举出三项活动即可。例如：演讲、辩论会、朗诵会、故事会、对口词等。

③就学校如何推广普通话问题，请你向校长提出一条富有创意的建议。这道题只要能给学校提出符合要求的建议，且有一定的创意即可。例如：充分利用广播电视等现代化手段施以正面影响。把普通话纳入综合素质评定的内容。

④一个时期以来，广播电视上方言节目频频出现。校报记者请你结合此现象谈谈对推广普通话的看法。

2005 年，语文“综合性学习”试题在中考试题中迅速扩展开来，在相当大一部分地区的中考题中都有了综合性学习题。从 2005 年涉及的内容看，十分广泛，而在众多的省市考题中，要求学生以设计语文综合性学习的活动方案类题目相当抢眼，而且分值在不断地提升。例如：重庆市围绕开展“全校性的读书活动”的主题命题，内蒙古呼和浩特是以“认识谚语”为主题命题，江苏南京是“漫游语文世界”为主题命题，福建厦门是“好店名”为主题命题，河南实验区是以“对联文化”为主题命题——这些试题无疑是符合语文“综合性学习”的考查要求的。

2005 年的试题中还有“设计开场白”、“按照题目要求说几句话”、“根据材料进行内容概括”、“分析题目所给的语言材料”、“分析表格内容进行归纳”等，应该说，这些内容进一步丰富了语文“综合性学习”的命题范围，也具有“语文”味儿，既从学生的生活实际出发，又具有实际意义。

3. 北京市中考语文“综合性学习”试题探索

北京市中考在考查学生语文综合能力方面也开始做了些尝试。2005 年海淀区率先在试卷中出现了类似语文“综合性学习”的试题内容。

例题 4：

阅读下面的语段，从你的积累中也选择一个妙用量词的例子加以揣摩分析，将语段补充完整。

汉语中的一些量词形象生动，极富韵味。比如一“刀”纸。刚刚制成的纸，张张铺设整齐，未曾经过剪裁，未染些许墨汁，手起刀落，厚实的一摞纸坯子旋即被劈开，毛边都不飞，利落的声线犹在耳畔。还有一"眼"井。是啊，那水汪汪的井可不就是大地的明眸吗？再比如________________________________

____

这道试题既考查学生对语文知识中"量词"的知识掌握情况，又着重在运用和理解上检查学生的实际能力。

2006 年中考，北京市海淀区、(原)宣武区和延庆县三个区县明确使用课标卷进行考试(由于进入课程改革的时间不同，海淀区使用"课标 A 卷"进行考试，(原)宣武区和延庆县使用"课标 B 卷"进行考试)。2006 年课标试卷的拟定，在着力体现《课标》精神的前提下，做了一些有益的尝试，形成了北京市中考"综合性学习"试题的雏形。

例题 5：(北京市 2006 年课标 B 卷)

请从下列名著中选择一部，写出作品中的两个人物，并分别用一句话概括与该人物相关的一个故事。

《水浒传》《西游记》《朝花夕拾》《钢铁是怎样炼成的》

所选名著：________________

人物①：________________

故事：________________________________

人物②：________________

故事：________________________________

例题 6：

从下面给出的俗语中任选一个，写一段意思完整的话。(字数在 50—60 之间)

(1)失败是成功之母　(2)习惯成自然　(3)后来者居上

(4)当事者迷，旁观者清

例题 7：

仿写句子

我是清凉的小溪，总想滋润干涸的土地；我是勇敢的雄鹰，总是向往辽阔的天空；我是________________________，总________________________________。

例题 8：

温家宝总理在今年的《政府工作报告》中公布了中央财政用于"三农"的资金支出情况。下面表格反映的是部分资金的支出情况，阅读后回答问题。

项目	2005 年	2006 年	增长率
粮食直接补贴资金	116 亿元	132 亿元	13.8%
优质粮种补贴资金	28.5 亿元	38.7 亿元	35.8%
农机具购置补贴资金	0.7 亿元	3 亿元	328.6%

(1)从表格中得出的结论是：____________________。

(2)根据得出的结论，谈谈你的感受。

按照人教版试验教材的要求，四道试题分别从名著学习、俗语运用、仿写句子和阅读表格的角度对学生掌握语文知识并运用语文知识解决生活中的实际问题进行考查。从能力考查的要点看，涵盖了对学生文学名著的积累、生活中语文常识的运用、修辞和句式的模仿以及阅读表格并准确归纳信息和准确表达的能力的考查。这种题型在以往的试卷中是没有出现过的，它表明命题者在命制试题过程中，努力地使语文学习与现实生活密切地联系起来，从而达到《课标》中要求的目标。

北京市中考语文试题中首次出现“综合性学习”版块是在 2007 年。命题者依据《课标》有关“综合性学习”评价标准中的三项内容，即“能否积极地为解决问题去搜集信息和整理资料、能否根据占有的课内外材料，形成自己的假设或观点、语文知识和能力综合运用的表现”的要求，在试卷中用新的题型进行呈现。

例题 9：

2006 年 12 月 20 日，教育部、国家体育总局和团中央联合发出通知，要求从 2007 年开始，开展全国亿万学生阳光体育运动。《通知》中提出的口号是：“健康第一”“达标争优，强健体魄”“每天锻炼一小时，健康工作五十年，幸福生活一辈子”。

为落实《通知》要求，某中学初三(1)班准备召开“走进‘阳光’，迎接奥运”主题班会，请做好以下工作。

1. 根据下面要求，请你为主持人设计一段开场白。

要求：

(1)开场白中要有“阳光体育”和“民族素质”这两个词语。

(2)开场白中要有与“奥运”相关的内容，如五环旗帜、奥运口号、奥运健儿、奥运吉祥物等(涉及一项内容即可)。

同学们：

____

________________。“走进‘阳光’，迎接奥运”主题班会现在开始。

2. 第一小组的同学收集了以下两则材料，准备在发言中用这两则材料引导全班同学认识开展阳光体育运动的迫切性。请你帮助他们从下面两则材料中各提取一条信息，让他们的发言具有针对性。

材料一　视力不良率

学生分类 / 区域	初中生	高中生	大学生
全　国	58.07%	76.02%	82.68%
北京市	62.12%	77.88%	86.42%

材料二

根据有关部门2005年调查，北京市学生身高、体重、胸围等持续增长，但肺活量、速度、力量等却持续下降。中学生血压偏高的比例超过一半，学生肥胖率比5年前增长了50%。

（材料引自有关部门对学生体质状况的调查报告）

从材料一提取的信息：________________

从材料二提取的信息：________________

3. 为了更好地落实《通知》中“每天锻炼一小时”和“掌握至少两项日常锻炼的体育技能”的要求，第二小组的同学制订了一份体育锻炼计划。下面是这个计划的要点，请你找出其中有三项内容不符合《通知》中提出的这两项要求，请找出来，并将序号填在下面横线上。

第二小组阳光体育锻炼计划要点

①每周日组织半天的爬山活动，以弥补平时锻炼时间的不足。

②每天到学校或体育场所进行锻炼，要保证一个小时的时间。

③利用课余时间上网进行棋类、球类等游戏活动，但时间要限制在一个小时之内。

④每个同学要在踢毽、跳绳、跑步、跳远、打球等项目中选择至少两项进行锻炼。

⑤在教练的指导下进行严格训练，争取达到或超过学校甚至区运动会的比赛记录。

⑥利用体育课或课余的时间，向体育老师请教自己所选定的运动项目的训练要求。

答：计划中不符合《通知》要求的是：第______项、第______项、第______项。

这道试题的命题指导思想是：第一，必须体现语文学科的特点，以考查学生理解和运用语文的能力为宗旨，不能搞“泛语文化”，要引导学生运用语文知识和能力解决生活中的实际问题。第二，需要以学生的语文活动作为命题的依托，试题所展现的应该是一个相对完整的活动过程，学生应该在这个活动过程中，完成语文知识和能力的迁移和转化。第三，要紧密联系现实生活的实际，应该是学生熟悉甚至亲身经历或参与的实践活动。从试题最终呈现的结果看，这个目的达到了。

2008年，北京市中考语文试题中的“综合性学习”有了进一步的改进，除了坚持2007年的命题原则外，在选材范围和题型设计方面，命题者又进行了有益的尝试。

例题10：

2008年5月12日下午2点28分，四川省汶川地区发生里氏8级强烈地震。为支援灾区，学校团委和学生会准备在全校范围内开展一次募捐活动。请你完成下面三项任务。

1. 募捐现场的一块展板上有下面两则材料，为了向前来参加募捐活动的同学做介绍，团委书记请你概括这两则材料的主要信息。

【材料一】

震后不到1小时，中共中央总书记胡锦涛就抗震救灾做出重要指示；震后不到2小时，国务院总理温家宝飞赴灾区。随即，全国各地积极行动起来，捐款捐物，支援灾区。据国务院抗震救灾总指挥部统计：5月24日，各界捐款赠物总计为261.01亿元；5月28日，各界捐款赠物总计347.87亿元；6月2日，各界捐款赠物总计417.42亿元。

【材料二】

各界支援灾区物资统计表(累计)

时间	帐篷(万顶)	被子(万床)	衣物(万件)	燃油(万吨)	煤炭(万吨)
5月24日	44.81	241.93	330.45	33.60	72.30
5月28日	60.19	386.61	875.73	48	101
6月2日	71.29	441.12	1153.82	65	135

(数据来源于国务院抗震救灾总指挥部)

答：____

2. 募捐活动中，学校广播站小记者采访你，请你对在地震中失去校园的同龄人说几句安慰和鼓励的话。(用上“素不相识”“自强不息”两个词)(4分)

亲爱的同学：

____

3. 募捐活动结束后，学生会宣传委员准备写一份这次活动的纪实报道。下面是围绕“情系灾区”这一主题所写的报道草稿，请你将其中不必要的两个句子挑出来。(将句子的序号填入下面的横线处)

①由学校团委和学生会筹办的“情系灾区”募捐活动日前在学校礼堂举行。②学生会主席就这次募捐活动的意义进行了动员。③他号召大家行动起来，伸出双手，献出爱心，积极参加募捐活动。④在募捐活动的整个过程中，同学们自觉遵守会场纪律。⑤学校领导、班主任老师和团委、学生会的干部带头捐款。⑥接着，同学们纷纷拿出自己平日的积蓄放入捐款箱。⑦学校广播站的小记者就这次募捐活动进行了现场采访。⑧募捐活动结束后，初三年级一班的部分同学留下来打扫了会场。

不必要的句子是：第______句　第______句

2008年5月12日的四川省汶川大地震，强烈地震撼着每一个中国人的心，围绕这一素材进行命题，无疑符合语文学科工具性和人文性相统一的原则。试题所选材料是每一个中学生都亲身经历过的，三道试题分别从筛选和归纳信息、语言表达能力、文章的修改能力等角度考查学生语文知识运用的情况。与2007年中考相比，在筛选和归纳信息的能力考查上，命题者做了一些尝试，即从两个不同形式的材料中，概括出一条主要信息。这就在2007年中考的基础上又推进了一步，思维量大了，学生需要在认真审题之后准确答题。语言表达能力的考查，也做出了一定的限制：“请你对在地震中失去校园的同龄人说几句安慰和鼓励的话(用上‘素不相识’、‘自强不息’两个词)”。这道试题给学生的第一感觉是饱含情感，在潜移默化中，完成思想教育的任务。对说话对象做了限制(失去校园的同龄人)，对说话的内容做了要求(说几句安慰和鼓励的话)，对语言的运用做出了限制(用上“素不相识”、“自强不息”两个词)。命题者力图在对学生语文知识和能力进行考查的同时，达到思想教育的目的。

从北京市2007年、2008年两年的语文“综合性学习”试题来看，选材内容适宜，活动贴近学生，能力考查符合教学实际。

4. “综合性学习”试题对课堂教学的影响与促进

中考对课堂教学的影响是不可否认的，一个新的考查内容的确立，需要以学生的语文知识和能力的积累为基础，与教师的教学实际相吻合，否则就会造成语文教学的混乱，造成语文教师的茫然和不解。在广大教师对《课标》的精神实质有了较为透彻的了解和解读之后，在广大语文教师对新理念开始在课堂上探索并付诸实施之后，中考试题中出现语文“综合性学习”的内容就是水到渠成。“综合性学习”试题对课堂教学的影响主要体现在以下几个方面。

第一，在实践中学习语文、运用语文，语文教学离不开现实生活。从两年来“综合性学习”试题的选材情况看，关注生活、关注社会、关注热点问题已经成为“综合性学习”试题选材的出发点。语文课堂也随之发生了变化，教师在教学中引导学生对社会热点问题进行讨论已经成为“综合性学习”复习的重要内容。

第二，在训练学生运用语文能力解决实际问题方面，教师也积累了一些经验，对如何进行信息筛选、如何进行语言表述、如何分析表格等实际能力的培养都做了一些有益的探索。

第三，试卷给教师进一步开展语文“综合性学习”活动提供了范例。

从考试结果来看，两年的“综合性学习”试题分值均为 8 分，两年的平均分分别为 6.44 分和 6.88 分。这说明教师在指导学生进行“综合性学习”方面的复习和指导是到位的，考查的效果是比较好的。当然，由于“综合性学习”试题在选材和题型设置上还处于探索阶段，教师在引导学生复习和训练上还有些茫然。建议教师在关注社会热点问题方面、在训练学生的信息处理方面、在训练语言运用能力方面多下功夫。

三、文言文阅读的考查

总的说来，北京市 2003—2008 中考语文文言文阅读试题，考查内容符合《课标》和《中考说明》的要求，兼顾了不同版本语文教材的内容，要求明确，重点突出，稳中求进，对语文教学有良好的导向作用。

1. 阅读材料选自教材，均为《课标》的“推荐篇目”

北京市 2003—2008 年中考语文试卷中的文言文阅读材料，兼顾了不同版本语文教材的文言文篇目，均选自课内。主要包括《桃花源记》(2003 年)、《出师表》(2004 年)、《醉翁亭记》(2005 年)、《马说》(2006 年)、《桃花源记》(2007 年)、《岳阳楼记》(2008 年)。这些篇目，均为《课标》的推荐篇目，均为流传千古的经典名家名篇。以这些篇目作为中考文言文阅读的测试材料，既可以考查学生的文言文积累状况，又可以考查学生对文言文经典的理解和领悟水平。从教材内选文，也在引导教师重视教材，重视文言基础的落实和文言阅读能力的培养。

2. 文言文阅读的重点是考查学生对词、句子、基本内容的理解和掌握

2003—2008 年北京市中考语文文言文阅读的考查重点是学生对词、句子、基本内容的理解和掌握。这与《课标》“阅读浅易文言文，能借助注释和工具书理解基本内容”的要求是一致的。在考查方式上，主要通过学生对文言词语的解释、文言句子的翻译和文言文基本内容的回答，来了解他们对文言文的理解程度。尤其值得一提的是，北京市的中考语文试卷非常注重结合具体语言环境考查学生对重点词语、句子的理解，题目设计不纠缠于概念术语的解说，也不纠缠于文言文词法、语法的识记，对教学有良好的导向作用。

3. 注重从整体阅读的角度考查学生对文言文阅读材料的分析、综合能力

所谓“整体阅读”，是指阅读时着眼于选文的整体，注重理清内部的相互关系，从宏观上居高临下地驾驭文本，理解文本内容，领会文本主旨、内涵等。例如：

①结合《出师表》全文，说说诸葛亮为什么要在出师之前竭力规劝刘禅任用贤能。

（北京市 2004 年中考试题）

②用自己的话说出醉翁亭在滁州的详细地理位置。

（北京市 2005 年中考试题）

③从文中看，造成千里马被埋没和被摧残的原因有哪些？

（北京市 2006 年中考试题）

④登楼者面对洞庭湖的不同景色或“感极而悲”，或“其喜洋洋”，这样的情怀分别源自他们怎样的人生经历或思考？（用原文回答）

（北京市 2008 年中考试题）

以上 4 题，有全篇的整体把握，有段与段之间的整体照应，有整段的内容概括，也有对关键语句的整体理解，试题设计都注重了“整体阅读”，要求学生在整体把握全文的基础上，提取信息、归纳概括、分析综合，进而把握文章的内容、主旨和写作意图。

4. 测试内容及题型总体保持稳定，难度适中，有较好的区分度

2003—2008 年北京市中考语文文言文阅读试题，重点考查了学生调动自己的文言文知识积累理解文言实词和虚词在句子中的意义，理解文言文句子在文段中的意思，理解、分析文言文阅读材料的主要内容和思想意义。测试内容总体保持了稳定。

表 1　2003—2008 年北京市中考语文文言文阅读难度及区分度一览表

年份	2004 年	2005 年	2006 年	2007 年	2008 年
难度	0.62	0.68	0.75	0.81	0.77
区分度	/	0.46	0.42	0.37	0.47

从上表看，近六年来中考文言文阅读的难度适中，有较好的区分度，体现了选拔，兼顾了水平。

四、现代文阅读部分

(一)记叙文阅读

记叙文阅读测试历来都是中考语文试卷中的重要板块之一，是广大师生、研究人员高度关注的内容。这不仅因为，中学语文教学中现代文阅读教学尤其是记叙文阅读教学占有相当的比重，还因为这部分测试题料的选用、题目的设置最集中体现着语文试卷的文化价值取向。从近几年这一部分的文本选择看，选文内容思想性很强，注重丰富的人文内涵，侧重对学生进行思想品德教育，培养学生高尚的道德情操和健康的审美情趣从而形成正确的价值观和积极正确的人生态度，作品还往往具有较强的艺术性，具有审美情趣，文笔优美，语言富有文采且风格别致，既能使学生在阅读中得到思想上的收益，又能让学生受到美的熏陶。选文的作者均为当代著名作家，选文具有强烈的时代感。如 2005 年的《老北京的小胡同》(萧乾)传达了"旧城改造中历史风貌保护"的时代呼声；又如 2006 年的《西皮流水》(高洪波)形象地表现了北京人的京剧情结；2007 年的《晶莹的泪珠》(陈忠实)和 2008 年的《乡间的庙会》(林莽)，也都紧扣时代脉搏，或讴歌纯美心灵，或关注民生、关注农民。总之，北京中考语文记叙文的选文，较好地体现了语文学习与社会生活紧密结合的特点，体现了《课标》的要求，对当前语文教学起到了一定的导向作用。

记叙文阅读测试的赋分，约占中考语文试卷总分的 10%，占现代文阅读测试(记叙、说明、议论)总分的 40%以上。

表 2　2005—2008 年北京市中考语文现代文阅读分值及比例表

文体 / 年份	记叙文分值	说明文分值	议论文分值	现代文测试总分	记叙文所占比例
2005 年	15 分	7 分	10 分	32 分	46.88%
2006 年	14 分	8 分	10 分	32 分	43.75%

（续）

年份＼文体	记叙文分值	说明文分值	议论文分值	现代文测试总分	记叙文所占比例
2007 年	12 分	8 分	7 分	27 分	44.44%
2008 年	11 分	9 分	7 分	27 分	40.74%

由以上统计可以看出，记叙文阅读测试在现代文阅读测试中的比例稳定在40%至50%之间，这与初中阶段阅读教学的实际基本相符。初中阶段记叙类文章的阅读教学课时几乎为阅读教学的60%强，记叙文赋分权重体现了试卷对记叙文阅读教学的重视。

从试题难度看，记叙文阅读试题的难度不仅为语文试卷中各板块难度之最高，也是现代文三种文体阅读试题中难度较高者。

表 3　2007 年、2008 年北京市中考语文现代文难度值表

年份＼文体	记叙文	议论文	说明文
2007 年	0.61	0.68	0.66
2008 年	0.68	0.58	0.77

从选拔考试的角度看，记叙文阅读试题的难度设置有利于对不同能力层级学生的有效区分；从考虑教学效果的角度看，这一难度在一定意义上反映了记叙文阅读教学指导尚需进一步加强；从调动学生学习积极性的角度看，适当降低记叙文阅读试题的整体难度，在一定意义上有利于增强学生自信，有利于调动教师落实教学指导的积极性。

记叙文阅读试题紧扣《课标》理念，突出“能力立意”的命题宗旨，突出对语文基本能力的考查。

表 4　2005—2008 年北京市中考语文记叙文考查能力一览表

近四年记叙文阅读试题	考查的主要内容	《课标》的相关表述
2005 年第 16 题：从作者对胡同"交响乐"的描述中，你体会老北京的小胡同生活有哪些特点？	对文章主要内容的理解与概括的能力。	"在通读课文的基础上，理清思路，理解主要内容。"
2006 年第 15 题：从全文看，作者成为一个能"常常吼上几嗓子"的戏迷有一个过程，这个过程是：		
2007 年第 14 题：阅读第①—⑭段，请你用词语概括女教师在给"我"办理休学证书过程中的心理变化。		
2008 年第 13 题：本文写的是乡间庙会，简要说出全文围绕"庙会"行文的思路。（每空须有"庙会"二字）		
2005 年第 18 题：结合上下文，品味第⑨段中"大摇大摆"一词，说说这个词都写出了什么。	对重要词句的理解或对精彩语言的鉴赏评价。	"体味和推敲重要词句在语言环境中的意义和作用。" "对作品中感人的情境和形象，能说出自己的体验；品味作品中富于表现力的语言。" "了解常用的修辞方法，体会它们在课文中的表达效果"。
2006 年第 16 题：结合上下文，说说第⑤段中加点的"冒"字都写出了什么。		
2007 年第 15 题：结合第⑳—㉔段内容，体会作者写父亲在弥留之际对"我"所说的话有什么作用？		
2008 年第 14 题：第④段对"路上"景象的描写生动形象，富有情趣，试举一例进行分析。		

（续）

近四年记叙文阅读试题	考查的主要内容	《课标》的相关表述
2005 年第 19 题：这篇文章寄寓了作者丰富的思想感情，就你感触最深的一点，结合文章谈谈你的理解。（字数在 100 字以内）	领悟作品内涵，从中获得对自然、社会、人生的有益启示。	“欣赏文学作品，能有自己的情感体验，初步领悟作品的内涵，从中获得对自然、社会、人生的有益启示。对作品的思想感情倾向，能联系文化背景作出自己的评价。”
2006 年第 18 题：结合文章，围绕“京剧”谈谈你的认识。（限 100 字以内）		
2007 年第 16 题：阅读文章，说出“40 年前”和“今天”作者对女教师汨珠的不同感受，以及作者“今天”的感受带给你的启示。		
2008 年第 15 题：从文中看，庙会以哪些主要内容“点缀”了“质朴而平和的乡村生活”？你怎样理解作者今天对“庙会”的认识。（不超过 150 个字）		

从以上统计的情况看，北京中考语文记叙文阅读考查点的设置有如下特征。

1. 考查内容稳定

如词句理解、文意把握、要点概括、内容探究、作品感受等方面几乎为每年必考。这种稳定性说明命题者力图通过命题，始终如一地贯彻课标精神，引导教学改革。

2. 试题的设计更加成熟

从试题内容的构成看，2007 年、2008 年的中考语文试题比 2006 年以前更加成熟。

2006 年第 15 题：从全文看，作者成为一个能“常常吼上几嗓子”的戏迷有一个过程，这个过程是：

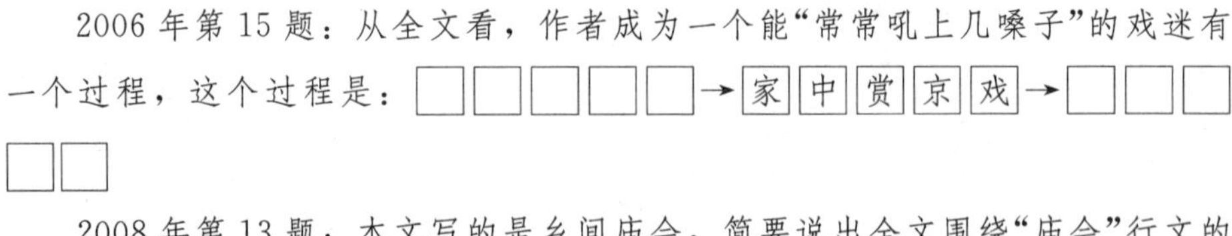

2008 年第 13 题：本文写的是乡间庙会，简要说出全文围绕“庙会”行文的思路。（每空须有“庙会”二字）

□→□→□→

比较以上两道试题可以发现：2006 年的试题对学生的答题语言既有明显

的提示性又有一定的限制作用。命题人在试题中给出的“浴池听清唱”不仅对作者成为戏迷的过程有所提示(“浴池听清唱”是作者成为戏迷过程中的一个“阶段”)，且对“家中赏京戏”前后空格中答案的语言模式也存在着暗示性(这从当年评分标准所给出的答案即可看出：“浴池听清唱”、“公园遇戏迷”均为偏正结构的动宾短语)，学生能否意识到这种提示与限制，是能否顺利完成此题的关键。可以说命题人用心良苦，但在某种意义上却不利于学生独立思考。2008 年此类试题的编制有了明显的改进，命题人没有在试题内部设置那种所谓的“提示与限制”，而是给学生预留了较大的独立思维、自主表达的空间：“说出全文围绕‘庙会’行文的思路”即是答题的要求，至于如何组织语言，答案语言的长短均由学生自主。

2008 年北京市中考语文记叙文阅读题只设三道题，但《课标》中对现代文阅读的要求基本上均有所体现。如第 13 题：“本文写的是乡间庙会，简要说出全文围绕‘庙会’行文的思路。(每空须有‘庙会’二字)”，直接考查“理解文章段落之间的关系，理清文章思路”能力。第 15 题要求学生分别回答“庙会以哪些主要内容‘点缀’了‘质朴而平和的乡村生活’”和“怎样理解作者今天对‘庙会’的认识”。这一题不仅考查学生“整体感知文章的主要内容，把握文章中心”的能力，也考查了“欣赏文学作品，能有自己的情感体验，初步领悟作品的内涵。对作品的思想感情倾向，能联系文化背景作出自己的评价”的能力。可以说第 13 题和第 15 题“互为表里”，考查学生对一篇文章的完整把握，前者侧重结构和内容的整体把握，后者则侧重思想内涵的体味、挖掘。在阅读过程中，要完整把握文章，还需要具有自觉的“体味和推敲重要词句在语言环境中的意义和作用”的意识和能力。尽管试题本身没有直接问及某些“词句在语言环境中的意义和作用”，但学生要想准确分析“作者今天对‘庙会’的认识”则离不开对文中一些重要词句的分析。应该说这两道题集中体现了阅读教学指导的基本要求——“整体把握，精细研读”。

当然，对第 15 题的第 2 问，从试卷提供的参考答案来看，其认知难度偏大，多数学生很难达到参考答案的认识水平(文中作者对庙会的思考过于深邃，而学生往往会脱离文本，从保护非物质文化遗产的角度，谈庙会的价值)。这似乎使得开放性、多元性略显不足。这类试题应该充分考虑学生的年龄特征、生活阅历、在考场上形成主体感受的可能性和多样性。

与开放性、多元性略显不足的第 15 题相比，第 14 题则显得开合有度：考题依据《课标》“对作品中感人的情境和形象，能说出自己的体验；品味作品中富有表现力的语言”设题。该题的最大亮点表现在突破了以往命题的樊篱，没有限定评价鉴赏的语句(如 2005 年要求学生就文中“大摇大摆”一词的使用进行鉴赏，2006 年要求学生就文中“冒”字的使用进行鉴赏），而是允许学生在一定范围内自主选择评价鉴赏对象。在试题指定的语段中可以展开鉴赏评价的词句不止一处，学生可以根据自己平时的阅读积累和个性喜好自由地选择。此题为学生搭建了一个个性化阅读、个性化理解、个性化表述的平台。

为了防止学生在不加分析的情况下引用套话，随意给答案贴上“生动形象，富有情趣”的标签，试题要求必须能够结合文本分析如何“生动形象”，如何“富有情趣”。试题的这一要求避免了言之无物、游离文本也能蒙混过关的弊端。应该说，第 14 题的设计实践在如何做到既鼓励学生个性化阅读，又避免套用术语投机取巧方面积累了新鲜命题经验。这一命题变化，对当前语文教学中一些教师的程式化、概念化的教学行为也有着纠正的作用。所谓程式化、概念化教学行为指教师在指导学生鉴赏作品语言时，不是结合具体语境对作品语言进行有针对性的分析，从而引导、帮助学生获得真切的体验和感悟，而是从语法修辞概念出发，按照一成不变的思维模式(作品例句＋修辞格认定＋概念化评语)回答所有的思考题。

总之，2008 年北京中考记叙文阅读试题无论是文本的选择，还是考点的确定、试题的编制，都较好地体现了《课标》的精神，对广大教师更好地开展记叙文阅读教学起到了积极的导向作用。

(二)说明文阅读

北京市自 2003 年开始恢复全市统一中考命题至今，语文学科共有 9 套中考试卷，其中包括 2003 年、2004 年、2005 年、2006 年、2007 年的大纲卷，以及 2006 年课标 A 卷、B 卷，2007 年、2008 年全市课标卷。在这其中，7 套试卷都涉及说明文阅读(2004 年大纲卷、2006 年课标 A 卷没有说明文)。从命题的依据来看，可分为：以语文教学大纲为指导思想的大纲卷和以《课标》为指导思想的课标卷。纵观北京市六年来说明文阅读命题情况，下面从试题的变化、命题对教学的引领作用和其他省市相比试题的特点、试题命制的反思和对今后命题工作的建议四个方面展开评述。

1. 依据《考试说明》，稳中有变，继承与发展相结合

(1)试题以《课标》为依据，侧重阅读核心能力的考查。

自 2003 年全市进行统一命题至今，《考试说明》中将说明文阅读的考查目标定位于对阅读能力的考查。目前，说明文阅读重在考查学生对说明文的综合理解能力，具体考查学生在整体感知、理解词句、筛选信息、形成解释、解决问题、感悟鉴赏等方面的能力。

下面是 2003—2008 年北京市中考语文说明文考试内容配置表，从中可以看到上述特点。

表 5　2003—2008 年北京市中考语文说明文考试内容配置一览表

年份 内容	2003 年（大纲）	2005 年（大纲）	2006 年（大纲）	2006 年（课标）	2007 年（课标）	2008 年（课标）
整体感知	√	√		√		√
理解词句	√	√	√	√	√	
筛选信息	√	√	√		√	
形成解释		√			√	
解决问题					√	√
感悟鉴赏			√			√

(2)“说明文阅读”在整份试卷中所占分数、难度系数以及题型均呈现稳定状态。

表 6　2003—2008 年北京市中考语文说明文分值及难度系数一览表

年份 内容	2003 年（大纲）	2005 年（大纲）	2006 年（大纲）	2006 年（课标）	2007 年（课标）	2008 年（课标）
分值	8	7	8	8	6	9
所占比例	6.6%	5.8%	6.6%	6.6%	5%	7.5%
难度	0.59	0.59	0.76	0.68	0.64	0.58

从上表可见，说明文阅读试题的分值在全卷总分中所占比例大体相当，难度系数(除 2005 年大纲卷)基本保持稳定。

表 7　2003—2008 年北京市中考语文说明文题型、题量一览表

年份 内容		2003 年（大纲）	2005 年（大纲）	2006 年（大纲）	2006 年（课标）	2007 年（课标）	2008 年（课标）
文本字数		666 字	597 字	636 字	735 字	787 字	729 字
题量		4	3	3	3	3	3
题型	填空	2 题					1 题
	简答	2 题	3 题	3 题	3 题	3 题	2 题

文本字数差异不明显，题量基本稳定为 3 道题，题型除 2003 年与 2008

年有填空的形式，其余均为简答题。

(3)根据《考试说明》要求，试题既有对单项能力的考查，也兼顾多种能力以及综合能力的考查，侧重通过综合性阅读考查的方式检验学生对所读文本的理解程度。

随着对"说明文阅读能力"认识的深入研究，中考说明文阅读对学生的语感和思维的考查力度逐渐加大。试题中既有对学生单项能力的考查，也有对学生多项能力的考查，近两年更是逐渐向考查综合能力的方向发展。

比如 2003 年试卷(大纲卷)中第 19 题：

第 2 段文字，用____________________同近几十年来，海洋局部环境急剧恶化甚至发生严重污染灾害进行比较，以此说明海洋污染的严峻现实。

再如 2008 年试卷(课标卷)中第 17 题：

第②段的说明层次是：先说明□□□□□□□□□□□□□□□□□□□□(不超过 20 个字)，再说明□□□□□□□□□□(不超过 10 个字)，最后□□□□□□□□□□□□□□□(不超过 15 个字)。

2003 年对文段内容和思路的考查要求学生在梳理文段层次的基础上，在没有附加要求的前提下把内容表达出来即可。而 2008 年对文段内容和思路的考查不仅要求学生要梳理文段层次，而且还要从每个层次中提取关键词进行概括性表达。此题不再是单纯能力的考查，它不仅要求学生要有准确梳理文章思路的能力，同时还要筛选信息、提取关键词语，运用关键词语概括地把内容表达出来的能力。这是在一道题目中对学生多项能力的综合考查。

2. 发挥试题的导向作用，促进课堂教学

随着课程改革的不断深入，中考试卷一如既往地发挥着引领作用。说明文阅读以考查学生的语文基本素养为基准点，在实践能力、综合能力、创新能力的考查上有所突破。

(1)用考题引领教学，实现说明文阅读基本能力点考查的突破。

长期以来，说明文阅读教学有着以落实文体知识替代文本阅读的现象。课堂教学目标也多为让学生明确说明对象、对象的特征以及对说明方法的判断等知识性的内容，甚至对说明文语言的理解也落入只考副词且统一使用"肯定它——解释它——夸夸它"的模式中，缺乏对筛选信息等说明文阅读能力的培养，缺乏对文本语言的深入理解的引导。

近些年，北京市中考语文说明文阅读试题注重整体感知、理解词句、筛选信息、形成解释、解决问题和感悟鉴赏等能力的考查，对课堂教学起到了引领的作用。下图显示的是北京市 2005 年、2006 年和 2007 年中考语文学科"理解词句"与"筛选信息"能力点得分率的情况：

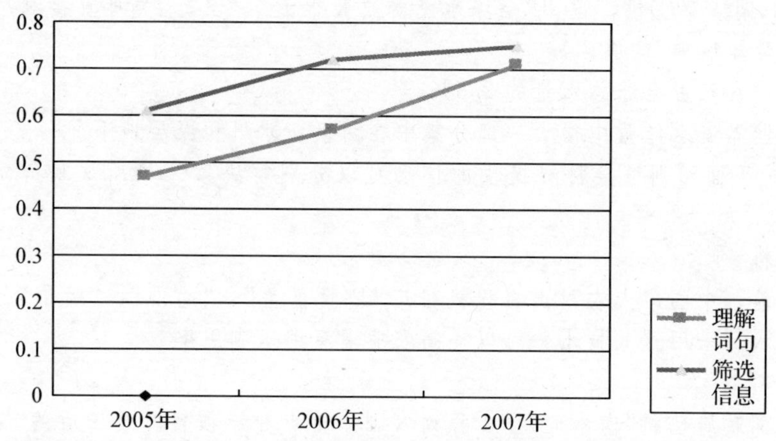

图1　2005—2007年北京市中考语文学科“理解词句”与“筛选信息”能力点得分率图

2005—2007年，学生在中考语文试卷的说明文试题中“理解语句”和“筛选信息”能力呈现逐年提高的趋势(2008年说明文阅读未直接涉及这两个考查点)。上表说明：试题在命制中直指说明文阅读中学生的薄弱点(也是教学中的薄弱点)；连续几年的考查使老师们在认识和方法上有了一定提高与总结，也使说明文的阅读教学进一步明确了教学目标，课堂教学效果显著。

(2)纵观一个能力点的发展轨迹，可以给教师提供能力训练的层级参考。

试题的命制有一个明显发展的轨迹，这个轨迹正体现了此项能力的层级。研究这个轨迹，可以给教师教学带来诸多的启示。下面以一个能力点为例，探讨试题带给教师课堂教学的启示。

下面所列是2006年和2007年北京市中考语文试卷中考查“筛选信息”能力的试题：

【2006年大纲卷】

19. 从全文看，对太极拳走出陈家沟、走向世界起关键作用的三个人物是：

【2006年课标B卷】

22. 准确提取信息，写出技术人员修复古油画的实验步骤。(不超出规定字数)

步骤一：(9个字)□□□□□□□□□

步骤二：(15个字)□□□□□□□□□□□□□□□

步骤三：(13个字)□□□□□□□□□□□□□

【2007年课标卷】

17. 阅读第①段，说出“全球水资源总量很大”，但“人类可直接利用的淡水资源量却很少”的原因。

①淡水只占全球总水量的2.5%。

②世界淡水储量中很大一部分集中在两极、冰川和深层地下。

18. 下面两则链接材料提供的信息可以分别解决第②段所反映的哪两个问题。

材料一

目前，中国广大农村正在积极推广“地膜覆盖”、“滴灌”、“喷灌”等农业节水技术。采用这些技术，可以提高农业灌溉用水利用率。

材料二

我国政府已将“南水北调”工程列入国家重点建设项目。竣工后的“南水北调”中线工程，可为京津及河南、河北沿线的城市生活和工农业生产每年供水约100亿立方米。

2006年大纲卷试题考查的“筛选信息”属于直接筛选词句型试题。文章中共出现了陈卜、陈王廷、戚继光、陈长兴、杨露禅、邓小平6个人物。学生在作答时只需根据题目要求找出“对太极拳走出陈家沟、走向世界起关键作用的三个人物”即可。至于那些创编太极拳的人、在创编过程中提供借鉴的人，在家传时涉的人，均不属于答案范畴。

2006年课标B卷试题考查的“筛选信息”属于筛选关键词语型试题。这道题考查了学生从文本中筛选多个信息、提炼概括并用精练的语言进行表达的能力。答题时，学生需要认真阅读原文，准确提取信息，精练地进行表达。题目设计关注了学生的阅读习惯、筛选信息的能力、锤炼语言的意识。文章中对于技术人员的实验步骤说明如下：“①为了挽救博物馆的名画，美国航天专家想到了用性质非常活泼的单原子氧来清除油画上的清漆膜。②同时，为了对珍贵的古油画负责，也让博物馆管理人员放心，技术人员决定先用一张涂有清漆膜的普通古油画做实验。③当技术人员制取到足够的单原子氧后，便把它们引入放有油画的真空室。④开始阶段，单原子氧撕开了清漆分子中的碳和氢之间的耦合，并生成二氧化碳、一氧化碳和水蒸气，随着这些气体不断被真空泵抽出，古油画表面的清漆膜越来越薄，不久便旧貌换新颜，而且整幅油画毫发未损。”本段共包括4句话，第①②句介绍了实验的目的，第③④句介绍的是实验的过程和结果。根据题目要求，信息提取的区域应该在第③④句内。根据提示可见，技术人员的实验步骤分为三步，即技术人员做了3件事，使得古油画得以修复。阅读文本可知，技术人员发出的3个动作为“制取”、“引入”、“抽出(动作的发出者为技术人员)”，这些词正是答案中每一步骤的关键词，参考答案即是分别围绕这 3 个关键词进行表述的。

2007 年课标卷考查的“筛选信息”属于直接筛选原词句型和筛选比较综合型。同样考查“筛选信息”，第 17 题为第 18 题呈现了不同的层级梯度——首先考查学生直接筛选原词句的能力，其次考查学生信息比较的能力。第 18 题要求学生根据提供的两则材料，去理解这两则材料“可以分别解决第②段所反映的哪两个问题”。这就对学生的综合阅读能力提出了要求：学生既要分别阅读原文和两则材料，又要对它们进行对比，还要由材料去看原文反映的问题，阅读、分析、比较、判断等语文能力在这里被综合到了一起。“材料一”提到大力推广的农业节水技术，是针对文章中提到的农业灌溉用水利用率仅有 45％而提出的；“材料二”提到的“南水北调”，是针对我国北方将面临水资源危机，可持续发展将无法继续的问题而提出的。

从上述分析可见，“筛选信息”能力可以表现为不同的层级。学生对不同层级题目完成的情况正好反映出学生能力的高低。随着这个层级分布的日臻清晰，试题也就更好地体现了区分的功能。与此同时，广大教师通过对试题的研究，在实际教学中更加明确此能力点的要求和标准，从而对学生的训练更具有操作性和时效性。

(3)关注对说明文内容的理解，摆脱模式化的教学框架。如 2007 年课标卷试题：

【2007 年课标卷】

比较第③段中画线句子的内容，你得出的结论是什么？

（画线句：①全球已经有 1/4 人口面临着一场为得到足够的饮用水、灌溉用水和工业用水而展开的争斗。②预计到 2025 年全世界将有 2/3 人口因严重缺水而面临动荡不安的局面。）

回答这道题，首先要抓段首中心句，明确该段重点讲的是：水资源的严重短缺成为引发危机的主要原因之一；其次，明确第一个画线句与段首中心句的关系——解释与被解释，即用具体数字来说明因水资源的严重短缺而引发危机；最后，分析第二个画线句与第一个画线句的关系，通过比较数字的变化得出答案。从学生实际的答题状况看，失分的主要原因就是在这几个环节出了问题。因此，这样的题目对于引导教师注重学生阅读习惯和方法的培养都是很有意义的，同时摆脱了说明文教学只讲说明对象、说明方法、说明顺序的模式化框架。

3. 北京市中考说明文试题的特点

相比最先进入课改的外省市，北京市统一使用课标卷相对晚一些，但在试题命制上却具有自己的特点。

(1)选材上既突出了地域特色，又关注了时代焦点。

2003—2008 年中考试卷中的说明文，在选文上引导学生关注社会、关注生活。其内容涉及：社会热点话题“海洋污染”、唤起学生牢记历史的《万园之园·圆明园》、宣传传统文化的《中华瑰宝——太极拳》、增强忧患意识的“水资源危机”和体现北京特色的“小品建筑”。这些内容无疑都是与学生生活密切相关的热点话题、焦点话题、熟悉的话题与感兴趣的话题。阅读这些内容，会对学生的情感态度价值观产生积极的影响。

(2)在题目的设计上每年都有新的探索。

北京市中考说明文阅读的考查沿着一条清晰的轨迹前进着：初始阶段(2003 年、2004 年)——重新恢复全市统一命题，注重考查说明文阅读的基本能力；发展阶段(2005、2006 年)——向课标卷过渡，注重学生阅读能力层级程度划分；成熟阶段(2007、2008 年)——统一使用课标卷，关注阅读的实践功能。这种探索无疑会引领着北京市初中语文阅读教学向《课标》的要求不断地迈进。

(3)在能力考查上有层级意识，赋分时充分考虑到考试的性质。

对于阅读能力的考查，北京市近些年在说明文阅读试题的命制上可以说做了整体的设计，并有意随教学改革的不断深化逐步在试题中有所体现。纵观这些年说明文阅读试题，答案赋分充分考虑到考试的性质，力图按照能力层级给答案分层赋分、按点赋分。在给定的参考答案和评分标准中避免出现“言之有理、答对即可”这样模糊的语言，为按照语文能力区分学生奠定了一个好的基础。

(三)议论文阅读

北京市中考语文现代文阅读——议论文部分的试题命制，与其他考查内容一样，完成了由“大纲卷”向“课标卷”平稳过渡。纵观北京市六年来议论文阅读命题情况，拟从试题的变化、命题对教学的引领作用、和其他省市相比试题的特点、试题命制的反思和对今后命题工作的建议等四个方面展开论述。

1. 根据《考试说明》的变化，命题在继承的基础上创新

(1)试题更加简洁、精练，考查突出议论文阅读特点。

自 2003 年以来的《考试说明》，对议论文阅读考查的要求越来越具体，命制的试题无论从数量上还是内容上都更加精炼，考查内容更加突出议论文阅读的特点。近两年，记叙文、说明文、议论文三种文体分别考查的词句段理解、语言运用的试题，在议论文阅读试题中减少了一道，使得试题的内容和题量更加精练。

比如，2008 年试题，考查学生在理解基础上的词句运用仅有一道试题。

第 20 题，阅读第②段，根据上下文，从括号内选择恰当的词语分别填入文中【甲】【乙】【丙】处。

而 2004 年(大纲卷)的议论文阅读共五道题，此类考题占了三道。

第 24 题，第 3 段中的“彻头彻尾”指的是什么？

第 26 题，第 4 段中，作者把生活中的某一种人比作“事务的一架机器”，这种人的具体表现是________________________________。

第 27 题，对第 5 段内容理解有误的一项是(　　)

2003—2006 年，《考试说明》对议论文阅读的考查，还未做具体要求；但从 2007 年始，在现代文阅读部分，单独列出第(9)项内容，明确提出：“阅读简单的议论文，能区分观点和材料(道理、事实、数据、图表等)，发现观点和材料之间的联系，并通过自己的思考，作出判断。”

比如，2008 年考题，议论文阅读共三道试题，其中有两道题即依据《考试说明》的这条要求命制的。

第 19 题，本文的中心论点是什么？

第 21 题，请你简要分析第③段的论证过程。

两道题均围绕议论文要素考查。这样使题目的考查内容更加突出议论文阅读的特点；尤其是后者，则具体落实《考试说明》中要求的：发现观点和材料之间的联系，并通过自己的思考，做出判断，予以表达。

下面是 2003—2008 年，北京市语文中考议论文考试内容配置表。从中可以看到上述两点变化。

表 8　2003—2008 年北京市中考语文议论文考试内容配置一览表

年份 内容	2003 年 (大纲)	2004 年 (大纲)	2005 年 (大纲)	2006 年 (课标 B)	2007 年 (课标)	2008 年 (课标)
找出论点	●		●	●		●
概括论据	●		●	●	●	
说论证过程		●	●	●	●	●
详解词句段		●	●		●	●
填写结构图	●					
谈看法评价		●		●		

从上表可以看出，随着《考试说明》对议论文阅读要求的具体化，命制的题量由最多的五道减至三道；去掉了与记叙文、说明文共有的掌握文章结构

的试题；理解词、句、段含义的试题数量也由三道减至一道；继承了大纲卷中让学生对观点做出评价的考查；突出了对议论文论点、论据、论证过程的归纳、概括和理解；加大了对论证过程形成解释的考查力度。

(2)完善了考查能力体系，确定议论文阅读的主要能力。

2003 年以来，议论文试题完成了从传统的知识考查向阅读能力考查的转型。试题着眼于提高学生的语文素养，注意从能力立意，即从理解文章的内容入手，围绕阅读能力展开，不考死知识。这使得议论文阅读试题每年都在稳定之中有新的探索。这种探索表现在以下两个方面。

第一，试题由单一知识的考查，向能力的考查迈进。

自 2003 年以来，其他省市的议论文阅读试题曾经考查过“运用什么论证方法”、“使用什么修辞方法”等题目，北京考题在 2003 年以前也曾出过类似的题，但是随着新《课标》的推出，北京市的议论文命题转而注重考查学生的能力。那么，试题所考查的能力有哪些？是怎样确定规范下来的？

2004—2005 年，北京教育考试院试题评价课题组从试题评价的角度确立了考查的六种能力：识记能力、运用能力、理解能力、概括能力、整体把握能力、语言能力。其中，侧重考查阅读能力的有四种。2006 年以来，根据《课标》强调的：“阅读评价要综合考查学生阅读过程中的感受、体验、理解和价值取向”，“重视对学生多角度、有创意阅读的评价”，评价组将阅读能力进一步划分为：整体感知能力、筛选信息能力、概括要点能力、形成解释能力、感悟鉴赏能力。

整体感知，指学生能将文本作为一个整体，对文本内容有基本的了解，形成整体感受，能够准确、完整、简洁地概括文章的内容、表达的情感或者写作的目的等。

筛选信息，指学生能够关注文本的具体内容，能够根据要求从文中找出明确陈述的一个或多个信息。

概括要点，指学生在筛选信息的基础上，能够整合信息或通过简单的推论找出文章隐含的信息，并提炼要点。

形成解释，指学生能够利用文本信息对文中的关键词语、人物行为、事件、写作手法以及作者的感情和观点等进行充分、合理地解释。

感悟鉴赏，指学生对文本有自己的体验和思考，能够从中获得对自然、社会、人生的有益启示，能够初步鉴赏作品的形象、语言等。

第二，明确了议论文阅读试题考查的三个主要能力。

议论文阅读主要考查的能力又是什么呢？主要考查的能力有三点：整体把握能力、概括要点能力和形成解释能力。学生找中心论点，离不开整体把握议论文的结构、理解论据的内容指向以及对论点的概括等能力；概括论据的内容，需要有归纳概括能力；分析、解释全文或者局部段落的论证过程，离不开整体把握能力、概括能力和在把握论点和论据关系基础上的进一步思考与判断，最后用准确的语言进行表达的能力。

(3)试题从对单一能力的考查过渡到多级能力的考查。

随着对议论文阅读主要能力的认识和确定，中考此部分的命题产生了重大变化。试题从对单一能力的考查过渡到对综合能力的考查。

比如，2004 年五道议论文考题，每一题所考查的能力均是单一的。第 24 题、27 题、28 题，考的均是“对词、句、段的理解能力”。这些考查的都是学生对词句的理解能力。

又比如，用填空形式概括论据，考的是学生对论据的概括能力。题干如下：

2004 年第 25 题，文章第 2、3 段针对__________的人进行议论，提出了“对于每一个人来说，最宝贵的还是他自己”的观点；第 4 段对生活中自以为成了自己的人进行分析，阐明了__________的道理。(用原文回答)

而 2006—2008 年的考题，均改换成简答题形式，让学生就文章局部段落分析论证过程。

2006 年课标 B 卷，第 25 题：简要分析⑤—⑦段的论证过程。

2007 年课标卷，第 22 题：请你简要分析第⑤段的论证过程。

2008 年中考卷，第 21 题：请你简要分析第③段的论证过程。

分析论证过程，这不光考查学生寻找论点、概括论据的能力，还要求学生能够紧扣论据与论点，进一步说明论据是如何证明论点的？要求学生经过思考做出判断，形成解释，还要准确地用语言表达出来。试题的这一变化，说明近几年来的中考命题，已经从侧重对学生单项能力的考查，发展到对学生多级能力的考查。几年来，试题命制组对提取整合中心论点、归纳概括论据、整体考虑论证过程的认识，呈现了一个逐渐提高的过程。

(4)命制开放性试题，实现“三维目标”的结合。

与更多地强调知识和技能目标的考试不同，符合《课标》的议论文阅读试题，更加侧重对学生在知识与技能、过程与方法、情感、态度、价值观这“三维目标”上的考查。试题通过对学生学习结果的检测，更多地呈现教学的结果性目标、过程性目标和体验性目标。因此，2006 年(课标 B 卷)出现的开放性试题，体现了对学生议论文阅读中的独特感受和体验的关注。

第 26 题，结合自己的经历，说说怎样的舍弃才是有价值的。

这道题是一道阅读拓展题，与 2004 年(大纲卷)第 28 题不同，带有一定的开放性。

第 28 题：你怎么理解文章最后这句话，“坚持这一标准，你的自我才能闪放出个性的光华”。这道题主要考查学生对文章句子的理解能力而第 26 题的综合性较强，即拓展到“结合自己的经历”，调动学生自己阅读过程中的独特感受和体验来谈看法。学生必须在整体感知的基础上筛选信息、品味感悟和表达交流。同时，试题也考查了学生的思想认识水平，较好地体现了《课标》中阅读教学的理念。另外，从开放性试题的命制上，较好地处理了学生的体验、感悟与文本的关系。有“放”有“收”，学生既有的答，又不可随意答，从而使答题具有科学性。

2. 发挥议论文命题对教学的引领作用，促进课程改革的发展

新课程对教学提出了新的要求，教学对中考提出了新的挑战，中考决定了新课程的发展。因此，命题对教学的引领作用不可忽视。近几年来，中考落实《课标》提出的“课程理念”，以考查学生的语文基本素养为基准点，在实践能力、综合能力、创新能力的考查上继续有所作为。北京市的议论文命题，发挥着对教学的引领作用。

随着《考试说明》对议论文阅读考查的要求越来越具体，随着议论文试题的考查内容更加突出议论文阅读的特点，教师对议论文阅读教学的指导也更加有目标、有方法，也使学生对技能与知识的掌握更加扎实。

表 9　2003—2008 年北京市中考语文现代文阅读不同文体学生得分率一览表

内容 \ 年份	2003 年（大纲）	2004 年（大纲）	2005 年（大纲）	2006 年（课标 B）	2007 年（课标）	2008 年（课标）
记叙文	74%	58%	70%	67%	61%	68%
说明文	59%	0	59%	67%	68%	58%
议论文	65%	51%	58%	47%	66%	77%

纵观历年来议论文试题的得分率，学生回答议论文试题的情况越来越好。除去每年不同文体试题难度的差异，仅从 2003—2008 年北京市中考现代文阅读学生得分率来看，学生的议论文阅读得分率呈上升趋势；2008 年，首次出现得分率高于记叙文、说明文的情况。这说明在教学中，随着议论文试题变化的导向，广大教师更加注意用议论文知识指导学生深入理解论点、论据、论证方法，从而准确答题。

几年来，北京市议论文阅读试题命制更加符合议论文文体的特点，题型更加集中。这使得广大一线教师可以依据《考试说明》和试题特点，不断改进教学，突破难点，提升议论文教学的整体水平。

表 10　2003—2008 年北京市中考语文议论文考试内容得分率一览表

年份 内容	2003 年（大纲）	2004 年（大纲）	2005 年（大纲）	2006 年（课标 B）	2007 年（课标）	2008 年（课标）
找出论点	66%		80%	82%		80%
概括论据	48%		25%	41%	80%	
分析论证		62%	45%	51%	70%	80%
实际感悟		46%		77%		

从上表可以看出，自 2004 年至今，学生“找出论点”得分率一直保持较高的水平；“概括论据”、“分析论证过程”和“联系实际谈感悟”的得分率均呈上升趋势。这说明随着试题命制水平的提升，随着试题内容更加符合议论文文体的特点，北京市议论文教学的整体水平在提升。

几年来，随着议论文试题的改进，引导教师在教学中更加关注学生思维的发展，关注培养学生掌握科学的阅读思路和阅读方法。议论文试题越来越强化对学生“形成解释”和“解决问题”方面的考查，为教学指明阅读文本遵循的过程：理解文本—形成解释—解决问题。

表 11　2004—2008 年北京市中考语文学生形成解释、概括要点和整体把握能力得分率一览表

年份 内容	2003 年（大纲）	2004 年（大纲）	2005 年（大纲）	2006 年（课标 B）	2007 年（课标）	2008 年（课标）
形成解释	62%	56%	61%	44%	60%	64%
概括要点	57%	38%	59%	62%	83%	69%
整体把握	66%	56%	61%	61%	64%	67%

从表中可以看出，2007 年考查的概括要点能力，得分率升高的趋势明显；其他能力的得分率也在呈小步上升趋势，说明学生在现代文阅读考查中体现的形成解释能力、概括要点能力和整体感知能力等主要能力，虽然相对其他能力来说仍是偏低的，但就议论文阅读本身考查的情况看，这三方面的能力还是在小步提升。

几年来，用于考试的议论文材料都能够起到激发学生兴趣，提升思想境界的作用。比如：

2003 年《毛估比不估好》的观点——(我们)“进行科学研究时，应重视对最终结果的预测”。

2004 年《要成为你自己》——强调“对积极人生的独特领悟与坚守，是成为你自己，即活得有特色、有滋味的关键”。

2005 年《新年话惜时》——告诫年轻人“珍惜时间，才是最重要的”。

2006 年(A 卷)《小议“慎独”》——教导人们“一个人在没有外在监督而独处的情况下，严于律己，遵守道德，恪守‘慎独’是十分必要的”。

2006 年(B 卷)《善于舍弃》——告诫人们面对挑战和机遇需要慎重考虑，该舍弃时就舍弃。

2007 年《创新不言败》——号召“要实现创新，必须要有一种永不言败的精神”。

2008 年的议论文阅读材料——提出“在实现人生价值的过程中，美貌和才能固然重要，但完美的人格才是更重要的”。

议论文阅读考查的材料，均以此类文章为触发点，丰富了学生的体验，拓宽了视野，提高了学生的思想认识水平。这会引导教师在教学中选取训练材料时，会更加关注那些引导学生关心人生、关心社会，关心他人，培养美好情操的材料。这样，使得学生的情感积累，成为深入理解、感悟材料的基础，从而实现语文学科的“育人”功能。

3. 北京市中考语文议论文试题的特点

外省市的课改试验启动较早，北京市统一使用课标卷相对晚一些。因此，在试题命制上，可以借鉴其他省市议论文命题的宝贵经验，使北京市的议论文命题呈现自己的特点。这些如下特点。

第一，命题的选材关注时代焦点，更加突出创新精神。

浏览随机选取的各省市近六年的试题材料，发现围绕学生的精神修养选材较多。如，新时代中学生的新形象、要讲究礼貌、习惯的力量、要宽容与和谐、谈“忍”、单纯的心灵可以锻造美丽厚重的人生、节约是一种美德、每人都有一个宝藏、读书三境界、学贵质疑、读书人是幸福人、天才就是非凡的傻劲、成功、学会拒绝、没有一种给予是理所当然的、善待挫折、我不认为我征服了沙漠、精神拾荒三部曲、不自私的年轻人是中国的希望、绝境是人生的醒悟和升华……和其他省市的试题选材比起来，北京市中考议论文试题的选材，更加强调青年学生的创新精神和在事物面前选择和预见的眼光。比如，2003 年《毛估》的观点、2006 年(课标 B 卷)“善于舍弃”和 2007 年的“创新永不言败”，所选阅读的题材比较大气。

第二，命题遵照《考试说明》，突出议论文文体特点。

为了更好地研究六年来北京市议论文阅读考题内容的特点，特将2004年以来，其他省市语文中考议论文试题内容，按每年七份随机抽取，列表统计如下：

表12 2004—2008年其他省市语文中考议论文试题内容一览表

内容＼年份	2004年	2005年	2006年	2007年	2008年
找出论点	3	2	3	2	5
概括论据	3	0	1	2	2
论据排序	0	0	0	2	0
论证过程	1	1	0	1	0
论证方法	2	2	3	1	3
理解词、句、段	9	9	7	10	8
填写结构图	1	0	1	1	1
填写词、句	0	1	2	1	2
补写其他例	4	5	1	1	4
谈看法、感受	3	3	4	1	1
链接材料	0	1	0	1	2
材料的作用	2	1	2	1	0
改错字、病句	0	1	1	1	0
仿写句子	1	0	1	1	0
分析语言特色	1	0	0	2	1

除了考查整体感知能力的题型"找出论点"与其他省市相同之外，北京市的议论文命题，更加侧重"概括论据"、"分析论证过程"、"联系实际谈感悟"。试题内容遵照《考试说明》对议论文阅读的具体要求，更加突出议论文文体的特点。比如，《考试说明》对议论文阅读有较高层面的要求：发现观点和材料之间的联系，并通过自己的思考，做出判断。针对此点设题——"分析论证过程"，近五年来均有考查。北京考题在这一点上比较突出；而其他省市少有涉及。北京考题不在概念上考查，也没有在改错字、病句和分析语言特色上设题，重在考查理解基础上的形成解释能力和分析表达能力，体现了重在考查"学生阅读过程中的感受、体验、理解和价值取向"的出题理念。

第三，试题按阅读顺序排列，使能力考查形成层级。

近两年考题顺序的安排，循着科学的阅读思路。科学的阅读程序是：先粗读初知，了解议论文结构，找出论点；再细读理解局部段落与文章整体的关系、观点和材料之间的联系；最后就文章的局部或全文的论证过程进行解释。因此，北京市的设题顺序也是先设置基础题型、再设置发展题型。先考查在整体把握文章内容的基础上找出论点的能力；再考查学生理解、概括论据的能力；最后考查学生在理解论点与论据关系基础上分析论证过程的形成解释能力。试题顺序的安排循着学生的阅读规律进行。这样设题，在能力考查上有层级意识。

比如：

2007 年第 20 题："作者是从哪两个方面论述'创新不言败'的？"

2008 年第 19 题："本文的中心论点是什么？"

这两道题需要学生在初读文章结构、内容的基础上，整体把握文章的层意或论点。

2007 年第 21 题、2008 年第 20 题，均用填空题形式，考查学生在理解基础上的词语运用。

2007 年第 22 题、2008 年第 21 题，均用简答题形式，让学生弄清论据与论点关系之后，分析论证过程，形成解释。

总之，北京市中考议论文命题，重在落实《课标》提出的课程理念，以考查学生的语文基本素养为基准点，在实践能力、综合能力、创新能力的考查上努力有所作为。具体而言，议论文阅读在理解文本的基础上，加强在"形成解释"和"解决问题"方面的考查；并且按照学生的认知规律设题，突出了对学生阅读过程与方法的引导。反映了北京市中考议论文阅读试题命制研究的深入和发展。

五、写作部分

(一)北京市中考作文试题命题回顾

从 2003 年起，北京市中考语文恢复全市统一命题，到 2008 年，一直是"两统一分"的模式，即统一命题，统一考试，分区阅卷。

六年里，从作文命题角度看，可分为两个阶段：2003—2006 年，以语文教学大纲为指导思想(大纲卷)，2007 年以后以《课标》为指导思想(课标卷)。

表 13 北京市 2003—2008 年中考语文作文试题一览表

年份	试题	要求
2003 年	在辽阔的神州大地上，在平凡的学习过程中，你一定听到过或看见过许许多多值得大声叫好的人和事、景与物。那么，请说说你最想喝彩的是什么。当然，如果你对“喝彩”有自己的认识，也请畅所欲言，发表看法。 以“喝彩”为题目写一篇文章。	1. 思想内容积极向上。 2. 自选文体(诗歌除外)，不少于600 字。 3. 文中不得写出区(县)、学校的名称和师生的真实姓名。
2004 年	____________需要我	1. 在横线上填入恰当的词语，使题目完整。 2. 写一篇不少于 600 字的文章。 3. 文中不能出现所在学校的校名和师生姓名。
2005 年	开端是(事情的)开头。春天，是一年四季的开端；清晨，是一日生活的开端。万事皆有开端；开端蕴含希望……请你结合自己的亲身经历或感受。 以“开端”为题，写一篇文章。	1. 不限文体(诗歌除外)。 2. 不少于 600 字。 3. 作文中不要出现所在学校的校名和师生姓名。
2006 年	劳动 劳动，是人类创造物质或精神财富的活动。劳动伴随着人们的每一天，每一月，每一年。劳动带给人们的有许多许多…… 请结合自己的经历或感受，写一篇文章。	1. 将题目补充完整，以构成你的文章题目，并抄写在作文纸上。 2. 不限文体(诗歌除外)。 3. 不少于 600 字。
2007 年	动力来自____________	1. 将题目补充完整，构成你的作文题目，并抄写在作文纸上。 2. 不限文体(诗歌除外)。 3. 不少于 600 字。 4. 作文中不要出现所在学校的校名和师生姓名。
2008 年	向前，向前，向前!	1. 将题目抄写在作文纸上。 2. 不限文体(诗歌除外)。 3. 不少于 600 字。 4. 作文中不要出现所在学校的校名和师生姓名。

写作是运用语言文字进行表达和交流的重要方式，是认识世界、认识自我、创造性表述的过程。写作能力是语文素养的综合体现。因此作文试题在语文试卷中占有特殊的位置。纵览北京市中考作文试题，符合大纲与课标的精神，反映了作文教学的现状，起到了教学导向的作用，适应学生的思维发展，有效地考查了写作能力。

就题目而言都很亮丽，朗朗上口，充满力量；读来令人精神振奋，充满昂扬向上的情绪。有的还有强烈的语言气势，给人一种震撼力。特别没有在“愁”、“苦”、“淡”上做误导，唱响积极向上的主旋律，有荣辱感，有责任感。

1. 考查内容有据

北京市中考大纲卷以 2000 年 3 月教育部制定的《九年义务教育全日制初级中学语文教学大纲(试用修订版)》对作文的要求为据：

1. 能写记叙文、简单的说明文、简单的议论文和一般的应用文。

2. 根据写作需要，确定表达的内容和中心，做到感情真实，内容具体，中心明确，语言通顺，注意简洁得体。

3. 选择恰当的表达方式，合理安排内容的先后和详略，条理清楚地表达自己的意思。运用联想和想象，丰富表达的内容。鼓励有创意的表达。

4. 不写错别字，正确使用标点符号，格式正确，书写规范、端正、整洁。

5. 养成观察分析周围事物、收集积累语言材料、勤动笔多修改的习惯。

6. 作文每学年一般不少于 14 次，字数不少于 0.7 万，其他练笔不少于 1 万字。45 分钟能完成 500 字左右的习作。

课标卷以教育部制定的《全日制义务教育语文课程标准(实验稿)》为据：

1. 写作时考虑不同的目的和对象。

2. 写作要感情真挚，力求表达自己对自然、社会、人生的独特感受和真切体验。

3. 多角度地观察生活，发现生活的丰富多彩，捕捉事物的特征，力求有创意地表达。

4. 根据表达的中心，选择恰当的表达方式。合理安排内容的先后和详略，条理清楚地表达自己的意思。运用联想和想象，丰富表达的内容。

5. 写记叙文，做到内容具体；写简单的说明文，做到明白清楚；写简单的议论文，努力做到有理有据；根据生活需要，写日常应用文。

6. 能从文章中提取主要信息，进行缩写；能根据文章的内在联系和自己的合理想象，进行扩写、续写；能变换文章的文体或表达方式等，进行改写。

7. 有独立完成写作的意识，注重写作过程中搜集素材、构思立意、列纲起草、修改加工等环节。

8. 养成修改自己作文的习惯，修改时能借助语感和语法修辞常识，做到文从字顺。能与他人交流写作心得，互相评改作文，以分享感受，沟通见解。

9. 能正确使用常用的标点符号。

2. 考查有明确的目标

北京市每年的《考试说明》对中考作文目标做了具体描述。

表 14　北京市 2005—2008 年《考试说明》对中考作文要求一览表

年份	说　明
2005 年	能写记叙文、简单的说明文、简单的议论文和一般应用文。 能选用恰当的表达方式，文从字顺地表述自己的意思。 思想感情真实健康，中心明确，内容充实，条理清楚，结构完整。 标点符号使用得当，书写工整，不写错别字。
2006 年	1. 能根据题意和要求写作，感情真挚，条理清楚地表达自己的意思，力求有创意地表达。 2. 根据表达的中心，选择恰当的表达方式。合理安排内容的顺序和详略。 3. 写记叙性文章，做到内容具体充实；写简单的说明性文章，做到明白清楚；写简单的议论性文章，做到有理有据。 4. 标点符号使用得当，书写工整，不写错别字。
2007 年	1. 根据题意和要求写作。中心明确，思想健康，条理清楚地表达自己的意思，力求有创意地表达。 2. 根据表达的中心，选择恰当的表达方式。合理安排内容的顺序和详略。 3. 写记叙性文章，做到内容具体；写简单的说明性文章，做到明白清楚；写简单的议论文，努力做到有理有据；根据生活需要，写日常应用文。 4. 能正确使用常用的标点符号。
2008 年	1. 根据题意和要求写作。中心明确，思想健康，条理清楚地表达自己的意思，力求有创意地表达。 2. 根据表达的中心，选择恰当的表达方式。合理安排内容的顺序和详略。 3. 写记叙文，做到内容具体；写简单的说明文，做到明白清楚；写简单的议论文，做到有理有据；根据生活需要，写日常应用文。 4. 正确使用常用的标点符号。

3. 作文要求、评价以《课标》为据

表 15 《课标》对中考作文要求一览表

<table>
<tr><td colspan="2">综合考查学生作文水平的发展状况，应重视对写作的过程与方法、情感与态度的评价，如：是否有写作的兴趣和良好的习惯，是否表达了真情实感。对有创意的表达应予以鼓励。</td></tr>
<tr><td>1. 重视对写作材料准备过程的评价。</td><td>评价要重视写作材料的准备过程。不仅要具体考查学生占有材料的丰富性、真实性，也要考查他们获取材料的方法。要用积极的评价引导学生通过观察、调查、访谈、阅读等途径，运用多种方法搜集材料。</td></tr>
<tr><td>2. 重视对作文修改的评价。</td><td>要注意考查学生对作文内容、文字表达的修改，也要关注学生修改作文的态度、过程、内容和方法。要引导通过学生的自改和互改，取长补短，促进相互了解和合作，共同提高写作水平。</td></tr>
<tr><td>3. 采用多种评价方式。</td><td>提倡建立写作档案。写作档案除了存留有代表性的课内外作文外，还应有关于写作态度、主要优缺点以及典型案例分析的记录，以全面反映写作实际情况和发展过程。</td></tr>
<tr><td colspan="2">评价方式可以是书面的，可以是口头的；可以用等级表示，也可以用评语表示；还可以综合采用多种形式。</td></tr>
</table>

4. 制定了具体的评分标准

表 16 北京市中考大纲卷作文评分标准

<table>
<tr><td>项目</td><td colspan="4">分数及评分标准</td></tr>
<tr><td rowspan="2">书写
（10 分）</td><td>10—9 分</td><td>8—7 分</td><td>6—5 分</td><td>4—0 分</td></tr>
<tr><td>字迹工整；
错别字 1—2 个；
格式规范；
标点正确。</td><td>字迹清楚；
标点大体正确；
错别字 3—5 个；
格式规范。</td><td>字迹不够清楚；
标点错误较多；
错别字 6—8 个；
格式大体规范。</td><td>字迹难以辨认；
标点符号错误多；
错别字 8 个以上；
格式不规范。</td></tr>
<tr><td rowspan="2">内容
（20 分）</td><td>20—17 分</td><td>16—13 分</td><td>12—9 分</td><td>8—0 分</td></tr>
<tr><td>符合题意；
内容充实；
中心明确。</td><td>基本符合题意；
内容具体；
中心基本明确。</td><td>不够符合题意；
内容不具体；
中心不够明确。</td><td>不符合题意；
内容空洞；
中心不明确。</td></tr>
</table>

（续）

项目	分数及评分标准			
	30—26 分	25—21 分	20—16 分	15—0 分
表达 （30 分）	条理清楚； 结构合理； 语言通顺； 偶有语病。	条理基本清楚； 结构基本合理； 语言基本通顺； 有 3—5 处语病。	条理不够清楚； 结构不完整； 语言不够通顺； 有 6 处以上语病。	条理不清； 结构混乱； 语意不明。

表 17　北京市中考语文学科课标卷作文评分标准

项目 等级	内容、表达要求及赋分范围	说明	书写
一类卷 （60—52 分）	要求：符合题意，内容充实，中心明确；条理清楚，结构合理，语言通顺，有 1—2 语病。 赋分范围：55—47 分。	以 51 分为基准分，上下浮动后，加书写项的得分。	5 分 字迹工整，标点正确，有 1—2 个错别字，格式规范。
二类卷 （51—44 分）	要求：比较符合题意，内容比较充实，中心比较明确；条理比较清楚，结构比较合理，语言比较通顺，有 3—4 处语病。 赋分范围：46—39 分。	以 43 分为基准分，上下浮动后，加书写项的得分。	4 分 字迹清楚，标点大体正确，错别字 3—4 个，格式规范。
三类卷 （43—36 分）	要求：基本符合题意，内容尚充实，中心基本明确；条理基本清楚，结构基本完整，语言基本通顺，有 5—6 处语病。 赋分范围：38—31 分。	以 34 分为基准分，上下浮动后，加书写项的得分。	3 分 字迹不够清楚，标点错误较多，错别字 5—7 个，格式大体规范。
四类卷 （35—0 分）	要求：不符合题意，内容空洞，中心不明确；条理不清楚，结构不完整，语言不通顺，有 7 处以上语病。 赋分范围：30—0 分	以 14 分为基准分，上下浮动后，加书写项的得分。	2—1 分 字迹潦草，难以辨认，标点错误很多，错别字 8—10 个，格式不规范。

具体评价点：题意、中心、内容、感情、结构、条理、语言、书写、文面、标点、格式。

(二)作文试题主要特点

几年来，北京市中考语文作文试题受到一线教师的认同，同时也受到历届学生的欢迎。总结起来，有如下几个特点。

1. 稳定性——直接命题

从形式看，形成了北京市作文考查的风格：题目＋提示＋要求，固守直接命题的阵地。没有跟风，也没有摆动，避开了偏、难、怪、异，不设障碍，不打埋伏，与整个语文卷协调一致，平易、温和。

2003—2008年，6个题目，3个全命题，3个半命题。在材料作文、话题作文盛行的时段里，命题作文曾经很孤独，考虑教学实际，为了考查的效度，经过六年的坚守，终于迎来了命题作文的春天。这种坚守体现了对命题作文的认识，体现了对作文考查规律的认识，体现了对传统考试文化的认识。

表18 各省(省会)、直辖市中考语文作文命题形式统计

年份 命题形式	2003年	2004年	2005年	2006年	2007年	2008年
材料作文(个)	4	5	7	5	6	9
话题作文(个)	21	21	19	15	6	6
命题作文(个)	9(6+3)	13(6+7)	18(8+10)	22(13+9)	25(14+11)	29(16+13)
其他形式(个)		看图作文(1)、作文修改(1)		看图作文、续写、拟副标题(2)	读后感、续写(4)	续写、给半命题内容(2)
总计(个)	34	42	44	44	41	44
命题比率(%)	26.5%	31.0%	41.0%	50.0%	61.0%	66.0%

北京市中考语文作文命题的稳定性，也是秉承了恢复中考30年来的传统。1978—1985年，北京市就是直接命题；1986—1989年，稍有变动，均是自拟题；之后，除1993年是给材料外，其余年份主要是“提示＋题目＋要求”的模式。课改区似乎走得稍微远一些，但也只是给材料，要求的开放度大一些，并没有追风。

表 19　部分课改区中考作文试题一览表

年份	试题	要求
2003 年	请你仔细观察题为“僵持”(鸟与蚯蚓)的这幅漫画，根据画面自拟题目，写一篇 300 字左右的小作文。 	50 分 可以对画面进行描述、说明，也可以根据画面想象，编写一个小故事，还可以展开联想，发表议论……除诗歌外，文体不限。
2004 年	“学做人”是青少年成长中至关重要的课程。下面列出的几条人生准则，哪一条引起了你的共鸣，唤起了你的回忆和思考？请你据此写一篇作文，或写出你初中生活中与这一准则相关的经历和感受；或就你对这一准则的理解谈谈自己的看法。 要接受自己——世间万物都有自己独特的价值，即使是流星也能划破夜空的沉寂，即使是一滴水也能折射太阳的光辉。无论怎样，先接受你自己，试着去发现自己的优点，挖掘自己的潜力。 要欣赏别人——欣赏别人，是善待他人的一种方式，是以人之长补己之短的明智之举。在欣赏别人的同时，这个世界在你眼中也会变得更加美丽。 要为自己的行为负责——负责任，是一个人最基本的品质。只有当你懂得为自己的所作所为负责，而不是逃避责任或在别人的目光中才勉强承担责任时，你才真正地长大。	50 分 1. 自拟题目，除诗歌、戏剧外，文体不限。 2. 将自拟的题目写在答题卡的相应位置上。 3. 文中不得出现所在学校的名称和人物的真实姓名。 4. 不少于 600 字。

年份	试题	要求
2005年	也许沈从文《端午日》中那赛龙舟的场面曾让你激动过，也许刘绍棠《本命年的回想》中那乡土气息浓郁的年俗曾令你向往过。是啊，我们有那么多充满民族特色的传统节日：春节、元宵节、端午节、中秋节、重阳节……近年来，像圣诞节、愚人节、母亲节这些西方的节日，也开始在我们这块古老的土地上“闪亮登场”，而且受到了一些人尤其是年轻人的青睐。你了解某个节日的来历、风俗吗？回首往事，哪个节日最令你难以忘怀？对于中国传统节日和西方节日，你有哪些看法和感受？请你从以上三个角度中任选一个，自拟题目，写一篇作文。	50分 1. 文体不限。 2. 将自拟的题目写在答题卡的相应位置上。 3. 文中不得出现所在学校的名称和人物的真实姓名。 4. 不少于600字。
2006年（A卷）	2004年12月印度洋海啸发生后，英国媒体有这样一则报道：在几十米高的海浪袭向泰国普吉岛的一个海滩之前，英国一位年仅10岁的女孩蒂莉·史密斯，凭借自己在学校里所学的地理知识，预测出将有威力强大的海啸发生。她立即让父母发出警报，疏散了海滩上的游客，从而挽救了100多名游客的生命。 这则报道唤起了你的哪些回忆，引发了你怎样的思考？请结合自己的经历或感受，从沉着、自信、关爱、知识的力量中选择一个角度，自拟题目，写一篇文章。	60分 1. 除诗歌外，文体不限。 2. 将自拟的题目写在答题卡的相应位置上。 3. 不少于600字。 4. 文中不得出现所在学校的名称和人物的真实姓名。
2006年（B卷）	2004年12月印度洋海啸发生后，英国媒体有这样一则报道：在几十米高的海浪袭向泰国普吉岛的一个海滩之前，英国一位年仅10岁的女孩蒂莉·史密斯，凭借自己在学校里所学的地理知识，预测出将有威力强大的海啸发生。她立即让父母发出警报，疏散了海滩上的游客，从而挽救了100多名游客的生命。 这则报道唤起了你的哪些回忆？引发了你怎样的思考？请结合自己的经历或感受，以“关爱”或“知识的力量”为题。写一篇文章。	60分 1. 诗歌外，文体不限。 2. 不少于600字。 3. 文中不得出现所在学校的名称和人物的真实姓名。

2. 命题与教材、教学和学生实际保持一致

中考作文命题与教材、与教学、与学生实际保持一致，不回避，不顶撞，不敌对。几年来北京市每届学生至少使用四套以上的教材，这给命题工作带来很大挑战，做到既兼容又公平实在是一大难题。

表 20 人教版初中语文教材作文训练点

人教版初中语文教材	作文训练点
第一册	1. 作文贵在创新；2. 写自己最熟悉、最动情的东西；3. 说真话，诉真情；4. 要多读多写；5. 要养成良好的写作习惯；6. 自由写作实践。
第二册	1. 严格选材，确定主旨；2. 理清思路，合理安排结构；3. 文从字顺，有条不紊；4. 学会记“实”；5. 善于写“虚”；6. 自由写作实践(办小报)。
第三册	1. 合理交代记叙的要素；2. 正确使用记叙的人称；3. 掌握常用的记叙方法；4. 学习写消息；5. 学习写通讯；6. 自由写作实践(范围：父母亲)；7. 自由写作实践(周围事物或环境的变迁)。
第四册	1. 恰当安排说明顺序；2. 正确使用说明的方法(上)；3. 正确使用说明方法(下)；4. 总结；5. 自传、小传及自荐；6. 自由写作实践(上)；7. 自由写作实践(下)。
第五册	1. 一事一议；2. 学会写提纲；3. 论点的提出；4. 论据的运用；5. 论证的展开；6. 自由写作实践(当前生活)；7. 自由写作实践(评论小说)。
第六册	1. 审题和立意；2. 构思和创新；3. 运用多种表达方式；4. 养成修改文章的习惯；5. 毕业赠言；6. 自由写作实践(虚构小说)；7. 自由写作实践(写诗及评论)。

表 21 北京版语文教材作文训练点

北京版初中语文教材	作文训练点
十三册	1. 观察生活，积累素材；2. 说写真话，表达真情；3. 记一件事，情节清楚；4. 记一次活动，有点有面；5. 写几件事，层次分明；6. 记一个情境，境中见情；7. 记叙语言要通顺。
十四册	1. 认真思考，理清思路；2. 展开想象，自主创新；3. 写景寓情，托物言志，贵在自然；4. 写自己言行心理，贵在真切；5. 写别人，叙事记言，形神兼备；6. 写几个人，精选细节，显示个性；7. 记叙语言要生动。

（续）

北京版初中语文教材	作文训练点
十五册	1. 学习名家，善于模仿；2. 积累语言，讲究文采；3. 一事一议；4. 用中心论点来统率；5. 用事实和道理来论证；6. 议论语言要严密；7. 说明事物要抓住特征。
十六册	1. 多读多写，大胆创新；2. 高尚人品，纯洁人品；3. 论证要令人信服；4. 运用论证方法；5. 反驳要击中要害；6. 说明事理要深入浅出。
十七册	1. 学写诗歌；2. 学写散文；3. 学写小小说；4. 学写文学小评论；5. 学写读后感。
十八册	1. 审题；2. 立意；3. 选材；4. 结构；5. 语言；6. 修改。

表 22　苏教版语文教材作文训练点

苏教版初中语文教材	作文训练点
七年级上册	1. 有感而发；2. 说真话，抒真情；3. 从生活中找“米”；4. 观察和描写景物的特点；5. 修改文章专题训练——词语的修改；6. 想象。
七年级下册	1. 观察人物特点，写出人物个性；2. 记事写人线索清楚；3. 观察和描写事物特点；4. 抓住特点介绍动物；5. 写消息；6. 自由作文。
八年级上册	1. 写清楚一件事的起因、经过和结果；2. 写参观游览的文章；3. 记叙中结合抒情和议论；4. 自由作文。
八年级下册	1. 运用联想，丰富写作内容；2. 写简单的议论文；3. 写简单的说明文；4. 写人记事突出中心；5. 修改文章专题训练；6. 写简短的演讲稿。
九年级上册	修改文章专题训练——结构的调整。
九年级下册	修改文章专题训练——文章的综合修改。

与教学实际一致，实际上也发挥了教学导向作用。

全命题作文与半命题作文是各区县考查的主流。请看课标卷后各区县的模拟作文试题。

表 23　2007 年北京市各区县中考语文作文模拟试题

区县	作文模拟题	区县	作文模拟题
昌平	请围绕“交流”选材立意	(原)崇文	影子

（续）

区县	作文模拟题	区县	作文模拟题
大兴	我____，因为我	房山	请从“人际交往”、“忘记与铭记”、“辨证看待事物”中任选一个角度，自拟题目。
怀柔	1. 关注 2. 围绕“积极进取”选材立意，自拟题目。	石景山	从“梦想”、“毅力”、“成功”中，任选一个角度选材立意，自拟题目。
密云	我拥有	平谷	精彩
(原)东城	围绕“思源”选材立意。	门头沟	给我
通州	3. 认识 4. 我为对手喝彩	延庆	请围绕“我为奥运做贡献”选材立意，自拟题目。
(原)西城	1.“亲情、真诚、理解”角度立意 2. 微笑	(原)宣武	享受快乐
朝阳	专心	海淀	和谐之美、享受创造
丰台	奉献的快乐	顺义	与______同行
燕山	质量		

表 24　2008 年北京市各区县中考语文作文模拟试题

区县	作文模拟题	区县	作文模拟题
顺义	我拥有，我快乐	昌平	搀扶
朝阳	在______的日子里	(原)崇文	1. 桥　2. 传奇
通州	带来	大兴	给自己一缕______的“光”
(原)东城	帮助	房山	心中有盏红绿灯
丰台	来来来，大家一起来	海淀	在学习中成长
怀柔	责任	门头沟	心中的阳光(我心中的阳光)
密云	传递	平谷	成功需要
石景山	与______同行	(原)西城	我做到了
(原)宣武	在追逐梦想的日子里	延庆	阳光总在风雨后

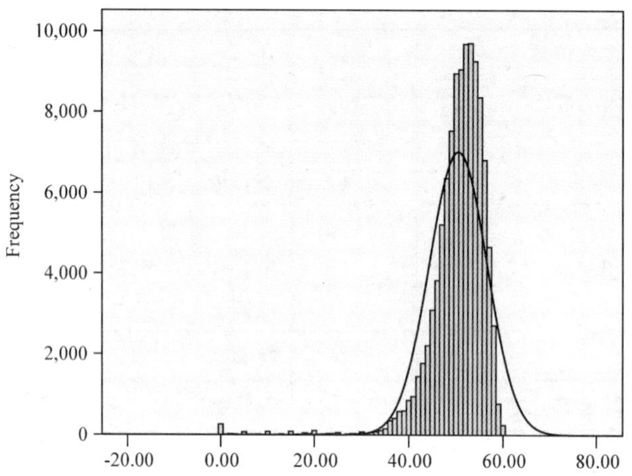

图 2　2007 年北京市中考语文作文分数分布图

3. 作文测试具有有效性

北京市中考作文试题的效度近几年都保持在学生能够接受，社会能够认可的水平上，数据统计图表证明了这一点。

2008 年北京市中考作文得分分布，和往年一样，高比率在 46—57 之间。

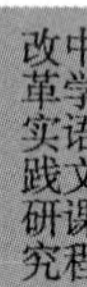

表 25　2008 年北京市中考语文作文得分分布表

分值	人数	比率	累加比率
60	243	0.2	0.2
59	771	0.7	0.9
58	2714	2.5	3.5
57	4654	4.3	7.8
56	6811	6.4	14.2
55	8361	7.8	22.0
54	9257	8.6	30.7
53	9710	9.1	39.7
52	9690	9.1	48.8
51	9052	8.5	57.2
50	8950	8.4	65.6
49	7535	7.0	72.6
48	6357	5.9	78.6

（续）

分值	人数	比率	累加比率
47	5208	4.9	83.5
46	3829	3.6	87.0
45	3094	2.9	89.9
44	2208	2.1	92.0
43	1773	1.7	93.6
42	1445	1.4	95.0
41	949	0.9	95.9
40	855	0.8	96.7
39	596	0.6	97.2
38	582	0.5	97.8
37	412	0.4	98.2
36	350	0.3	98.5

从历年成绩看，北京市中考作文成绩平稳，没有起伏。

表 26　2003—2008 年北京市中考语文作文成绩

年份	2003 年	2004 年	2005 年	2006 年	2007 年	2008 年
平均成绩	49.80 分	51.45 分	51.10 分	51.71 分	50.43 分	51.49 分

如果说分区阅卷集中统计不足以服人，那么将市、区做一比照，会有些说服力。谨以通州区历年抽样(约 50%)成绩为例。

表 27　北京市与通州区 2003—2008 年中考语文作文成绩对照

	2003 年	2004 年	2005 年	2006 年	2007 年	2008 年
北京市	49.80 分	51.45 分	51.10 分	51.71 分	50.43 分	51.49 分
通州区(抽样)	51.09 分	51.03 分	51.60 分	51.50 分	51.80 分	51.60

再看通州区两所有代表性的学校模拟与中考情况(一所为城区学校，一所为农村学校)。

表 28　2008 年通州区学校中考语文模拟成绩与中考成绩对照表

	校一模平均分	校二模平均分	校中考平均分	区中考平均分
玉桥中学(城区)	49.84 分	50.56 分	53.80 分	51.60 分
第一实验(农村)	51.30 分	50.86 分	51.90 分	51.60 分

4. 作文试题具有一定的开放性

《课标》关于写作教学的建议如下：

写作教学应贴近学生实际，让学生易于动笔，乐于表达，应引导学生关注现实，热爱生活，表达真情实感。

在写作教学中，应注重培养观察、思考、表现、评价的能力。要求学生说真话、实话、心里话，不说假话、空话、套话。激发学生展开想象，鼓励其写想象中的事物。

为学生的自主写作提供有利条件和广阔空间，减少对其写作的束缚，鼓励自由表达和有创意的表达。提倡学生自主拟题，少写命题作文。

北京市六年来作文试题都是直接命题作文，这与《课标》建议“提倡学生自主拟题，少写命题作文”是否有悖？我们先来弄清这个问题。“少写命题作文”是教学建议，评价建议中没有限制。评价总要在一个公平的平台上，有一个相同的尺度。“少写命题作文”应指作文训练，考试没有说明。

基于此，直接命题不影响谈开放的话题，与《课标》没有抵触。衡量一个题目开放度的标准不在作文形式，而要看是否“为学生的自主写作提供有利条件和广阔空间，减少对学生写作的束缚，鼓励自由表达和有创意的表达”。有些问题看似开放，实际上设置重重障碍，牢牢地束缚学生的思维。

比如，2007 年某地中考语文作文试题，要学生写 600 字的作文，要读 710 字的题目。

阅读下面材料，按要求作文。

那时我们还居住在深山里的乡下，我还是个十五六岁的孩子。春天，小草刚被融雪洗出它们嫩绿的芽尖时，老师告诉我们，学校准备组织我们搭车到百里外的县城去参加作文竞赛。我们一听又兴奋又担忧，兴奋的是我们能够坐上大汽车去县城里看看，担忧的是我们这群山里的孩子，作文能赛过城里的学生吗？

头发发白的老校长看出了我们的忧虑，他就说：“你们常常上山下田，谁能说出一种不会开花的草？”

不会开花的草？蒲公英是会开花的，它的花朵金黄金黄的，秋天时结满了降落伞似的小绒球；汪汪的狗尾巴草也是会开花的，它狗尾巴似的绿穗子就是它的花朵；就连那些麦田里的荠荠草也是会开花的，它的草洁白洁白的，有米粒那么大，像早晨被太阳渡亮的颗颗晶莹的露珠。我们想来想去，把每一种草都想遍了，可是谁也没有想出有哪一种草是不会开花的。我们想了半天都摇摇头说："老师，没有一种草是不开花的，所有的草都会开出自己的花朵。"老校长笑了，说："是的，孩子们，每一种草都是一种花，栽在精美花盆里的花都是一种草，而生长在田地边和山野里的草也是一种花呀。不论生活在哪里，你们和其他人一样，都是一种草，也都是一种花。记住，没有一种草是不会开花的，再美丽的花朵也是一种草！"几十年过去了，当我从深山里的乡下走进都市里的大学，当我从乡下的青年成为城市缤纷社会的一员，当我面对一束束流光溢彩的鲜花和一次次雷鸣的掌声时，我从不自卑，也没有骄傲过。我总会想起老校长的那句话——没有一种草是不会开花的，而每一种花朵也是一种草。

请以"每一种草都会开花"为话题写一篇文章。

要求：1. 说真话，叙真事，抒发真情实感。

2. 除诗歌外，文体不限。

3. 文中不得出现与自己真实身份相关的地名、校名、人名。

再如：2007年某地中考语文作文题，所给材料是诗歌，读完31行诗，却不让写诗歌，和学生兜圈子。

在2007年春节联欢晚会上，民工子女深情地朗诵了一首感人肺腑的诗《心里话》，深深地感动了电视观众。请认真阅读这首诗，然后自选角度写一篇文章。

心里话

要问我是谁
过去，我总不愿回答
因为我怕
我怕城里的孩子笑话
我们的校园很小
放不下一个鞍马
我们的校舍简陋
还经常搬家
我们的教室很暗
灯光只有几瓦

我们的桌椅很旧
坐上去吱吱哑哑
但是，我们作业工整
我们的成绩不差
要问我此刻最想说什么
我爱我的妈妈，我爱我的爸爸
因为——
是妈妈把城市的马路越扫越宽
因为——
是爸爸建起了新世纪的高楼大厦
北京的 2008
也是我们的 2008
老师把它谱成了歌
同学把它画成了画
作文课上，我们写下了这样的话
别人和我比父母，我和别人比明天
打工子弟和城里的小朋友一样
都是中国的娃，都是祖国的花
亲爱的爷爷奶奶，爸爸妈妈
全国的小朋友们
我向你们拜年啦

要求：①除诗歌外，文体不限。②所写的内容必须符合题目的要求。③字数不少于 600 字。④文中不得出现真实人名、地名、校名。

作文试题大都提倡“三自”原则：自定立意，自选文体，自拟题目。命题者的本意是要给学生一个“自由的空间”，可这个空间真的自由吗？至少不自在！

首先，这种命题增加了作文的阅读量。写一篇 600 字的作文，要去读三四百乃至六七百字的文题。从那么多的文字中剥离出命题者所规定的写作内容、是非标准和价值取向，满足那么多的“要求”、“提示”、“注意”，这无疑是作文前的一道“鬼门关”，令学生望而生畏，甚至不寒而栗。那么多“人文关怀”的辞令，对学生是解放还是捆绑？

其次，这种命题干扰学生思维。几百字的叙述材料，好不容易读完，命题人又善意地告诉你：“试题引用材料，学生在文章中可用也可不用。”既然“可不用”，这不等于无用功吗？

再次，这种命题主观性太强。给出材料后，大段的提示语絮絮叨叨，全是命题人的理解，等于是给学生脖子上套一根缰绳，把他们生拉硬拽到命题人的思路上来。这样还能“自主”吗？

事实上，作文题是否开放，还要看几个“性”：

(1)时代性。

作文题应引导学生关注现实，热爱生活，表达真情实感。北京市中考语文六年的作文题目，可以从中看出国家的发展，时代的脚步，从战胜“非典”，到“八荣八耻”的提出，再到迎接奥运，一直在引导学生关注主旋律，认识自我价值，感悟自身体验。几年的作文题表现了健康向上的意趣，和谐社会、竞争意识、发展时代的变化。

(2)适应性。

近几年的作文题为学生的自主写作提供了有利条件和广阔空间，减少了对学生写作的束缚，鼓励自由表达和有创意的表达。引导学生关注生活，又不脱离学生生活实际，尽可能调动他们平时的积累，反映平时的能力水平。北京市中考语文六年的作文题目都能使学生在最短时间内进入写作状态，三个半命题，等于把一半的命题权交给了学生，命题人与学生在某种程度上形成了互动。

(3)操作性。

让学生易于动笔，乐于表达。六年的题目不偏怪，不生涩，把视线引到反思自己的经历、体验、感悟上，激发主体意识的活跃，“表达对自然、社会、人生的独特感受和真切体验”。给学生创造性的表达提供了空间，使学生既不会在审题上发蒙，也不会在选材上卡壳。让学生先“乐于表达”，继而在“善于表达”上显出层次性、区分度。

(三)试题解析和优秀作文

1. 试题解析

2005 年北京市中考语文作文试题：

【原题回放】

开端是(事情的)开头。春天，是一年四季的开端；清晨，是一日生活的开端。万事皆有开端；开端蕴含希望……

请你结合自己的亲身经历或感受，以“开端”为题，写一篇文章。

要求：(1)不限文体(诗歌除外)。

(2)不少于 600 字。

(3)作文中不要出现所在学校的校名和师生姓名。

【题目透析】

2005年北京市中考语文作文试题以其朴实而不失个性的面目呈现在广大学生面前。"开端"虽然是命题作文，但"不限文体(诗歌除外)"，给了学生文体选择的自由。题前提示语，极富启发性。"开端是(事情的)开头。春天，是一年四季的开端；清晨，是一日生活的开端。万事皆有开端；开端蕴含希望……"实际是在唤醒学生的写作冲动，又巧妙地拓展了写作空间，启动学生的思维。"请你结合自己的亲身经历或感受，以'开端'为题，写一篇文章"则是对写作内容的要求及提示。"开端"对学生来说是一个既熟悉又陌生的命题，因此，有内容可写，但要想写得好，并非易事。因为就"开端"写"开端"没有意义，关键是要在文中表达出对"开端"的独特的认识，这也是命题人的初衷。

2006年北京市中考语文作文试题

【原题回放】

劳动________

劳动，是人类创造物质或精神财富的活动。劳动伴随人们的每一天，每一月，每一年。劳动带给人们的有许多许多……

请结合自己的经历或感受，写一篇文章。

要求：1. 将题目补充完整，构成你的作文题目，并抄写在作文纸上。

2. 不限文体(除诗歌外)。

3. 不少于600字。

4. 作文中不要出现所在学校的校名和师生姓名。

【题目透析】

从形式看，题目＋提示＋要求。题目属半命题，学生可根据自己的"经历和感受"确定写作对象。提示语表述简洁，指向性明确，能够激发学生锁定写作范围和内容。要求宽松，不限文体，可以展示各类学生的特长。

这个文题避开了偏、难、怪，虽在意料之中，也须开动脑筋。每个学生都会有话可说，有事可写，有情可抒；看到题目，能很快调动自己的积累，表现写作才情。

具体分析，此文题有如下几个特点：

文题顺应社会主流，担负起育人职责，检验"荣辱观"教育的效果。但又不是直白的政治论辩，富有语文教育潜移默化、熏陶渐染的特点。

文题贴近学生生活，能诱发学生反思成长过程，调动学习过程中的积累和体验，既不会在审题上发蒙，也不会在选材上卡壳。它给学生创造性的表达提供了空间，无形中显出层次性。

文题的指向性在于挖掘自身的"经历和感受"，这符合大纲的精神，与《考试说明》吻合，与常规教学一致，能够检验目前的作文教学现状。

根据文题特点，学生在作文时应注意：

①完题要考虑自己的优势，由于文题没有提供可选择的素材，所以补充题目角度要巧，切入点要小，走向要顺，不要自我束缚。

②揣摩命题意图，领会作文的目标性，确定明确的表现主题。

③选材要具体，相对集中。这个文题由于宽泛，“写什么都行”，所以要避免出现“什么都写”“什么都写不好”的局面。

④由于可写的东西太多，更需要写作技巧。行文过程要把握好方向，避免跑偏、无序。平易的要显深刻，琐碎的要典型集中，旧材料要翻新。

2007 年北京市中考语文作文试题：

【原题回放】

题目：动力来自________

要求：(1)将题目补充完整，构成你的作文题目，并抄写在作文纸上。

(2)不限文体，诗歌除外。

(3)不少于 600 字。

(4)作文中不要出现所在学校的校名和师生姓名。

【考题透视】

2007 年北京市中考语文作文试题，依然沿袭了几年来的传统形式——直接命题。此题没有材料，没给提示，属直接半命题。它没有审题障碍，具有普遍可写性，易于调动学生积累；有积极导向性，贴合社会背景和时代要求；形式利于调动写作主体的能动性，有广阔的发挥空间，适于各种文体的要求；补全题目后可迅速切入，有很强的操作性。

这个题目开放性极强。目的是尊重写作主体，发挥他们的能动性。学生在完题后尽可任意施展技巧，驰骋思维。题目具有普遍认同性。中考是面对全体学生，原则是让每个学生都有材料可写，有话可说。这个题目能够调动学生的积累，利用手头的优势资源。另外这个题目的人气还在于它让所有学生先“乐于表达”，继而在“善于表达”上显出区分度。

此题主旨在于从写作内容上发挥正导向作用。“动力”是主体的定位，“________”选填内容是“动力”的源泉，“来自”是沟通“动力”与“源泉”的渠道。“动力”支撑着健康向上的意趣，符合和谐社会、竞争社会的环境，适应时代的要求。更主要的是激发主体意识的活跃，“表达对自然、社会、人生的独特感受和真切体验”。

这个题目也有“绵里藏针”的特点，行文前也要慎重审视揣度。

2008 年北京市中考语文作文试题：

【原题回放】

题目：向前，向前，向前！

要求：1. 将题目抄写在作文纸上。

2. 不限文体(诗歌除外)。

3. 不少于600字。

4. 作文中不要出现所在学校的校名和师生姓名。

【题目透析】

“向前，向前，向前！”，多亮的一个题目，朗朗上口，充满力量；读来令人精神振奋，充满昂扬向上的情绪。

“向前，向前，向前！”延续了北京中考作文试题的传统特点，属直接命题的全命题，没给材料，没有提示语，几乎没有任何限制，把审题障碍降到最低限度。给学生创造了广泛的选材空间，可写自己的体验感受，可写自己的经历，当然也可写自己的见闻和认识。总之可以使学生的写作与生活密切地联系起来。

这个题目，形式上运用了“反复”的修辞方法，成为一个完整的句子。有强烈的语言气势，给人一种震撼力。除了具有普遍可写性以外，更具鲜明的时代特点，符合2008年的大背景。思维上不用成人的思维框子去套学生，学生可以很快入题。

“向前，向前，向前！”，审题上可以从两方面考虑：一是把“向前”当作一种信念、一种精神，围绕这种信念选材立意，表达一种始终不渝的追求；二是把“向前，向前，向前！”看作一个渐近或层递过程，写出情节的发展或认识的提升。

当然，这个口号式的题目，如果脱离了背景会引导学生说一些空话、套话；完整的句子做题目需要接受度考验。

2. 部分优秀中考作文

2003年北京市中考语文优秀作文：

喝　彩

离河边越来越近，我深吸一口气，闭上了眼……

饭后，爸爸跷着二郎腿，嘴里叼着香烟，不时吐出一个个烟圈，国民党汉奸地主土匪恶霸狗腿子二流子也比不过这气势。“过来。”是叫我呢。“两条‘河’，你选，跳吧！”

这在我的预料之中，他早晚要逼我走这条路。面临中考，父命难违，跳就跳吧！

通州区两所重点高中，运河中学和潞河中学。这岂止是父母的希望，也是我的向往。可我自知游泳的本领，顶多就是有希望没把握。既然有令，那就扑腾几下子。趁“非典”假期，我乘着《走进清华北大》、《尖子生题库》这叶小舟，遨游在深不见底的“两河”。学海无涯题作舟，练习题基础题提高题拓展题补习题金牌题银牌题铜牌题难题易题，我也豁出去了，不会的打电话问黄奶奶李夫人孙小姐。好在几位老师有求必应，对我是循循善诱……

如果说这时我是出于无奈，那么去赵先生家补课的路上给我的触动，使“跳河”成为我的自觉行动。

天阴沉沉的，穿过玉带路，转向新华南街，潞河中学偏偏就矗立在街边了。那现代化的体育馆，那古老的红楼，那平坦的塑胶跑道，那如茵的草坪，那休闲的群群白鸽，深深吸引了我。平时没少从这门前走过，甚至也曾到校园里参观过，可他之前并没有这般魅力，今天我的心里特不是滋味。诺大校园，校长给我准备了一张课桌吗？

钻过铁路桥上了运河大街，没骑几步又撞上了运河中学。绿色琉璃瓦覆盖的现代化教学楼，在高大梧桐树掩映之下，有几分深邃和神秘。我真想进去转一圈，看看他是否宽容一些？

在赵叔叔家补课，我的脑子里全是“两河”，至于他谆谆教导了我什么，一点印象都没有。从赵叔叔家出来，天下雨了。我雨衣也不穿了，发疯似的在雨里狂奔。运河大街雨水横流，我骑着车就像抱着一节枯木，在水里扑腾着。渐渐的，我找到了一点技巧，猫着腰，低下头，静下心，风吹浪打也从容。

到了家上了楼，就像小船上了岸，塞点饭，我就钻进了书房。爸爸从门缝甩进一句：“别忘了，跳‘河’！”

放心吧老爸，您就等着为我喝彩吧！

2005年北京市中考语文优秀作文：

开　端

一场棒球比赛有九局，九局下半是整场比赛好几个钟头的最后一搏，也是开端。

——题记

总以为有挥霍不完的时间，但不知不觉我已面临毕业，“九局下半”。就像太阳悄声划过头顶，很惆怅，茫然。

周围有太多关于这半年的渲染，最浓重的一笔就是体育加试。并且今年新增加一项排球。于是每个人的手里都捧着一个橘黄色的球，不停地去托，去掂，弄到胳膊发酸、脖子发硬为止，看到橘黄色的球被托上去又落在腕上，总会想起从前的起起落落，想着今后越发艰难的歪歪斜斜的青春。

跑。我很想用力去跑，来一个本垒跑更好。可是腿和手臂都早已僵化，只会画三角和圆——其实也画不好。用很慢很慢的速度，要大口大口地喘着粗气。家长、老师总说我能吃苦，可我却总是很怕累，总是不知道"九局下半"怎么办，总是不明白为什么要用速度去打拼生命。而那么多人都在关心我的"速度"。

晚上，照例地跑完五圈后，看着操场上很散乱的人群，老师走了过来。速度不够，跟着那个同学加速跑。于是我无奈地跟着他一圈一圈地跑。一天了，也该累了，也该饿了，也该烦了吧。可他还是那么精神振奋。常回过头来喊"坚持，加油!"。于是我一点点地提高了速度。在操场上——人生的竞技场上，我大口大口地呼吸着一种叫生命的气息。

跑步还是很累，学习还是很忙，生活还是在继续。只是我不断地在提醒自己，要用速度来度过"九局下半"。我常常在累了的时候，望着操场上那两棵比教学楼还高的白杨树，繁华的枝叶透露着一种激越的情绪，嫩绿明亮的叶子在阳光中显得很晃眼，那是一种怎样的颜色呀！它幻化成为我所有的坚持，与对努力结果的期盼。

"九局下半"的开始在充满生机的春天，在一种激越的速度中进行，我坚信这所有的坚韧、感动、痛苦、失望、燃烧所酿造的最美的状态，是挺胸抬头走向考场的开端。

2006年北京市中考语文优秀作文：

劳动的手

奶奶一生不辍劳作，用她的那双劳动的手为她的子孙撑起一片温情的理想的天空。

听爸爸讲，以前家里很穷，一大家子的生活只靠奶奶一个人打理，但奶奶凭着那双热爱劳动的手，把家里大大小小的事安排得井井有条。奶奶在园子里种了许多的菜。松土、施肥、浇水，都要奶奶一人操办。肥料需要到几里外的县城去买，水也要到村外的河里去打，但奶奶从没有一句怨言，日出而作，日落而息，每天回来，那双手都沾着厚厚一层泥。

爸爸说，每逢秋天，园子里的果实都成熟了，这也是他们最开心的时候，因为他们终于可以吃上一顿好的了。放学归来的他们，还没到家，就闻到一股饭菜的香味。奶奶做的饭可是十里八乡出了名的好吃，她那双勤劳的手总是把普通的饭菜做出不一样的味道，让人回味无穷。

日子如梭，飞转在那个贫穷却又最真最切的年代，在奶奶劳动的手下，爸爸他们度过了一个美好快乐的童年，他们长大了，一个个相继离开了家。

每个孩子离家的时候，奶奶都会连夜缝制一床又松软又舒适的棉被。可以想象，那双已不再细腻的手，一针一线，用一个母亲的爱缝制出的棉被，一定很舒适，一定有种“家”的味道。那时也许奶奶在抱着棉被泣不成声，也许奶奶会笑着抚摩棉被，但她一定是幸福的，在她手中，她的子女是有出息的。

奶奶就是用那双劳动的手，托起她的子女，把他们托向美好的未来，把他们托出这穷乡僻地，托向成功。

奶奶老了，应该尽享天伦之乐，可一个个孙子、孙女的出生，使她再一次陷入忙碌。我是奶奶看大的，我的童年是快乐的，身上穿的是奶奶为我缝制的小花袄，脚上穿的是奶奶缝的老虎鞋，顶着奶奶扎的羊角辫，快活地奔跑在奶奶的园子里。

直到今天，我一直相信奶奶的手是神奇的，就是那双劳动的手，带给我们刻骨铭心的爱，无法割舍的情。

今天，坐在中考的考场里，回想起昨夜奶奶用那双劳动了一生的手轻轻地抚摩，我就相信，我一定不会失败，因为有一双手一直在身后托着我，很轻很轻……

2007年北京市中考语文优秀作文：

动力来自那枚硬币

手伸进兜儿里一摸才发现，我只剩下一个一元钢镚儿了！我发觉我的脸色在一瞬间变成了紫茄子：从这个地方要想坐车回家，至少得两块钱！十公里的路，叫我怎么办呢？我现在才明白什么叫“一文钱憋倒英雄汉”！

事已至此，只好走到一半的时候再坐公交车了。只要五公里，只要五公里而已！这么盘算着，我手握一元钢镚儿踏上了回家的路……

火辣辣的太阳高高悬挂在我的头顶，把我烤成了一只“烧鸡”——全身直冒油。这该死的太阳！连着一个星期不出来，偏偏我遇困难的时候它出来了！如果我是后羿，非得把它射下来，幸灾乐祸的家伙！

走不动了，坐在路边树下歇一歇，我使劲攥住手里想坐车的那一元钢镚儿，劝它再忍一忍，等走过前面的那个路口。

一点一点地挪动着干尸般的身体，这个时候要是有谁给我一瓶矿泉水，我管他叫……

啊！走过那个路口！走啊走，一辆“小公共”停在我身旁，几个乘客上上下下，我捏着钢镚儿要走上去，但脚到了车门又停下来。这时，耳边响起一个声音："上车了，一块五啊！"

我只好尴尬地把迈上的一只脚缩回来。

毅然决然地，我转回身子，继续往前走。

本来已经没有力气，本来已经再迈不动一步，但那紧紧攥在手里的一块钱却为我添了劲儿——我的身体是累，但我心里却有底。

一块钱不断安慰着我——别慌，别怕。

一块钱不断鼓励着我——坚持，向前走。

走，再走，终于走完了一半的路。掏出那一块钱，想坐车了，但是手又缩了回来。一半的路都走完了，剩下的路也能走完！我有钱，怕什么！实在走不动了就坐车，看还能走多远！爷们儿嘛！

再走，再走。再走一步就坐车……

一步……两步……三步……

头昏沉沉，身轻飘飘，腿软绵绵……当我实在走不动一步，停下脚步，抬起头时，忽然发现我已经走到了家门口。

真是一块钱练出个英雄汉！

我手里还攥着那一块钱。它是我创造奇迹的动力。

2008年北京市中考语文优秀作文：

向前，向前，向前！

打开记忆的枷锁，掸掸落在上面的灰尘，那深刻的记忆如岁月留下的串串足迹，深深的，抹不去。人生的旅途上会有几次拼搏？回想那走过的风风雨雨，艰难中不断向前、不断拼搏的生活在脑海里还是那么的清晰。

我曾是一个"茧"人，是个裹着茧的人。初中生活让我慢慢蜕变。

一、蛹

初中入学，我是一只蛹，班级中高手如云，我怯生生地爬着，有时遇到学习的棱角，有时遇到同学嘲笑的冰山，有时被卷进家长失望眼神的漩涡。这次成绩又出来了，在拿到成绩的那一刻，心里黯然，我不相信这是我这段时间努力的结果。我很难过，很害怕，很委屈，我要变。

二、茧

那是我最寂寞，痛苦，艰难的时光，茧里的空气好闷，阳光也不充足，可这里很安静。深蓝的天空依旧宁谧而深邃。可我的心变得好大，我开始反省，开始用我的双手自我改变。我找回了自信，依然像往常那样不畏艰险，不畏劳累奋力地拼搏。我挂在学习的枝头上，每天吮吸学习的甘露，沐浴生活的阳光。外面的世界很闹，没有谁会注意我，可我却有点快乐，偶尔会露出一丝微笑，我成长，我向前。

三、蝶

那小小的外壳终于裹不住我了，在那初三的日子里，我破茧而出了，才发现自己的翅膀如此坚强有力。在初三的生活中我采集知识的种子，不知疲倦。这时同学们才注意到我，他们不敢相信这便是那个怯生生可怜的蛹，原来我有美丽的翅膀，并且有随时捕捉一切变化的能力，更惊奇的是我学会了飞翔，并且还有阳光下自信的笑容。我快乐，我向前。

蜕变换来了笑容，换来了美好的生活，换来了优异的成绩。那痛苦的日子成为我最珍贵的回忆。以后我要向更高的目标飞翔，不断超越，不断向前。带着那段时光，飞越生命中最高的、最绚丽的彩虹！

第三部分　语文学科中考改革发展愿景

一、中考改革所面临的现状分析

中考“既是高级中等学校招生的重要依据之一，也是衡量学生是否达到《课标》所规定的学习水平的参考依据”。因此，中考要达到“有助于高级中等学校的招生录取工作，有助于促进义务教育质量的进一步提高，有助于课程改革的逐步深化和素质教育的全面推进”的效果。这样就既与学生平时的学习有关，也与学生的升学有直接的关系，所以对学生和家长都产生了较大的压力和影响。因此，它备受社会关注。特别是随着高等院校扩大招生，中考已成为一种高利害性的考试。这样一来，传统的评价与考试制度，就制约了素质教育的实施，为了突破这一素质教育的“瓶颈”，教育界进行了不懈的努力和探索。

同时，中考改革是中考自身进化和适应系统外部环境，主动调整系统现有要素结构与运行机制的过程，其实质是建立和完善新的中考价值取向。所以，改革价值取向就成了中考改革的关键，而实际制约中考命题价值取向的是社会价值观、行政主管领导价值观。因此，保障中考改革成功的关键就是建立与中考价值主体价值取向相适应的中考评价体系。这个任务只有国家才能完成。

因此，早在2002年，教育部在《教育部关于积极推进中小学评价与考试制度改革的通知》中就明确指出了现行中考评价体系存在的问题：“现行中小学评价与考试制度与全面推进素质教育的要求还不相适应，突出反映在强调甄别与选拔功能，忽视改进与激励的功能；注重学习成绩，忽视学生全面发展和个体差异；关注结果而忽视过程，评价方法单一。”同时在《中小学评价与考试制度改革的原则》中明确提出：“中小学评价与考试制度改革的根本目的是为了更好地提高学生的综合素质和教师的教学水平，为学校实施素质教育提供保障。充分发挥评价的促进发展的功能，使评价的过程成为促进教学发展与提高的过程。”“既要重视学生的学习成绩，也要重视学生的思想品德以及多方面潜能的发展，注重学生的创新能力和实践能力。”同时，明确提出了“评价方法要多样，除考试或测验外，还要研究制定便于评价者普遍使用的科学、简便易行的评价办法，探索有利于引导学生、教师和学校进行积极的自评与他评的评价方法”。“对学生、教师和学校的评价不仅要注重结果，更要注重发展和变化过程。要把形成性评价与终结性评价结合起来，使发展变化的过程成为评价的组成部分。”并明确要求“教师要在教育教学的全过程中采用多样的、开放式的评价方法（如行为观察、情景测验、学生成长记录等）了解每个学生的优点、潜能、不足以及发展的需要”。

其中，“在教育教学的全过程中采用多样的、开放式的评价方法”就成了人们非常关注的话题。因为其中收集了能够反映学生学习过程和结果的资料，包括学生的自我评价、最佳作品（成绩记录及各种作品）、社会实践和社会公益活动记录、体育与文艺活动记录，教师、同学的观察和评价，来自家长的信息，考试和测验的信息等。

这就涉及一个非常敏感的话题：公正性与诚信度。

从近几年的中考改革中发现的问题来看，尽管各地在中考改革方面进行了积极探索，（比如“学生成长记录袋”、等级评定、等级与分数的综合评定……）并取得了一定的效果，但因中考改革只局限于教育系统内部，导致中考改革缺乏持续的支持动力和有效的质量保障机制。而中考改革面临的最大困难在于，没有监督和评估具体实施的中考是否满足中考价值主体需要的机制。

而初中毕业生学业考试是义务教育阶段的终结性考试，目的是全面、准确地反映初中毕业学生在学科学习目标方面所达到的水平，考试结果既是衡量学生是否达到毕业标准的主要依据，也是高中阶段学校招生的重要依据之一。

升学竞争激烈，诸多矛盾难以解决，使这项改革始终未取得实质性的突破。在这种情况下，虽然各省市的中考从整体形式和要求上有着各种评价方式，但无论是考试和其他评价方式相结合，还是仍停留在以纸笔考试为主体，都有一个共同的特点，就是纸笔测试仍将占据着主要的地位。而且，从当前的发展看，这种情况仍将持续相当长的时间。

针对这一点，教育部对中考也特别提出了评价方式的多样化，但其中有一句非常核心的表述就是“除考试或测验外”，也就是说，多种评价方式应该是与纸笔考试相配合的辅助手段。所以，也特别提出“初中毕业、升学考试命题必须依据国家课程标准，杜绝设置偏题、怪题，要采用形式多样的考试方式，使学生在考试中有展示特长和潜能的机会”的要求。

初中课改以来，全国各个课改省市都在做着积极的探索，探索着中考改革中各个层面之间的一个最好的契合点。从实际操作看，各个省市无论是实行等级评分，还是实行“学生成长记录袋”评价，都没有离开纸笔考试这一核心的操作环节。

而且，在积极贯彻教育部相关政策的同时，各省市课改试验区都尝试着在纸笔考试中尽量凸显课改的理念，体现课改的精神。在知识与能力的权重、综合性学习的考查、名著阅读的要求、浅易文言文阅读的理解、写作流于形式化的忧虑等方面都做了较为深入的思考。

在试卷整体形式上，全国各个课改试验区还是存在着比较大的区别的。有的取消了基础选择题，而将之放入了文章的阅读理解之中；有的将文言文阅读放到了课外；有的加入了古诗文鉴赏；有的加大了地方色彩，考点紧扣地域文化，成了一份充满地方特色的试卷；有的在现代文阅读的考查上不是三种文体的全面考查，而只是择其中一两种文体来考查；另外，在写作的分值设置上也各有区别。相比之下，南方省市的试卷在形式上的变化相对比较大，而北方试卷在形式上相对稳定。但无论其形式上如何变化，如果从知识点和能力点的考查上看，都比较好地把握住了《课标》对初中学生的要求。

二、中考命题发展的基本趋势和试卷调整的初步设想

(一)中考命题的发展趋势

中考命题在基本稳定的前提下还要继续探索。探索的基本思路是：落实《课标》提出的“课程理念”，以考查学生的语文基本素养为基准点，以考查学生应当掌握的语文核心能力为重点，在考查学生的语文实践能力、综合能力、创新能力上继续有所作为。具体而言，语文基础的考查要从实际运用出发；阅读要在理解文本的基础上加强“形成解释”和“解决问题”能力的考查；作文的考查要在关注生活的基础上，加强思辨能力的考查。

明确发展趋势，必须认清当前课程改革所遇到的问题。例如，在目前的大环境下，应试教育的痕迹不可能在短时间内去除；在实际教学中，教师们已经形成的教学认识和惯用了的一些方法不可能一下子得到改变；语文教学本身一些还没有解决的问题，也困扰着教师们的教学。要解决这些问题，就必须坚持素质教育的方向，尤其是通过考试，在一定程度上把教师们的认识

统一到素质教育上来。要做到这一点，应当首先着手解决三个问题。第一，语文核心能力的确定及等级的划分；第二，研究初中生应当具备怎样的语文综合能力；第三，研究培养初中生语文实践能力的有效途径和具体方法。

具体到试题的改革，应当考虑如何在对语文核心能力的考查中显示学生的不同等级水平；考虑如何将语文的单项能力与综合能力的考查进行合理的分配和有效的结合；考虑如何为考查学生的语文实践能力提供更大的空间。

为此，应当组织专门的力量，研究制定初中生语文能力等级标准。这项研究已经具备了一定条件，例如，通过对这六年北京市中考语文试题的归类整理，再搜集一些试题，就可以对能力等级有一个大概的描述。又如，可以考虑在文言文的考查中，适当选用一些课外材料，考查学生对课内所学的文言词语和简单句式的掌握情况，这既有利于考查学生的迁移运用能力，又解决了由于版本的不同而造成的文言篇目过少，不利于文言文命题的问题。再如，进一步精简题量，让学生在考试中有更多的思考时间，这也是提高学生个性化理解和个性化表达程度的需要。

(二)试卷改革的基本构想

试卷改革的基本构想是：巩固已有的成绩，完成试卷的基本框架和基础试题的定型工作。用基本框架保证《课标》规定的主要内容得到落实；用基础试题保证语文核心能力的有效考查。

就基本框架而言，中考语文试卷应当包括基础知识(字、词、句)、默写、名著阅读、综合性学习、文言文阅读、现代文阅读(记叙、说明、议论)、写作几个部分。

就基础试题而言，基础知识应当保留客观性试题，在字词句的考查中注重文化内涵；默写，采用填空的形式，包括记忆性默写和理解性默写；名著阅读，采用填空或判断的形式，重点考查规定作品的主要情节和主要人物；综合性学习，采用填空和简答的形式，重点考查综合能力和语言运用(语句、语段)能力；文言文，采用简答形式，重点考查文言字词和文意理解，而文意理解一般应以对文本内容之间的“原因”、“结果”、“条件”、“关系”为主。现代文阅读，采用主观性试题，重点考查品味语言、感受形象、领悟内涵、提取信息、形成解释、做出评价、反思迁移等能力；应当坚持记叙、说明、议论三种文体同时考查的原则，避免因为考查文体的不确定，而造成每年中考复习的混乱。作文，采用命题、半命题、材料作文等试题形式，重点考查语言运用和思维水平，可以考虑命制一大一小两篇作文。小作文以语段为主，而且以实用文体的考查为主，例如，可以提供几则材料，让学生根据材料完成一段新闻编写；大作文仍然以记叙文为主，兼顾其他文体。

随着北京中考采用计算机阅卷的方式，在中考命题技术上也要有所改进。在命制主观试题时，可以考虑使主观性试题具有客观性特点，可以考虑使复杂的答题表述变得简约一些，可以考虑以提取关键词和关键句的方式考查对文段的理解，等等。从方便计算机阅卷的角度出发，试题的答案应当向着简约化的方向发展，在保证学生发挥水平的前提下，尽量避免由于学生答题文字太多而可能出现的影响扫描效果的现象。

中考是“指挥棒”，这是一个不可改变的客观事实，问题的关键在于“指挥棒”要指向正路，保证北京市语文学科的中考在课程改革的健康道路上发展，这是所有语文教师期待的。

（三）测试内容和题型的变化趋势及建议

1. 语文基础部分试卷变化趋势及建议

语文基础知识的考查是检验学生最基本的语文素养的考查。中考试题中的基础知识部分的内容首先依据的是《课标》中的要求和评价建议；其次是要密切结合语文教学的实际，结合学生的生活实际；再次，要在基础部分的考试中加强文化的色彩以完成对学生语文素养的全面培养。为此，提出如下建议：

（1）坚持对字词句基本知识掌握的考查，强调记忆和积累。

（2）坚持运用语文基础知识解决实际问题的考查，试题要更贴近生活需要。

（3）命题形式要多样化，在语言表述和题干设计上，要更符合学生的认知规律。

（4）在试题中要尽量体现汉语言文字的文化特点，关注试题的文化品位。

（5）引导教师在语文基础知识的教学方面更多地关注实际运用。

2. 综合性学习部分的变化趋势及建议

在如何评价学生在运用语文知识解决实际问题的水平方面，“综合性学习”试题应该做出贡献。但是从目前的情况看，尽管综合性试题的命制已经取得了一些成绩，但是与《课标》对“综合性学习”的评价要求还有一定的差距。这主要是因为中考试题需要在纸质试卷上作答，学生在参与学习过程中的活动情况还不可能进行有效的检验，像“在活动中的合作态度和参与程度、能否在活动中主动地发现问题和探索问题、学习成果的展示与交流”等内容，可能更多地适合于在平常的语文实践活动中进行考查，主要看学生是否在学习过程中有一个正确的、积极的态度，是否能够在活动中展示自己的能力。

就当前的考试制度和方式而言，中考试题中“综合性学习”的考查内容，可以从以下几个方面进行探索。

第一，继续坚持“综合性学习”试题的素材选择原则，即从生活实际出发，从语文教学的实际出发，从学生学习语文知识和运用语文知识解决实际问题的角度出发，引导学生关注社会热点问题，关注身边的人和事，使“综合性学习”试题紧扣时代脉搏，紧贴学生生活，引导学生认识语文学习与生活的密切关系。

第二，继续坚持“综合性学习”试题的“语文性”。尽管“综合性学习”涉及的范围十分广泛，但“语文综合性学习”试题必须姓“语”，考查的着眼点也应该放在全面提高学生的语文素养上面。

第三，注重考查学生“综合性学习”的过程。在试卷中的一些考查项目更应当关注学生学习的过程。“综合性学习过程就是听说读写的整体发展过程。”显而易见，从某种意义上讲，学生富有个性的学习过程比所要追求的结果更重要。为此，综合性学习过程也应该体现在我们的考查之中。当然，这是需要进行进一步论证和研究的问题。

第四，从北京市语文教学的实际出发，“综合性学习”试题的考查还可以从以下几个方面进行探索：(1)语言运用能力(例如成语接龙、拟写对联、默写名句、扩写、改写、缩写等)；(2)语文活动能力(拟写相关活动的微型调查报告、剧本、新闻稿、解说词、评论等)；(3)口语交际能力(创设情境，设计相关听说题)；(4)语言表达能力(演讲、访谈、解说词等)。

第五，坚持以活动为依托，使“综合性学习”试题在形式上构成一个完整的活动框架，让学生在一个相对完整的活动中展示语文能力和水平。在试题题干的拟定上，更接近学生的生活实际，更易于学生进行独立的、有创造性的发挥。

3. 文言文阅读部分的变化趋势及建议

2003—2008年北京市中考语文文言文阅读试题的命制对教学起到了良好的导向作用。这主要表现在：

从教材中选择经典的文言文测试材料，有利于引导教师在教学中用足教材，用好教材，引导学生积淀语文素养，形成语文能力，提高审美情趣和文化品位。

注重结合具体语言环境考查学生对重点词语、句子的理解，有利于引导教师在教学中不纠缠于概念术语的解说，不纠缠于文言文词法、语法的识记上，对教学有良好的导向作用。

试题既注重文言积累的考查，又注重整体阅读能力的考查，有利于引导教师在教学中注重文言文基础的落实，又避免了将文言课文当成“半外语”来教，避免只围绕着字、词、句打转的偏差，引导教师注意挖掘文言文的思想价值，并从整体上进行把握，培养学生的整体感知能力、概括能力，发展学生的思维能力。

对于今后的中考文言文命题，建议在继承已有经验的基础上，可以从以下两个方面进行积极的探索。

第一，文言文阅读材料课内外结合，注重迁移能力的考查。

对于文言文阅读，由于教材篇目适宜做中考测试材料的篇目有限，命题时又要尽可能避开各区县的模拟试题材料，因此试卷文言文阅读部分在选材上就显得“捉襟见肘”。建议在今后的中考命题中尝试逐步增加一定比例的课外文言文阅读材料，以切实考查学生的文言文阅读能力。当然，课外的阅读材料应“浅易”、文质兼美，与学生学过的文言文最好有一定的相关性，便于考查学生文言文阅读的迁移能力。

第二，文言文学习与学生生活联系，注重探究能力的考查。

近几年来，有不少课改试验区的文言文阅读试题在考查学生文言知识积累和对文言文理解的同时，在引导学生联系文本进行拓展和探究方面，做了许多有意义的探索。目的是从古今联系的角度进一步考查学生的文言文阅读能力，将试卷内容与学生的生活密切联系起来，要求学生在理解内容的基础上进行分析、评价，力图引导学生从传统文化中汲取营养，结合自己的生活经历谈对文章内容的独特感受和见解，这也是《课标》对学生的阅读能力提出的较高要求。北京的中考语文文言文的命题，也可以在这方面做一些尝试。

4. 现代文阅读部分的变化趋势及建议

(1)记叙文。

①文本的选择应尽可能多样化。

文　本	文体特点	作　者
2005 年，《老北京的小胡同》	叙事散文	萧乾
2006 年，《西皮流水》	叙事散文	高洪波
2007 年，《晶莹的泪珠》	叙事散文	陈忠实
2008 年，《乡间的庙会》	叙事散文	林莽

从文本的选择看，多年来，中考记叙文阅读的文本均为叙事散文。文本种类的选择显得过于单一，这种稳定的单一性，有可能致使一些教师出于纯粹应试的考虑，而忽略记叙文当中诸如托物言志、写景抒情等其他样式文章的阅读训练。若仅就记叙类文章而言，初中阶段至少也有诸如回忆往事类、

事件记叙类、人物写真类、世相写生类、新闻报道类等众多的类别。建议今后在文本的选择上，尽可能地丰富一些。

②“开放性”试题的设计与赋分有待进一步优化。

所谓“开放性”试题往往是就文章的内容或形式设题，重点考查学生感受、理解、欣赏和评价的能力。试题既带有一定的综合性，即理解、欣赏、评价及至表达的综合考查；又带有一定的开放性，即允许多角度的、有创意的阅读，答案不求一律。从近几年的命题实践和阅卷结果看，此类试题虽然有利于弘扬《课标》理念，但在贯彻考试的公正公平方面却存在着一些问题。此类试题的测试效果往往表现为：正误易辨，高下难分。

此类试题由于学生答案的多样化，阅卷教师对于学生答案的正误能够迅速做出判断，但很难对不同答案的高下优劣做出精确的区分，更难于在分数上做出精确的区分，于是高下优劣有别的答案，所得分数往往没有区别——这有悖于试题设计的初衷。

从实际阅卷的情况看，试题赋分偏少，不利于有效区分。此类试题往往采用分项给分的评分方法，这种评分方法，固然便于阅卷教师掌握执行，但实践中确实存在问题。

	2008 年中考语文记叙文开放性试题	评分标准
北京	15. 从文中看，庙会以哪些主要内容“点缀”了“质朴而平和的乡村生活”？你怎样理解作者今天对“庙会”的认识。(不超过 150 个字)(5 分)	(第二问)理解(要点)：①作者今天对庙会的认识比儿时对庙会的认识更加深入，作者为多少年来农民生活的贫乏而感到哀伤。②表现了作者对农民生活状态的关注与同情。(共 5 分。第一问 2 分；第二问 2 分，共两个要点，每个要点 1 分；语言表达 1 分)
上海	20. 姑娘们为国旗所付出的努力，哪一点最令你感动？说说它对你的成长有什么启示。(80 字左右)(8 分)	感点(2 分)，启示(4 分)，语言(2 分)。(未提供答案或答案要点)

上表列举 2008 年北京、上海同类试题的设置和评分。京、沪两地不约而同地采用了分项判分的做法，即分为内容(北京称为“要点”，上海称为“感点和启示”)和语言两项。之所以如此显然是为了更加有效地控制这类开放度较大试题的评分工作。但在实际评分过程中，往往很难做到准确、公正。如“内容”项的评分，北京每个要点 1 分，学生答案偏离到什么程度该要点的回答不

得分，实在难以在1分上做出了断；再看“语言”项的评分，北京是1分，上海是2分。这区区1或2分，更难操作：教师怎样视语言通顺与否决定这1或2分的给或不给——通顺到怎样的程度给满分，不通顺到怎样的程度扣分(上海是2分，还可以分为三档：2分、1分、0分；北京只有1分，只能给或不给)？如果某学生“内容”项的回答不正确，而语言并无不通顺，“语言”项的1或2分给还是不给？……由于操作上的困难，在实际阅卷过程中，“语言”项的分数往往形同虚设，阅卷教师一般都不会特意扣除，长此以往，一线教师就会因考试的“宽松”而在教学中“宽松”起来，这恐怕绝非命题者的初衷。

为更好地发挥此类试题既区分正误又分出高下的功能，建议命题人员大胆探索新的命题思路，在没有新的设计思路的情况下，宜适当增加此类试题的分值，使之能够在有无创造性、语言通顺与否等方面有足够的分数空间供阅卷人员做有效的区分。

(2)说明文阅读。

经过几年的研究，北京市中考语文试题中对于说明文阅读部分能力点的层级划分有了一定的标准，考查也越来越准确。但还有部分命题能力点的层级还需进一步明确，如概括能力、整体把握能力。对部分能力点的定位尚待明确，如形成解释、解决问题的能力。

对未来说明文阅读题目的命制提出以下建议：

①选文继续保持特色。在题型上，可以选用更多的方式来进行考查。

②立足于文本，进一步考查学生的综合能力，看学生解决实际问题的能力。如可以考查学生的判断能力，在进行简单判断的基础上，适当做出推理。以此既检验学生阅读的能力层级，又能进一步激发学生的思维，培养学生的逻辑思维能力。

(3)议论文阅读。

北京市的语文中考命题，经过几年的探索，已积累了丰富的经验，但也面临着挑战。尤其是新《课标》实施以后，广大语文教师在“把新课程的理念转化为自觉的教育教学行为”方面付出了许多努力，在如何全面提高学生的语文素养方面进行了积极的探索。那么，需要我们认真反思的是：北京市中考议论文阅读命题内容上，该怎样体现对基础教育课程改革的推进作用呢？该怎样体现对教学的导向作用呢？

第一，从学生的答题水平了解“学情”，调整命题导向。

命题者需要了解学情，了解学生的答题水平，在此基础上，认真制定每年的《考试说明》。以使考、教、学三方均明确考查目标及考查方向。

2008年第20题，阅读第②段，根据上下文，从括号内选择恰当的词语分

别填入文中【甲】【乙】【丙】处。(3 分)

【甲】处应填________(从容　敏锐)

【乙】处应填________(大方　大度)

【丙】处应填________(骨气　气势)

这道题考查学生词语运用和理解能力。满分 3 分，平均得分 2.2，得分率 73%。答案：【甲】从容、【乙】大度、【丙】骨气 。答题不理想，占全体学生三分之二的学生，均在【丙】处答成“气势”，回答错误。原因首先是学生没有结合语境进行理解的正确思路，其次是缺乏对词语内涵的感受。

这给命题者的提示是：今后命题如何更加符合“学情”？如何降低难度？如通过题干的语言提示，给学生以思路的启发，或者采取“小步子”、“分格走”的办法，用心考虑命题对教学、对学生的导向问题。

第二，贴近时代、贴近学生实际选择试题材料。

在中考语文中，测试材料的选择，尤其是阅读测试材料的选择是保证命题质量的重要一环。建议今后议论文阅读命题在阅读材料的选择上要更加精益求精。选文更大气些儿、关注前沿的东西、具有北京特色。特别注意通过试题内容的考查，引导学生关注社会生活、关注社会热点，提高学生对社会现象的观察与分析能力，指引更多的教师注意挖掘贴合学生思想实际的“活”材料。从情感入手、联系学生的切身感受，充分调动学生的“已知”、“已能”进行阅读训练，以达到学生素养的提高。比如，国学大师、北大教授季羡林有关“谈做人”类的文章；周国平教授有关“拥有自我”的关照，这样的命题背景材料的选择，体现语文学科的“人文精神”，将会有利于学生情感、态度、价值观“三维目标”的实现，对学生成长、对教学会更有好处。

第三，把握议论文试题的难度，注意统筹与协调。

试题难度的把握是衡量命题质量的一个重要指标。鉴于中考语文兼有水平性考试和选拔性考试的双重功能，如果按照 5∶3∶2 或 5∶4∶1 的比例掌握的话，议论文试题的难度设置既要考虑到与其他两种文体的协调，也要考虑议论文本身几道题之间难题与较易题的配置。语文是学生的母语课程，通过实践中的摸索，我们认为可以将难度系数在 0.8 以上的试题作为较易试题，难度系数在 0.5—0.8 之间的试题作为中等试题，难度系数在 0.5 以下的作为较难试题。就单个题目而言，难度系数小于 0.2 的题目要严加控制。

第四，注意议论文题型的稳中求变、变中求新。

对于中考这样大规模、高利害的教育考试来说，保持测试题型的相对稳定是必要的，但是题型过于稳定，也会在客观上给教学带来一定的负面影响。例如：

2006 年课标 B 卷第 25 题：简要分析⑤一⑦段的论证过程。

2007 年课标卷第 22 题：请你简要分析第⑤段的论证过程。

2008 年中考卷第 21 题：请你简要分析第③段的论证过程。

以上列出的是 2006—2008 三年北京市中考语文试卷议论文阅读中的题目，三年的题型、考查的角度没有任何变化，再看看北京市各区县的模拟试题，议论文阅读部分的试题，无一例外地有这样一道题。久而久之，部分师生就会走入练题型而不是切实提高阅读能力的误区。

第五，权衡试题的题量关系和议论文试题的赋分。

一份试卷的整体效应，取决于试卷结构的规范与合理，提高试卷功效的前提，在于优化试卷结构。题量和考试的信度有一定关系，在一定的试卷长度范围内，改变题量能够明显改变考试结果的信度。不同题型试题的搭配也会对考试信度和误差产生影响。那么，近两年来，北京市中考语文议论文试题的题量精减至三道的改革尝试，是否能够满足测试信度的需要，有待于今后进一步研究、验证。建议今后命题，在权衡议论文试题与其他题的题量关系的同时，对议论文试题的赋分更加明确、标准，并通过《考试说明》中的"参考示例"予以明确。

5. 作文部分的变化趋势及建议

(1)作文教学值得思考的问题：

①从大纲卷到课标卷看不出变化。

②题目形式显得呆板，有的导语缺乏精心打磨。

③题目有交叉性，客观上鼓励了复制。

(2)评分标准操作性较差：

①维度客观，标准主观，过于模糊。

课标卷评分标准：

一类文：符合题意，内容具体，中心明确；条理清楚，结构合理；语言通顺。

二类文：比较符合题意，内容比较具体，中心比较明确；条理比较清楚，结构比较合理；语言比较通顺。

三类文：基本符合题意，内容尚具体，中心基本明确；条理基本清楚，结构基本完整；语言基本通顺。

一类文标准过于空泛，真的是"要求"，不是"标准"。二类文和三类文的级差区别是"比较"和"基本"，这两词词义较为模糊："比较"表示具有一定程度，"基本"意为大体上。孰高孰低令人分不清楚。总之，这为主观评估留有合理的空间。

②书写赋分过低，没有依据。5 分之间没有区分度。

③没有“鼓励有创意的表达”。

(3)建议：

第一，命题形式应该有所变化。比如：大小作文结合。命制一个大作文，主要考查学生的个人感受能力和文章的写作水平；命制一个小作文，以实用类语段为主，主要考查学生为解决现实问题而运用语言的能力。又如，可以考虑多出几个作文题，供学生选作，目的是更有利于发挥学生的写作水平。

第二，修改作文评分标准，特别是网上统一阅卷后，更便于操作(或更模糊，或更具体)。要考虑如何“鼓励有创意的表达”。

第三，在教学改革和考试改革的大背景下，探索作文的考试形式。把学习过程的评价与考场作文结合起来，应该更有利于学生的发展。但这具有极大的挑战性，在目前作文教学尚不规范的情况下困难更大。

三、对 2009 年及后五年中考语文《考试说明》的修改建议

2008 年的北京市中考语文《考试说明》应该说已经很好地体现了北京市中考《考试说明》编写组老师和中考命题组老师对《课标》的理解，而且很好地诠释了《课标》的精神。同时，关注了北京市多套教材并用的现象和北京市各区县的教学差异。从 2008 年中考语文《考试说明》的使用和 2008 年的北京市中考语文的实际情况来看，可以说北京市在全国中考改革中的步伐是很稳健、很扎实的。而语文《考试说明》在其中起到了很好的导向作用。为了更好地完善与提高，现做如下思考：

《附录二》的“文言文阅读篇目”的数量虽然已经达到了 24 篇，但北京市中考语文文言文阅读的文本选择仍局限于课内，不利于多种版本的同时使用和学生文言文阅读能力的提高，长此以往，容易使老师在教学中出现重知识识记，轻能力培养的现象。在多套教材同时使用的现实暂时无法改变的情况下，建议增加文言词语表，而对考试文本的选择适当放松，使之不局限于课内，而又不超出《课标》对于“阅读浅易文言文”的要求。真正地达到“能借助注解和工具书理解”浅易文言文的“基本内容”。并能为初、高中文言文教学的衔接做很好的铺垫。

《附录三》的“古诗文背诵篇目”在这两年中虽然也在逐步增加，而且在 2008 年总量已经达到 31 篇，但和《课标》中要求的“背诵优秀诗文 80 篇”还是有一定的差距的，建议在以后几年的时间内逐步适量增加古诗文背诵篇目，以求完成《课标》对古诗文背诵篇目的要求。

2007 年和 2008 年的北京市中考语文试卷中的“综合性学习”试题，可以说

很好地为北京市中考语文“综合性学习”试题定了型。试题既关注社会热点问题，关注学生的身心发展，关注语文综合能力的考查，也很好地扣合了《课标》对于“综合性学习”的要求。试题的定型，有利于老师教学与学生复习考试，但在教学中也容易形成套路，反过来束缚了学生综合能力的发展。建议：能否在坚定“语文能力的综合考查”的基础上要有所拓展、丰富？在题型的设置上是否可以再放宽些儿？让更多的对语文能力的考查在这里可以通过丰富多样的形式体现出来。

对“名著阅读”试题的要求，能否在《课标》允许的范围内，提倡学生的课外阅读，而不被多套教材并用的表象所局限。在《附录四·作家作品》中可以根据《课标》要求对“名著”做一定的补充，以达到《课标》对学生课外阅读的要求。对于考查难度的限定、考查形式的变化和是否一定要单独命题都可以做出一定的思考与尝试。

针对中考语文作文成绩偏高、区分度不理想的现状，建议适当减少作文的分数。如分值由 60 分降低为 50 分，可以在适当增加实用文体写作上做文章。同时，建议在全市中考阅卷都已经采用了“无纸化”的情况下，实行全市作文集中阅卷。这样可以适当地提高作文分数的可信度，减少各区之间人为因素的干扰。

对“题型示例”中的文段与例句的选择，应该每年都有所变化，以适应时代的发展、变化的要求，同时关注正面、积极的影响。不断以新的经过中考锤炼的题目和其他试卷中的优秀试题进行更新，形成对《课标》的令人信服的理解和具有说服力的展示。在引导和考查学生的语文素养、语文基本能力、实践能力和探究能力等方面，将会产生积极的作用。

[本课题为北京教育考试院“义务教育课程改革背景下的北京市中考改革发展研究”课题中的子课题。该子课题的负责人为刘宇新。本报告的执笔人(按姓氏笔画)有：王彤彦、王舒起、毛洪其、李万峰、刘宇新、刘雪倩、张林、姚守梅、董华林]

(2009 年 4 月)

高中新课程语文学科会考导向释析

刘宇新

北京市自2007年秋季进入高中新课程改革，历时三年，第一轮实验已经结束。作为新课程实验的一项重要内容——高中会考，在体现课改理念、改进课堂教学、提升会考功能、完善考评机制等方面都取得了积极的进展。新课程高中会考所取得的成绩，已经成为第一轮课改实验圆满成功的一个显著标志。

北京市2008年3月出台的《北京市教育委员会关于普通高中新课程会考制度改革的意见》(以下简称《意见》)中明确提出："会考改革要适应教育改革和发展的新形势，有利于促进普通高中教育事业发展；有利于加强普通高中教学管理和质量监控；有利于高中会考与高考招生的逐步协调。"北京教育考试院臧铁军院长的《新高考改革的六项原则》中也指出："会考是面向全体学生、衡量学生是否达到高中毕业标准的水平性考试，它起了担负客观、科学、权威地评价教学和学生学业水平的任务。"他同时指出："高中会考作为高考的基础，与高考整体设计，缓解了集所有功能于高考一身而矛盾尖锐的问题，同时也回避了考试技术上不可实现的等值问题。在北京的高考方案中，会考还起到了保证高中课程的学分的价值和保证选修模块教学落实的作用。会考与综合素质评价的其他要素结合，具有全面考核评价学生的功能。"由此不难看出，新课程高中会考，不仅继续发挥检测学生学业水平的基础功能作用，而且在推进课程改革，乃至高考改革等许多方面都承担着重要的作用。作为语文学科，如何主动适应会考功能的变化，借助会考积极引导课堂教学，深化课程改革，就成为必须认真研究的一个课题。经过深入细致的研究，特别是新课程《北京市普通高中会考语文考试说明》(以下简称《会考说明》)的制定，以及2010年春季北京市第一次新课程会考命题考试，对于如何在新课程背景下更好地发挥高中会考的引领作用，做出了积极的探索，取得了一定的成效。

1. 准确定义语文的核心能力及等级标准，把提高语文素养落到实处

《普通高中语文课程标准(实验)》(以下简称《课标》)明确指出"高中语文课程应进一步提高学生的语文素养，使学生具有较强的语文应用能力和一定的审美能力、探究能力”。全面提高学生的语文素养，是高中新课程倡导的核心理念，而且按照《课标》的要求，高中学生的语文素养应当集中表现在语文应用能力、审美能力和探究能力方面。然而，构成这三种能力的基本要素是什么，这是到目前为止仍在探讨的问题。这个问题不解决，“语文基本素养”就成为一个空洞的概念，广大一线教师在实际教学中就无法落实，考试评价也无法做出科学而有效的测量。为解决这个问题，《会考说明》将高中学生应具备的语文能力分为“识记”、“理解”、“分析综合”、“鉴赏评价”、“表达应用”、“探究”六个层级，并且准确定义每个层级的基本含义和相关的行为动词(见表1“高中语文学科会考基本要求”)。

表 1 高中语文学科会考基本要求

能力层级	基本含义	行为动词示例
识　记(A)	能够做到正确识别，准确记忆	确认、区分、辨别、记住、背诵
理　解(B)	能够了解基本意思并能做出简单的解释	说明、判断、体会、领悟、揣摩
分析综合(C)	能够梳理、筛选材料内容，在此基础上归纳整理	梳理、把握、解析、筛选、整合
鉴赏评价(D)	能够判断和鉴别文本材料，并恰切地阐发个人的看法	感受、品味、审视、赏析、评判
表达应用(E)	能够正确、熟练、有效地运用祖国的语言文字	使用、陈述、推敲、锤炼、拓展
探　究(F)	能够从事实和过程中发现问题，并做出符合逻辑的探究，寻求新的体验	领悟、探讨、质疑、尝试、创新

能力层级的确定，不但对高中学生语文素养的构成要素有了具体的规定和明确的定义，而且通过行为动词的确定，从意义和表述两个方面对相关能力要素做出了限定。这就解决了对语文素养定义不准和对构成语文素养的能力要素划分不清、表述不明的问题。可以设想，由于有了对高中学生语文能力的准确界定，教师在实际教学中就可以做有针对性的能力培养，避免了“东一榔头西一棒子”，或“眉毛胡子一把抓”的现象。尤其因为有了“行为动词”，使得教学和评价就有了统一而规范的标准。

不仅如此，《会考说明》还将语文学科会考的内容做出能力层级的区分(见表 2“高中语文学科会考内容标准”)。

表 2 高中语文学科会考内容标准

内容	标准	能力层级
语文基础知识	识记现代汉语普通话常用字的字音	A
	识记现代汉语常用字的字形	A
	解释多音多义字在不同词语中的意义	B
	揣摩词语在具体语言环境中的意义	B
	判断词语的感情色彩和语体色彩	B
	使用常见、常用的词语(含成语、熟语)	E
	在语言实际运用中，说明句子的基本构成和表达效果	B
	运用句子的相关知识①，对句子的使用做出合理判断	B
	根据表达的需要，正确使用常见的修辞方法②并说明表达效果	B
	识记中外重要的作家和作品，以及文学体裁的基本特征和主要表现手法	A
阅读与鉴赏	根据语境揣摩、理解重要词句在文中的含义，体会其表达效果	B
	整体把握文本内容，归纳内容要点	C
	分析文章结构，理清文章思路	C
	把握作者在文中的思想、观点和感情	C
	根据要求筛选并整合文本中的相关信息	C
	评价文章的思想内容和作者的观点态度	D
	对文本做出自己的分析判断，获得独特的感受和体验	F
	从不同的角度和层面对文本进行质疑并有所发现	F
	感受文学作品的形象，品味语言，赏析其艺术表现力	D
	了解常见文言实词在文中的含义	B
	了解常见文言虚词③在文中的意义和用法	B
	了解常见的文言句式④和词类活用	B
	翻译文中的句子	B
	赏析古代诗歌的形象、语言和表达技巧	D
	从历史的角度理解古代作品的内容，用现代观念审视作品，评价其积极意义与历史局限	D
	背诵规定的名句名篇	A

（续）

内容	标准	能力层级
表达与交流	推敲、锤炼语言，表达做到准确、简明、连贯、得体，力求鲜明、生动	E
	正确使用标点符号	E
	运用相关语言知识，完成语段中语句的转换与改编⑤	E
	以负责的态度陈述自己的看法，观点正确，感情真实	E
	多角度地观察生活，从生活中选取素材，形成对自然、社会、人生的感受和思考	E

这样，就把《课标》规定的教学目标及要求落实在语文能力培养的过程当中，实现了语文教学的“能力立意”。而且，根据每项内容所在的能力层级，教师可以针对所教学生的实际程度确定教学内容和训练重点。同样，对学生进行学业水平测试，也可以据此确定评价的重点以及不同能力层级的组合搭配。

《会考说明》还将考生的学业成绩分为优秀(A)、良好(B)、合格(C)、不合格(D)四个等级(见表3“高中语文学科会考等级标准”)。

表3　高中语文学科会考等级标准

	等级描述
优秀	在语文基础、阅读鉴赏、表达交流等方面达到较高的水平；在识记、理解、分析综合、鉴赏评价、表达应用和探究等方面具备较强的能力；显示出较高的语文素养；具备良好的语文学习发展潜力。 全面掌握常用字词，准确理解具体语境中词语的含义，正确使用句子，善于合理修饰语言；整体把握理解文本内容，准确分析综合文本信息，对文本有自己独立的思考、鉴赏和评价；具有熟练运用语言文字的能力，能够自如负责地表达自己的思想感情，在选材立意等方面具备自己的特点和一定的创意。
良好	在语文基础、阅读鉴赏、表达交流等方面具有较好的基础；在识记、理解、分析综合、鉴赏评价、表达应用和探究等方面显示出较好的水平；显示出较好的语文素养；具备基本的语文学习发展潜力。 较好地掌握常用字词，比较准确地理解具体语境中词语的含义，正确使用句子，具备修饰语言的能力；整体把握理解文本内容，比较准确地分析综合文本信息，对文本能有自己的思考、鉴赏和评价；具有比较熟练运用语言文字的能力，能够比较自如负责地表达自己的思想感情，在选材立意等方面具备自己的特点。

（续）

	等级描述
合格	在语文基础、阅读鉴赏、表达交流等方面达到基础要求；在识记、理解、分析综合、鉴赏评价、表达应用和探究等方面达到基本的要求；具备基本的语文素养。 基本掌握常用字词，能够理解具体语境中词语的含义，句子使用基本正确、合理；能基本把握文本内容，分析综合文本信息，有自己初步的思考、鉴赏和评价；能够恰当地运用语言文字，能够做到负责地表达自己的思想感情，能够根据表达需要合理选材，准确立意。

对学生语文学业水平做等级划分，首先更加符合水平考试的结果要求，凸显会考的实际功能。会考作为水平考试，它的真正功能不在于甄别，而在于诊断和激励。等级的划分弱化了分数的区别，突出了诊断和激励的功能；其次，为教师的教学提供了标准参照，教师可以更好地从总体上了解学生的实际水平，做有针对性的教学指导；第三，为从考查学生语文素养的角度做好会考命题，提供了具体的标准。

《会考说明》对语文能力的界定、能力层级的划分以及对学生语文能力等级的区分，不但有助于教师准确定义语文核心能力，使得教师在提高学生语文素养时做到心中有数，游刃有余；同时，也为评价学生学业水平划定了范围，统一了尺度；而最关键的是为落实新课程提出的“提高学生的语文素养”这一核心理念，提供了切实的保证。

2. 以文化为先导，以能力为基础，实现工具性与人文性的有机结合

《课标》在谈及课程性质时指出“工具性与人文性的统一，是语文课程的基本特征”。针对高中语文教学所承担的任务，在实现工具性与人文性的有机结合方面，应当提倡以文化为先导，以能力为基础。

提出以文化为先导，首先是因为高中语文课程更关注“弘扬和培育民族精神，使学生受到优秀文化的熏陶，塑造热爱祖国文化和中华文明、献身人类进步事业的精神品格，形成健康美好的情感和奋发向上的人生态度”。其次，与高中培养学生的语文应用能力、审美能力和探究能力相呼应，高中的教学内容已不再是义务教育阶段所呈现的基本常识，而是具有一定文化水准的内容。所以，只有首先将高中语文教学定位在“文化”上，才能够实现高中语文教学的基本目标，甚至也才能够称得上是高中语文教学。提出以能力为基础，是因为高中语文教学的目的还是为学生的终身学习和有个性的发展奠定基础，仍然属于基础教育。既然是基础，就要关注基本能力。只是高中语文教学需要培养学生具备的能力不再是简单的“听说读写”，而是《课程标准》规定的语文应用能力、审美能力和探究能力。

根据以上认识，在高中语文会考中实现工具性与人文性的结合，就要求对语文能力的考查必须要建筑在一定的文化背景之中。例如，2010 年北京市春季会考试卷中有这样一道试题：

“斗”是我国的一种量器，人们也常借用它来形容事物的大或小。下列句子中的“斗”，用于形容“小”的一项是(　　)。

试题给出的 4 个选项是

A. 李白斗酒诗百篇　B. 他身居斗室，笔耕不辍　C. 我斗胆地说一句：“这件事您做错了”　D. 著名学者钱钟书学富五车，才高八斗

这道试题考查的是词义辨析能力。题干的设置有意引入有关“斗”的文化知识作为试题背景。考查词义辨析，引入“斗”的背景知识，把简单的词义辨析置于了解“词源”的基础之上，目的不仅是让学生从“文化”层面了解“斗”字含义的来龙去脉，而且是要让学生在辨析词义的过程中了解汉字文化，这就把词义辨析能力的考查与对汉字文化的了解有机地结合在一起。当然，一道试题很难全面说明高中语文课程如何实现工具性与人文性的有机结合，但对于工具性与人文性二者关系的认识以及实现统一的途径，尚可以给出一点佐证。

3. 探索有效途径，落实语文应用能力、审美能力和探究能力的培养

培养学生具备语文应用能力、审美能力和探究能力，是《课程标准》提出的高中语文教学的基本目标之一。高中会考应当在这三种能力的培养上给教师的教学以积极的引导，而实现引导的关键在于提供培养这三种能力的有效途径。

培养学生的语文应用能力，对于教师来说似乎并不陌生，但由于长期以来考试评价在语文应用能力的考查上遵循旧制，没有新的突破，使得语文应用能力的培养走上了程式化的道路。例如，考查句子的试题，永远是“下列句子中，没有病句的一句是(　)”，况且对病句的类型早已做好规定。如此一来，与其说是考句子应用，不如说是在考病句的定义和类型。而且，这里最大的问题是在没有语用环境的情况下考查句子的使用。高中会考在语文应用能力的考查上，力求有所突破，仍以句子考查为例，高中会考最大的突破就是把对句子的考查放到一定的语境中去。例如，2010 年北京市春季会考试卷有这样一道试题：

根据下面语段内容，填入横线处的语句，最恰当的一项是(　　)。所给的语段内容是：

苏州园林中的留园从序曲部分的园门进入，经过发展阶段的曲廊、小院，

再经过为高潮准备的绿阴，到达高潮部分的五峰仙馆。________，好像是一首江南丝竹乐，又像是一部田园交响曲。可见，________。它的设计借助音乐艺术手法，巧妙地处理了统一、比例和均衡等问题。

A. 这连续的景物　音乐使留园更加完美

B. 这和谐的乐章　音乐使留园更加完美

C. 这连续的景物　留园如同凝固的音乐

D. 这和谐的乐章　留园如同凝固的音乐

这里把对句子的考查置身于具体的语段当中，学生只有在明确了语段内容的前提下，才有可能做出正确的选择。

又如，《会考说明》的题型示例中有这样一道试题：

阅读下面材料，在横线处补写一句话。

要求是：文意贯通，富有感情色彩，不超过20个字。

所提供的材料如下：

法国佳士得拍卖行，于当地时间2009年2月25日在法国巴黎以每尊1400万欧元的价格，拍卖了中国圆明园鼠首和兔首铜像。这两尊铜像记录的是________。对于这段历史，法国文豪雨果在给巴特雷上尉的一封信中曾经写道："有一天，两个强盗闯进了圆明园。一个强盗大肆抢劫，另一个强盗纵火焚烧……这两个强盗一个叫法兰西，另一个叫英吉利。"（答案示例：圆明园被英法联军劫掠的屈辱历史）

要想在横线处补写出合适的句子，首先要清楚横线前后的语句关系，其次要对横线后面的语段内容做出归纳，最后，还要符合题目规定的表述要求。

把对句子的考查放到具体的语境中去，这就是会考在语文应用能力培养上提出的与现行做法不同的途径。会考做出这样的变化，目的在于引导教师改变以往程式化的套路，主动寻求培养学生语文应用能力的有效途径。

培养学生的审美能力和探究能力，对于教师来说可能就比较陌生。审美能力和探究能力的具体内涵是什么，这两种能力的形成需要哪些要素支持，应当如何培养学生具备这两种能力等等，所有这些问题目前都没有明确的答案。在这种情况下，应当通过会考，给老师们一些答案，起码提供一点必要的途径。

关于审美能力的培养，《课标》只是提出"让学生受到美的熏陶，培养自觉的审美意识和高尚的审美情感，培养审美感知和审美创造的能力"。这些其实是培养审美能力所要达到的目标，是学生在具备一定审美能力之后呈现的结果。至于审美能力的培养，首先应当明确高中生在语文课上应当形成的审美能力是什么。按照《2010年全国新课标高考考试大纲》的说明，审美能力主要体现在“鉴赏评价”上，是指“对阅读材料的鉴别、赏析和评说”。如果从语文学习的角度做进一步的解释，审美能力对于高中学生来说，就是指对语言素材的艺术美和科学美的感受、鉴别、赏析、评价的能力。就其审美的内容来说，主要是鉴赏文学作品的形象、语言和表达技巧，以及评价文章的思想内容和作者的观点态度。审美能力的形成，是要以识记、理解、分析综合、语言表达作为基础。基于以上认识，高中会考在考查学生审美能力方面做出了有益的尝试，并以期引导教师在实际教学中落实对学生审美能力的培养。例如，2010 年春季会考试卷中有这样一道试题：

有人说，这篇散文采用虚实结合的手法描写了两组景物，对比强烈，色彩分明，凸显了作者的思想感情。结合文章，谈谈你对这一说法的认识。（阅读文本选自何其芳的散文《雨前》）

作为考查审美能力的试题，考查的内容是表现手法，需要借助的知识是“虚实结合”，考查的目的是看学生能否借助学过的知识对这篇文章所采用的表现手法产生的实际效果做出评价。试题所给出的答案示例如下：

作者描写了两组景物，实写北方大陆雨前之景，虚写回忆故乡雨中之景。写北方大陆的雨前之景是低沉压抑的：鸽群“带着低弱的笛声”，显得低迷，没有生气。写故乡的雨中之景是鲜活明朗的：“隆隆的有力的搏击”的雷声，“细草样柔的雨声”，显得新鲜明朗而富有生机。虚实两幅画面的对比，凸显了作者一种久旱盼甘霖的强烈愿望。

这个答案示例不仅启示教师在教学中要关注学生相关知识的积累、文章的理解分析、鉴赏的基本方法，还要关注学生的语言表达，即学生要学会用美的语言表达自己的鉴赏结果，而语言学习才是语文教学最核心的内容。

关于探究能力的培养，《课标》也只是提出要“重点关注学生思考问题的深度和广度，使学生增强探究意识和兴趣，学习探究的方法”。这也只是在提出要求，而对于什么是探究能力，《课标》没有直接的解释。按照《2010 年全国新课标高考考试大纲》的说明，探究能力“指对某些问题进行探讨，有见解、有发现、有创新”，而作为形成探究能力的基础则是识记、理解、分析综合。据此，培养学生的探究能力，最重要的就是要给学生提供探讨和生成见解、有所发现、有所创新的条件。会考在这方面给出的启示，就是为学生的独立思考提供必要的支持，在开放、自主的环境中培养学生的探究能力。例如，在《会考说明》题型示例中有这样一道试题：

阅读下面这段话，举例说明《匆匆》一文是怎样体现“音乐美”的。

《匆匆》是朱自清先生的一篇诗化的散文，抒发的是对时间快速流逝的感慨。试题提供的辅助阅读材料如下：

诗歌具有音乐美的素质。格律诗靠格律和韵来体现它的音乐性，自由诗也用分行和韵来保持它的节奏感。散文诗抛弃了这一切外在的形式，它的音乐美，从诗人的内在的情绪的涨落和语言的节奏的有机统一中自然地流露出来。

这道试题的探究性，表现在让学生自己去发现《匆匆》这篇诗化散文中的“音乐美”。作为试题，为学生的探究提供了一段关于诗歌“音乐美”的文字。这就为学生认识诗歌的“音乐美”，进而到朱自清先生的这篇诗化散文中去发现“音乐美”提供了必要的支持。这道试题说明培养学生的探究能力，不能简单地寄希望于学生自己的“创造”，而应当为学生探究能力的形成创造条件，甚至要做好一定的预设。

又如，2010 年春季会考试卷中有这样一道试题：

你从江郎的经历中得到的启示是什么，试结合具体事例做简要说明。

所给文本的题目是“‘江郎才尽’非因才”。文章主要阐述的内容是：“江郎才尽”不是因为江淹的才华不在，而是因为他没有了以往那样的生活。试卷给出的这道试题，是让学生依据作者立论的方式，从江淹的经历中去探究造成他“才尽”的其他原因。这道试题对于探究能力培养的引导作用就在于：要为学生的探究提供开放、自主的环境。这种“环境”的显著特征，就是提供可以从多角度、多层次去进行思考的条件，提供形成联系和进行比较的信息支持。

从以上两道试题的分析中可以看出，“创造性思维的形成是有条件的，一要有充分的知识储备，二要掌握科学的思维方法，三要有适宜的环境气氛”①。培养学生的探究能力，需要了解“探究”的内涵，更需要把握培养的途径，语文会考在这两方面都做出了积极的尝试，也都取得了一定成绩。

新课程语文学科高中会考，在发挥课改导向作用方面取得了一些经验，也得到了广大教师的认可。当然，北京市的高中新课程只完成了一轮实验，还有许多亟待解决的问题，其中有些问题的解决需要通过考试评价的改革来完成。在这方面，语文学科高中会考将会继续发挥其应有的作用。

（本文发表于《北京教研》，2010 年第 5 期）

① 钟启泉：《世界课程改革趋势研究》，北京师范大学出版社，2001 年版。

欣赏类试题的基本特征与解题思路

刘宇新

在考试时，学生作答阅读试题中的欣赏类试题往往不知从何说起，更不知怎样才能说到位，常常是答案写了许多字，结果分数并不高。甚至事后看了参考答案，也搞不清楚参考答案为什么会是这样。究其原因，主要是学生既对欣赏类试题的基本特征认识不足，也没有很好地掌握这类试题的解题思路。

这里所说的欣赏类试题，主要是指在初中语文记叙类文本阅读测试中出现的、以考查学生认识和体验为目的的试题。在语文阅读测试中，这类试题已经越来越受到重视。因为，当今的阅读测试更注重个人的认识和体验。《全日制义务教育语文课程标准》在规定阅读目标时特别强调阅读要“有自己的心得体会”，“有自己的情感体验”。

要准确作答这类试题，必须先要认识这类试题的基本特征。这类试题的一个最基本的特征就是它的准确性与开放性的相互结合。它的准确性表现在紧扣题目，符合文义；它的开放性表现在答题有自己的见地和感受；而二者的结合，则意味着能够在准确作答的基础上，答出自己的理解。例如，北京市2010年中考语文试卷中有这样一道试题：“简要分析作者是怎样把只见过一面的冼星海描写得生动而感人的。”试题的素材取自茅盾先生的散文《忆冼星海》。茅盾先生在这篇散文中回忆了与冼星海在西安的唯一的一次见面：他被冼星海滔滔不绝的言谈和创作《民族交响曲》的热情所感动，对冼星海的爱国热情给予了很高的评价。茅盾先生在记叙这次会面之前，还通过写听《黄河大合唱》、读冼星海自传、看《冼星海作曲图》等片段，表现冼星海的气魄、性格和内心世界。作为欣赏类试题，这道试题的规定性在于要求考生欣赏的是文章写人的方法。要想准确做出回答，就必须针对文章是如何描写人物的这一点做出欣赏。而这道题目的开放性则表现在考生可以从不同的方面对本文写人的方法做出欣赏。例如，可以从对人物的语言、外貌等的描写做出欣赏，也可以从对场面的描写做出欣赏，还可以从正面描写和侧面描写相结合做出欣赏。把握欣赏类试题的这一基本特征，对作答试题有着至关重要的作用。

倘若一说到欣赏，就不顾题目要求，各抒己见，信马由缰，结果只能是离题万里；同样，倘若只会按部就班，鹦鹉学舌，结果也只能是毫无创意。

把握欣赏类试题答题的准确性，先要了解“欣赏”是什么意思。这里所说的“欣赏”，是指在阅读文本时能够领略其中的情趣，从中获得有益的阅读启示。例如，上面提到的《忆冼星海》一文，如果阅读之后能够感受到冼星海的拳拳爱国之心，能够领悟出茅盾先生对冼星海的追忆之情，就达到了阅读欣赏的目的。

把握欣赏类试题答题的准确性，还应当知道这类试题一般都会从哪些方面设问，这样才能做到有针对性地作答试题。这类试题的设问一般包括两方面内容。一是从内容方面提问，主要包括思想情感、人物形象、语言表达等方面。例如，北京市 2008 年中考试题选用了散文家林莽先生的散文《乡间庙会》。这篇文章既描写了乡间庙会给作者童年带来的欢乐，又叙述了燕赵大地千百年来单调、乏味的乡村生活。其中的一道试题是这样设问的：“从文中看，庙会以哪些主要内容‘点缀’了‘质朴而平和的乡村生活’？你怎样理解作者今天对‘庙会’的认识。”试题的前一问属于梳理文章内容，后一问就属于对文章主题思想的“欣赏”了。又如，广东省 2009 年中考试卷选用了高尔基的小说《童年》中的一个片断，其中的一道试题是：“从选段可以看出，‘我’对外祖父的感情是复杂的。在‘我’的眼中，外祖父是怎样的人?”这道试题就属于人物形象方面的欣赏试题。再如，2009 年山西省太原市中考试卷选用了散文《约会荷花》，其中的一道题是“第④段说‘霍金犹如秋天的一片落叶’，结合全段，说说这个比喻好在哪里”。这道试题就属于语言表达方面的欣赏试题。二是从写法方面设问。所谓从“写法”设问，也就是从表现手法上，即作者是“怎样写”的方面来设问。例如，《忆冼星海》一文，其中有这样一道试题：“简要分析作者是怎样把只见过一面的冼星海描写得生动而感人的。”这道试题就是从作者如何表现人物的方面来设题。类似“运用了什么修辞手法，有什么作用”这种问题，也是属于“写法”欣赏之类。

了解了这类试题设问的内容，还要了解这类试题的设问方式，即一般是从什么角度来设问。就内容而言，如果是问“思想感情”，往往是从“理解”和“感受”两个角度设问。属于“理解”的，一般会问“怎样理解”、“有什么含义”、“原因是什么”；属于“感受”的，一般会问“带来怎样的启示”、“获得怎样的感受”、“对此是否认同”等。如果是问“人物形象”，往往是从人物的内在表现和外在表现两个角度设问。从人物的内在表现的角度，一般会问“表现了人物怎样的心理活动”、“表现了人物怎样的精神品质”等；从人物外在表现的角度，一般会问“人物的思想情感是从哪些方面表现出来的”、“从人物的言行中可以看出(他)是怎样一个人”等。如果是问“语言表达”，一般会问“这句话怎样理解”、“这句话的含义是什么”等。就写法而言，如果是问修辞手法，往往是从表达效果的角度设问，一般会问“有什么效果”、“有什么作用”、“有什么好处”等；如果是问写作方法，一般会问“运用的是什么写作方法”、“作者为什么要这样写”、“为什么会有这样的结果”等。

作答这类试题，最关键的是要有明确的答题思路。因为这类试题具有一定的开放性，所以在回答时要设计好答题思路。设计答题思路，最主要的是安排好答题的步骤。例如，上面提及的《忆冼星海》一文中的试题，给出的答案示例是这样的：“作者先写听《黄河大合唱》和看《冼星海作曲图》，从侧面表现出冼星海的气魄和神韵；然后再正面写与冼星海的见面，通过对他滔滔不绝谈吐的描述以及‘要写，还得回中国来’的语言描写，表现了他热情开朗的性格和炽热的爱国情怀。文章正面描写与侧面描写相结合，使冼星海这一形象生动而感人。”这个答案的思路是这样的：第一层先说侧面描写的内容，再说侧面描写的效果；第二层也是先说正面描写的内容，再说正面描写的效果；第三层点出正面描写与侧面描写相结合所起到的表达效果。这样有分有合，分层作答，既清楚明了，又不会缺失内容。

这类试题因为具有一定的开放性，所以在作答时可以有不同的答题思路。仍以《忆冼星海》一文中的这道题为例，如果是从人物形象描写的角度，就可以这样来作答：“作者虽与冼星海只见过一面，但印象深刻。作者详细记述了这次见面的情形，描写了冼星海滔滔不绝的谈吐、计划写《民族交响乐》的创作激情，以及‘要写，还得回中国来’的铿锵话语，在对人物的描写中，生动地刻画出一个热情开朗、才华横溢、充满爱国情怀的音乐家形象，给读者留下了深刻的印象。”这个答案的思路是：先说作者如何描写冼星海，再说这样的描写表现出冼星海怎样的特点，最后再说人物描写的实际效果。

作答欣赏类试题，需要了解这类试题的基本特征与解题思路，只有这样才能够在解题过程中做到胸有成竹，而且阅读欣赏的水平也才能够得到切实的提高。

（2010 年 10 月）

语文“综合性学习”试题考辨

刘宇新

在《全日制义务教育语文课程标准（实验）》（以下简称《课标》）中语文教学涵盖了五部分内容，“综合性学习”是其中之一。但是“综合性学习”与“识字与写字”、“阅读”、“写作”、“口语交际”又不在一个层面。它不是以语文某一方面的知识和能力为内容，或者说它不是指语文自身的、内在的内容，而是从语文学习的“过程与方法”的角度确定其自身的内容。按照《课标》的要求，“综合性学习”的基本形式应当是“活动”；它的目标是在学生主动参与、探究、动手的过程中，“培养学生搜集和处理信息的能力、获取新知识的能力、分析和解决问题的能力以及交流与合作的能力”①。现在的问题是：既然“综合性学习”是语文教学的内容之一，那么就应当对它有所考查；但是，“综合性学习”与其他教学内容又不在一个层面，那么“综合性学习”的试题应当怎么出呢？或者说什么样的试题才是真正的“综合性学习”试题呢？

一、准确把握语文“综合性学习”试题的本质特征

其实，在近几年里，“综合性学习”试题一直是课标试题研究中的一个重点，只是目前的研究和命制的试题还有许多不尽如人意之处。

首先，对7—9年级“综合性学习”的目标要求把握不准确。《课标》将义务教育语文教学分为四个阶段，每个阶段都有自己的“综合性学习”目标要求。第一阶段，要求在活动中“用口头或图文等方式”“表达自己的观察所得”“自己的见闻和想法”；第二阶段，要求“在家庭生活、学校生活中，尝试运用语文知识和能力解决简单问题”；第三阶段，要求“利用图书馆、网络等信息渠道获取资料，尝试写简单的研究报告”，“策划简单的校园活动和社会活动，对所策划的主题进行讨论和分析，学写活动计划和活动总结”；第四阶段，要求在选出研究主题、制订简单的研究计划后，“从报刊、书籍或其他媒体中获取

① 语文课程标准研制组编写：《〈全日制义务教育语文课程标准（实验）〉解读》，湖北教育出版社，2004年版。

有关资料，讨论分析问题，独立或合作写出简单的研究报告”，还有“搜集资料，调查访问，相互讨论，能用文字、图表、图画、照片等展示学习成果”。按照“综合性学习”阶段目标要求，初中阶段，即7—9年级阶段，“综合性学习”要求可以概括为“确定主题、制订计划、获取材料、分析问题、形成报告（成果）”。依据这样的要求来看现在的一些“综合性学习”试题，最主要的问题是没有在“研究主题”上设题，就是说试题很少在确定“研究主题”上设计问题，比如说给出一些材料，让学生根据材料自己确立一个研究内容或者提出一个问题。现在的所谓“综合性学习”试题，基本上还是给出具体问题，让学生就所给的问题进行回答。换句话说，就是“问题”不是由学生自己提出来的。

其次，把“综合性学习”简单地理解成语文能力的综合运用。这种现象是比较普遍的。应当说语文能力的综合运用是实现语文“综合性学习”的重要保证，没有语文能力的综合运用，就没有“综合性学习”。但是，如果在对“综合性学习”的考查中，只是将语文综合能力的运用作为考查内容，那就又有失偏颇，因为，“综合性学习”的基本特征是重在探究、应用，重在过程、参与，重在方法、体验，如果不是围绕这些“特点”设题，就不能说是“综合性学习”试题。

再次，在“综合性学习”试题的命制中忽视“综合性学习”的基本载体——活动。“综合性学习”是在“活动”中来完成的，也就是说，活动的过程中采用的方式方法应当是“综合性学习”的考查内容。反观现在许多所谓“综合性学习”试题，根本就没有一个“活动”作为依托，倒是更多地以阅读作为依托，这样的“综合性学习”试题，是不可能在“过程”和“方法”上设计出试题的。当然，“综合性学习”试题的“活动”不可能是实际上的活动，这正是试题的“活动”与《课标》要求的活动所不同的地方。《课标》要求的活动是为达到某种目的而采取的实际行动，“综合性学习”试题的“活动”则只能是一种为命制“综合性学习”试题而设计出来的“活动”。

二、语文“综合性学习”试题命制的基本原则

如何设计“综合性学习”试题，要考虑几个问题。第一，要考虑试题可以以试卷形式承载。不可否认，“综合性学习”是在活动中完成的，但是“活动”本身又是不可能进入试题的，那就要采取一些办法解决这个问题。例如，将活动的内容或者活动的要求提示出来，也就是说先把“活动”写在试卷上。这样，有了“综合性学习”的载体，再来设计试题就比较容易了。第二，要考虑试题的综合性。这里所说的“综合性”应当包括两层意思。一是指思维层面的综合，即认识问题、分析问题、解决问题这三者的综合。具体地说，就是能

够从试题提示的“活动”中产生自己的认识，有自己对活动中产生的问题的分析，在“活动”中能够取得自己预期的结果。二是指能力层面的综合，即搜集信息、处理信息和交流信息等语文能力的综合。具体地说，就是能够借助试题提示的“活动”，考查学生的语文综合能力。第三，要考虑试题所能够承受的方式。例如，“综合性学习”的结果呈现方式可以是图画、照片，甚至可以是“研究报告”，但是这些呈现方式对于一张试卷来说恐怕都不适宜。倒是词句、语段、图表等一些方式比较适宜。第四，要考虑试题的测试效果。一般说来，“综合性学习”试题的文字量比较大，如果试题内容过于简单，难度太低，只会是得不偿失；但若是题目出难了，与“综合性学习”在整个试卷中所占的比重又不相匹配，所以控制难度就是命制“综合性学习”试题所必需的了。

鉴于这些考虑，“综合性学习”试题的命制应当在这样一些方面做出努力。“综合性学习”试题的命制应当重视对“活动”的设计。因为“综合性学习”是在“活动”中进行的。“活动”的设计要考虑两个因素，一是“活动”的过程性，即“活动”一定要由几个部分组成，各部分之间还要承接顺畅；二是考查的目的性，即“活动”设计要有利于“综合性学习”基本考点的落实。

“综合性学习”试题的命制应当重视对学生认识水平的考查。这里所说的“认识水平”主要是指学生能够面对提供的活动内容和一些相关材料，提出自己的问题或者自己的见解。因为“综合性学习”是以“活动”的形式呈现出来，在整个活动中如果不是去解决一个问题或者没有一个“活动”的主题，那么这个“活动”也就难以进行。

“综合性学习”试题的命制应当重视对学生提取信息和处理信息能力的考查。因为“综合性学习”试题是以“活动”为依托，而在“活动”的过程中总会含有多样的信息，况且“综合性学习”试题往往还要配合“活动”的进行提供一些相关的材料，这都为提取信息、处理信息能力的考查提供了可能。

“综合性学习”试题的命制应当重视对学生语言表述能力的考查。因为，“综合性学习”要提供“活动”的情景，不同的情景需要不同的语言来表达，表达方式的不尽相同，正好是对学生运用语言不同表达方式能力的一种考查。

下面的“综合性学习”试题可以作为研究此类试题的一个借鉴。

4月23日，是“世界读书日”，班里在这天举办关于读书的班会。班会的主题是“读书与成功”。请你按要求完成以下任务。

1. 为营造活动气氛，教室里需要张贴一副对联。请你从下面所给的对联中选择一副贴在教室黑板的两侧，并简要说明你选择的理由。

①书山有路勤为径，学海无涯苦作舟。

②鸟欲高飞先振翅，人求上进多读书。

③世间惟有读书好，天下无如吃饭难。

2. 同学李明在班会上做“读书带给我的收获”主题演讲。他的演讲中涉及以下三则材料。在认真听了他的发言后，同学们发现有一则材料不符合他演讲的主题要求，请你提出来，并说明不符合要求的理由。

材料一：现在常听人说：“多读杰作，学取技巧。”这话是不错的，但倘使他读杰作的时候，心里总惦记着“快学技巧呀！”，他在杰作的字里行间时时都发生“这是不是技巧”的问号，那他决学不到什么技巧。

材料二：那些有学问对我有用处的书，我用“吃橄榄”的办法阅读，反复咀嚼，徐徐品味；那些有学问然而对我用处不大的书，我用“吃甘蔗”的办法阅读，啜其甜汁，吐其渣滓。

材料三：最近，东方图书市场内各类包装精美的高价图书特别畅销，不少人买了是作为礼品送给亲戚朋友的。对此现象，有关学者认为，将包装精美的图书作为礼品送给别人，虽然从某种程度上体现了人们对文化的重视，但如果仅限于此，就会流于形式，导致读书浮夸风气的蔓延。

3. 在听了同学们的发言之后，你对“读书与成功”有了怎样的认识？请把你的认识写下来。

4. 在活动即将结束时，班长要求每个同学说一句“读书使自己获益”的话。你想说的话是________________。

5. 活动结束后，班长让你将同学们的留言编辑成册，并为这个册子起一个四个字的名字，你想起的名字是□□□□。

这道“综合性学习”试题是以一次活动为依托，试题的设计是按照“活动”的过程来安排的。试题的综合性也得到了较好的体现。这种综合性既表现在对学生思维水平的综合考查，也表现在对学生语文综合能力的考查。应当承认，这道试题本身还有缺陷，但这正说明“综合性试题”的命制还有许多需要研究的地方。而对于“综合性学习”试题的研究最主要的是要解决“定型”问题，即这种试题基本呈现形式到底应当是什么样子的。要解决这个问题就必须深入研究“综合性学习”试题的本质特点，为此，的确还有一段艰苦的路程要走。

（本文发表于《语文建设》，2007 年第 5 期）

“阅读延伸题”解析与复习指导

刘宇新

2010年6月，北京将迎来实施高中新课程以后的第一次高考。语文学科在这次考试中将会出现一种新题型——阅读延伸题。《普通高中语文课程标准(实验)》(以下简称《课标》)提出：“高中语文课程应进一步提高学生的语文素养，使学生具有较强的语文应用能力和一定的审美能力、探究能力”。阅读延伸题的出现，就是为了实现对学生这三种能力的检测。如何作答这类试题，应当从以下两个方面入手。

一、认识什么是阅读延伸题

阅读延伸题是让考生在阅读文本之后，就鉴赏评价或认识感受的内容用约200字完成作答。它最突出的特点就是要求学生能够从不同角度和层面对文本内容或形式进行体察、阐发与评价，能够基于知识积累和生活经验对文本意蕴进行深入的领悟、探究与阐释。要把握阅读延伸题试题的特点，应当明确三个问题。

第一，所谓“不同角度和层面”，可以是读者自己认定的，况且，试题本身追求的就是答案的开放性。但是，不能够只限于自我认定，自圆其说，还应当言之有据，言之成理，即要考虑文本所能够提供的角度和层面。因为“阅读延伸题”虽然强调对文本的个性化阅读，但更强调对文本的深入解读，况且，只有在深入阅读的基础上，才有可能形成有价值的个性化阅读。例如，(原)宣武区2009年期末试卷中有这样一道题：“对于尾联，历来有不同评价。‘或谓末二句似与通体不配’，有人认为它与前三联不统一，沈德潜却认为‘今玩其语意，非寻常写景可比’。综观全诗，作为整首诗的有机组成部分，尾联‘欲投人处宿，隔问樵夫’有何妙处？写一段赏析文字谈谈你的看法，不少于180字。”这道试题涉及的文本是王维的诗《终南山》(太乙近天都，连山到海隅。白云回望合，青霭入看无。分野中峰变，阴晴众壑殊。欲投人处宿，隔水问樵夫)。试题参考答案提示了6个角度：“对前文终南山之美的总结与升华”；“对前文的拓展”；“山、水、人皆成景致，深得传统山水画之美”；“表现出终南山幽静、深邃、辽远等意境”；“写出了终南山全方位的立体的美”；“显现出人与自然的和谐相融，深化了诗的意境”。这 6 个角度，都与对诗作的理解息息相关，体现了解读诗作深浅的不同层面。倘若选择的角度不在这个范围之内，那么，即使再“自圆其说”，也不大可能符合文本之“理”。

第二，“对文本内容或形式进行体察、阐发与评价”，规定了阅读延伸题可以涉及的领域。其中“内容”，可以理解为文本的思想主题和作者的情感态度；“形式”，可以理解为表现手法和语言运用。而“体察、阐发与评价”，既包括阅读文本后的感受，也包括对文本内容的鉴赏。感受者，侧重于受到的影响；鉴赏者，侧重于做出的评判。2010 年高考语文学科《考试说明》规定，阅读延伸题主要出在古诗文阅读和现代文阅读当中。那么，“对文本内容或形式进行体察、阐发与评价”，就应当包括阅读古诗后“受到的影响”和“做出的评判”，阅读古文后“受到的影响”和“做出的评判”，阅读现代文后“受到的影响”和“做出的评判”。其中文言文阅读，《课标》只要求“阅读浅易文言文，能借助注释和工具书，理解词句含义，读懂文章内容”，因此，文言文做鉴赏阅读可能要求偏高。

第三，基于知识积累和生活经验对文本意蕴进行领悟、探究与阐释，说明回答这类试题需要调动考生的知识储备和生活阅历。言之有物，联系实际，这也是新课程对高中语文学习提出的要求。而且，只有在调动知识储备、联系生活实际的过程中，才有可能实现“对文本意蕴的领悟、探究与阐释”。例如，2008 年北京市高考语文试卷中有一道试题：一般认为顾炎武的诗风接近杜甫。请指出顾炎武这首诗的风格特征，并做简要分析。这道试题涉及的是明末清初学者、诗人顾炎武的诗作《酬王处士九日见怀之作》(是日惊秋老，相望各一涯。离怀销浊酒，愁眼见黄花。天地存肝胆，江山阅鬓华。多蒙千里讯，逐客已无家)。回答这道试题，就需要具备对杜甫诗作风格的知识储备，只有了解杜甫的诗风，才会加深对顾炎武这首诗的理解。联系实际，则是指能够结合现实，结合实例。就古诗文而言，“联系实际”，往往是指诸如道德、理想、智慧、为人等，在现实生活中仍有一定积极意义的内容。例如，《考试说明》所列“参考样题”中的【试题 30】：苏诗云“诗老不知梅格在”，其中的“梅格”(梅花的品格)触发了你怎样的联想？(不少于 200 字)这首诗涉及的是苏轼诗《红梅》(怕愁贪睡独开迟，自恐冰容不入时。故作小红桃杏色，尚余孤瘦雪霜姿。寒心未肯随春态，酒晕无端上玉肌。诗老不知梅格在，更看绿叶与青枝)。诗中赞誉了梅花不与众花争春和不愿趋时的品性。梅花的这种品行，在当今现实生活中仍然有其积极意义。就现代文而言，“联系实际”，往往是指对人们生活产生影响的带有普遍性的问题，以及可以用生活中的实例加以阐释的问题。

上述三个问题，实际上涉及对“阅读延伸题”的概念内涵、考查重点和成题思路的认识。假如把阅读延伸题只看成是个人的自圆其说，而忽略依文成理；只看成是表达阅读后的感受和认识，而忽略鉴赏和评价；只看成是就题设题，而忽略与知识和实践的联系，那么，认识上的偏差，就有可能造成备考上的失误，甚至影响到考试的最终结果。

二、阅读延伸题的作答思路

明确对阅读延伸题的认识，是第一步要做到的。接下来就是要落实完成这种试题作答的复习指导。作答阅读延伸题，首先要明确答题思路。由于有200字的要求，作答这种试题，像是完成一篇小作文。但与“作文”又不完全一样。写作文，只要能够破题立意，至于用什么材料，怎样组织文章，就是自己的事情了。阅读延伸题则不尽然。作答这样的试题，“破题”是必需的，但“立意”就不可能完全随心所欲，因为有文本的制约，而且越是要有不同于一般的立意，就越要深入文本。至于“材料”的使用，除非明确要求联系现实中的事例，答题的材料一般应当更多地来自文本。另外，最重要的是行文构思。用200字作答，其实就是一个小文段。既然是一个文段，就应当有起有收，有接有转，层次严谨，表意明确。例如，《考试说明》“参考样题”【试题43】：题目：文章倒数第二段，作者说“悲伤也成享受”。你认同作者这句话么？为什么？（不少于200字）试题涉及的文本是史铁生的散文《合欢树》。文本的主要内容是作者回忆母亲生前为“我”——一个残疾孩子付出的心血。在“回忆”中，作者生发出“悲伤也成享受”的感慨。笔者尝试做出这样的答案：“悲伤也成享受”这话说得有道理，它告诉我们应当如何面对生活中的苦难和艰辛。/从作品中可以发现，作者史铁生的人生之路充满坎坷，甚至连他想去看一看母亲曾经亲手栽种的合欢树都不能实现。然而，他却把悲伤看成是享受。/那是因为他在悲伤的同时，也回忆起曾经拥有的“美好”。那合欢树就是他对母亲的美好回忆。可见，正是因为他能够“享受悲伤”，才换来对生活的热爱。/所以，“悲伤也成享受”这句话表现出来的是作者史铁生在历经痛苦磨难后的思考。这个答案形成的思路是这样的：先表明自己的认识，之后结合文段内容阐释自己的观点，接下来再结合文段内容分析“悲伤也成享受”这句话的内在含义，最后说出“悲伤也成享受”这句话产生的缘由。由此可以看出，这样一个200字文段往往是由自己的观点、结合文段内容的分析、必要的解释和说明等要素构成的。当然，这些要素的组织形式不必千篇一律，但是，一定要有一个构思，这样才能保证答题既扣住要点有自己的认识，又言之有据紧密结合文本，层次清晰，内容完整。

其次，要整理相关知识。其原因，一是在这类试题中往往会涉及一些相关知识，例如，前面提到的“一般认为顾炎武的诗风接近杜甫。请指出顾炎武这首诗的风格特征，并做简要分析”一题，就涉及杜甫的诗歌风格；二是在作答这类试题时也需要运用一些相关的知识，尤其是在鉴赏评价的时候，更需要说一点“内行话”。例如，2005 年福建卷中有这样一道试题：诗中的“雁引愁心去”一句，有的版本写作“雁别秋江去”。你认为哪一句更妙，为什么？这道试题涉及的文本是李白的诗《与夏十二登岳阳楼》(楼观岳阳尽，川迥洞庭开。雁引愁心去，山衔好月来。云间连下榻，天上接行杯。醉后凉风起，吹人舞袖回。)试卷给出的参考答案是：“雁引愁心去”运用了拟人手法，写出了李白流放遇赦的高兴心情。这一句写大雁有意为诗人带走愁心，下句写君山有情为诗人衔来好月，愁去喜来，互相映衬。“引愁心”比“别秋江”更富有感情色彩，且更新颖。其中“拟人手法”、“互相映衬”等都涉及相关知识。因此，在复习指导中，帮助学生整理学过的相关知识，是非常重要的。以古诗鉴赏为例，诸如情景交融、托物言志、动静结合、虚实结合、对比、映衬、联想、想象、比喻、拟人、铺陈、夸张，等等，这些表现手法都应当做必要的梳理。

再次，要刻意锤炼语言。用 200 字作答，说不多，其实不少。因为，这 200 字需要字斟句酌，倘若言无不尽，那就会超过字数，而超字数起码在争分夺秒的答题时间里是不经济的。所以要锤炼语言，做到言简意赅。锤炼语言的另一层意思，就是要指导学生尝试学会用一点“术语”。例如，说主题思想的高深，最好用上“耐人寻味”；说结构上的变化，最好用上“一波三折”；说有情有景，最好用上“情景交融”。阅读延伸题本身也是在考查语言运用能力，甚至语言表达会在评分中占有一定的比例。从这个意义上说，语言表达的指导犹不可缺。

北京实施高中新课程，第一次高考在即。披在“阅读延伸题”上的面纱只有到考试的那一天才会被揭开。然而，我们不能只是等待。在有限的备考时间里，我们要去琢磨它，要按照相关的要求去训练学生，要通过作答阅读延伸题的训练，提高学生的综合语文能力，让他们在新高考中得心应手，考有所成。

(本文发表于《北京教研》，2010 年第 4 期)

后　记

编完这本论文集，最想说三句感谢的话：感谢与我志同道合，风雨同舟，在课程改革中付出艰辛努力的教研员和一线的老师；感谢为我指点迷津，向我伸出援手，在课程改革中鼎力支持我工作的老前辈和众多的朋友；感谢为我分劳帮场，搭建平台，在课程改革中给予我信任的同事们和单位的领导。

这本论文集，收录了我自 2007 年至今自己动笔和与人合写的论文、发言稿及课题报告等。这段时间，是北京市义务教育课程改革和高中新课程实施的一个重要时期。这些文章主要回答的是：北京的语文课改应当举什么旗，走什么路，怎样才能取得实效的问题。推动北京的语文课改，需要有明确的指导思想，但更需要在实践中去探索，并及时总结成功的经验和出现的问题。这本论文集中的许多文章即是在做这样的事情。

期盼这本论文集能够成为这些年来北京市语文课程改革的一个缩影，一个标志，一个记忆。

我的妻子和女儿不但是我生活中的一部分，还是我成就事业不可或缺的一部分。在最后说一句感谢的话送给她们。